Le tabou du stress au travail

Philippe-Georges Dabon

Le tabou du stress au travail

La méthode pour en sortir afin de rester en bonne santé

Éditions Dervy

Livre à l'attention des 43 % de Français qui souffrent du stress au travail et des responsables de santé publique

Contribution éditoriale : Isabelle Martin-Bouisset
Agent de l'auteur www.imb-conseil.fr

19, rue Saint-Séverin 75005 Paris
ISBN : 979-10-242-0068-2

contact@dervy.fr
www.dervy-medicis.com

La santé est un état de bien-être physique,
mental et social et ne consiste pas seulement
en une absence de maladie ou d'infirmité.

OMS

Il n'y a rien dans l'intelligence qui n'ait été avant les sens.

Aristote

À Jean,

victime du stress et directeur national des ventes
d'une grande entreprise française.

Préface

« Le stress n'existe pas; ce qui existe, c'est le manque de gratitude envers Dieu pour chaque aspect de notre vie, que nous le considérions comme bon ou mauvais », disait un auteur ésotérique japonais.

Le stress est sans aucun doute un problème fondamental de notre société occidentale, lié peut-être à notre désir de vouloir tout contrôler, à notre perfectionnisme, à notre matérialisme même, que sais-je encore !

L'entreprise est sans doute un lieu où s'exprime prioritairement le stress, où il est courant et où il est certainement le plus visible. Certaines entreprises sont même de véritables machines à burn-out, notamment pour leur mauvaise organisation ou leurs attentes excessives vis-à-vis de leurs employés. Lorsque tel est le cas, elles sont responsables du stress et des dommages en découlant pour leurs collaborateurs.

Cependant, bien des personnes sont sujettes au burn-out, alors qu'elles ne travaillent pas en entreprise ! En juillet 2013, un article de *L'Express* de Neuchâtel révélait le burn-out – ô combien tabou ! – de plusieurs médecins indépendants dans le canton, notamment dû à leur solitude face à de lourdes responsabilités professionnelles. Le burn-out est monnaie courante chez les avocats – qui s'en étonnera ? –, mais il affecte également de nombreuses mères au foyer.

Ainsi, le stress est une plaie excédant largement le seul monde de l'entreprise. Le problème est situé en deçà, au cœur même des individus.

Les causes du stress sont en effet multiples. À titre d'exemple, une étude récente d'une banque suisse montre qu'en dessous d'un certain seuil de revenus, les individus vivant à Genève subissent un grand stress face à leur insuffisance de moyens de subsistance.

Le fait de vouloir perpétuellement exceller et tout contrôler est une autre cause de stress, qui provient de l'individu lui-même. Il en va de même d'une organisation personnelle insuffisante, d'un manque de fermeté pour refuser des sollicitations inappropriées – le fameux désir de faire plaisir aux autres, à son propre détriment –, d'une timidité qui empêche de partager nos difficultés avec nos pairs ou nos émotions avec notre entourage. Nous ne sommes pas des machines…

Nous devons apprendre à réduire le stress, particulièrement au niveau de l'entreprise. Il y a sans doute lieu d'encourager la mise en place de meilleurs garde-fous contre le stress institutionnalisé des grandes entreprises. C'est non seulement possible, mais hautement souhaitable.

Du reste, une bonne gouvernance d'entreprise apporte de meilleurs résultats, des bénéfices plus substantiels et un plus grand bien-être pour les salariés. Chacun s'y retrouve. L'entreprise est responsable de la mise en place de ces mécanismes de bonne gouvernance.

En ce qui concerne la santé au travail, le bien-être des employés et les attentes en faveur du personnel, abuser des salariés en les pressurisant excessivement est évidemment intolérable.

Cependant, une distinction s'impose entre petites et grandes entreprises. Aucune entreprise démarrant son activité ne pourrait soutenir des charges trop élevées s'appliquant aux employés. Des contingences disproportionnées pourraient finalement tuer l'esprit d'initiative et d'entreprise.

Il s'agit de mettre en place des équilibres, permettant à chaque échelon de l'entreprise de fonctionner de manière satisfaisante. Cela dit, une fois ces mécanismes établis, l'entreprise ne pourra évidemment pas empêcher que certains de ses employés se sentent stressés. La part résiduelle incombe à l'individu : une responsabilité personnelle reste de mise face au stress.

L'individu doit donc lui aussi apprendre à réduire son stress. Pour ce faire, cet ouvrage nous livrera une technique efficace, ce dont nous nous réjouissons déjà.

Dans l'immédiat, qu'est-ce que le stress ? Comment agit-il sur notre existence ? Quelle est son action sur notre cerveau ? Comment influence-t-il nos performances ? Existe-t-il un « bon » stress ?

Ces questions répondent réellement à un besoin important de notre société. Ici, elles trouvent enfin une réponse, et nous en savons gré au Dr Dabon.

Mathilde RAM-ZELLWEGER.
Avocate, présidente du Club de femmes entrepreneurs de Suisse.

Avant-propos

Aujourd'hui, le travail, le business se fait de plus en plus par et dans le stress. Ce dernier est apparu dans nos sociétés comme surgit une épidémie, brutale, fulgurante, alors qu'aucune victime de ce mal inconnu n'avait été recensée par le passé. Force est de constater que, aujourd'hui, le stress crée des maladies et entraîne, par escalade, des crises de toutes sortes. Sous l'effet du stress individuel, la société tout entière entre alors dans une véritable névrose collective et la relation entre les causes et les conséquences de cet engrenage n'est pas suffisamment et explicitement mise en évidence.

Pourtant, le stress n'est pas une fatalité. Il est devenu avant tout un phénomène de société. Le stress est du côté de l'instinct. Il est éloigné de la raison et à des années-lumière de la vertu. C'est pour cela que nous avons décidé de l'identifier ici à l'animal. Le stress, c'est un peu comme la Bête descendue parmi les hommes, ces hommes qui ne croient plus à l'Ange et s'en sont éloignés depuis longtemps.

Le problème que nous voulons souligner par notre travail est de savoir si l'homme, confronté au dilemme qui s'offre de plus en plus à lui, choisira de continuer vers ce qu'on lui propose depuis déjà plusieurs décennies, c'est-à-dire sa destruction et le néant, ou bien s'il choisira le chemin de la vie et de sa propre résurrection.

Introduction

Il y a plusieurs années, notre attention fut sollicitée par la publication d'une étude à l'allure provocatrice, qui semblait affirmer que la vie en brousse au début du siècle dernier était moins dangereuse que de prendre la voiture sur une route dans un pays occidental – à l'époque de cette étude, précisons-le. Il faut rappeler que la mortalité autoroutière était, à cette époque-là, de l'ordre de dix mille morts par an… L'auteur du rapport se voulait provocateur pour la bonne cause. Quoi qu'il en soit, même si toute comparaison en la matière s'avère difficile, il n'est pas impossible d'imaginer que la vie dans un village d'Afrique ou d'Asie était plus paisible et moins dangereuse il y a cent ans que la conduite aujourd'hui, à vive allure, sur une route, lorsque nous sommes entourés d'autres voitures et de camions.

Quant au passé, il y a toujours eu des périodes difficiles pour tous les peuples, mais ces périodes correspondaient à des événements précis de leur histoire : guerres, invasions, épidémies, famines, plaies, souvent imbriquées. En dehors de ces périodes, les gens d'autrefois ne connaissaient pas le stress tel que nous le vivons aujourd'hui. Ils le vivaient autrement et savaient le transcender grâce à une vie sociale forte et ritualisée. Tout était prévu, organisé, hiérarchisé de la naissance à la mort, rythmé par les fêtes, la chasse, le travail des champs, les saisons, les climats, les traditions, les repères parentaux, l'autorité du clan ou du pays. Le travail était une obligation quasi morale et, pour beaucoup, une question de survie. Le temps s'écoulait sans rupture ; les drames, acceptés, en faisaient partie.

Aujourd'hui, le stress est devenu un phénomène social quasi permanent et la plupart des plaintes reçues en cabinet par les médecins sont relatives au stress et plus précisément au stress lié au travail ou aux conditions de travail. L'entreprise est devenue le lieu du stress, et l'expression « entreprise du stress » peut être prise à double sens. Non seulement le stress est un produit de l'entreprise, mais c'est aussi dans l'entreprise que le stress fait des dégâts et qu'il y crée, en quelque sorte, sa « propre entreprise ».

Chez l'homme, le stress crée désespérance, maladie et suicide. Dans l'entreprise, il fomente conflits sociaux, grèves, contre-production et pertes financières, le nec plus ultra étant atteint quand surviennent brutalement ces grandes névroses collectives comme le monde moderne sait maintenant en réaliser et que l'on appelle crises sociales ou financières. L'œuvre de la Bête s'y exerce alors dans toute sa splendeur !

De plus, si l'entreprise est souvent devenue un lieu où se produit le stress, c'est aussi le lieu où le stress peut être instrumentalisé avec les conséquences dramatiques sur la santé de chacun et, par ricochet, sur l'économie. Sous couvert de théorie scientifique appelée « stress positif », on a assisté au développement de la culture du stress en entreprise, pour « la bonne cause », disait-on. Cette théorie se résume très simplement comme suit : le stress met un employé ou un cadre dans une situation biologique propice à tous les exploits ; en cela, il est supposé devenir meilleur et plus rentable. Pour cette raison principalement et pour d'autres, le stress fait encore trop souvent partie de la gouvernance d'entreprise.

Non seulement cette théorie se révèle fausse, mais elle produit en réalité l'inverse de ce qu'elle propose en rendant, à terme, les gens malades et contre-productifs. Nous sommes tous touchés, que ce soit ceux qui croient au stress sacré, facteur d'émulation, le suscitant avec bonne conscience, ou ceux qui le subissent. La Bête dévore tout le monde à petit feu et sans distinction.

Hélas ! Ce n'est pas tout ! Le stress en entreprise s'infiltre, imprègne et contamine le reste du monde, s'ajoutant en cela au stress de l'extérieur, celui de la sphère privée et de la vie publique.

La crise économique dans laquelle nous sommes plongés, loin d'être terminée[1], puise elle aussi sa substance dans le stress. La peur et les rumeurs liées à cette peur alimentent les marchés boursiers et sont des causes majeures des déflagrations économiques et bancaires qui déstabilisent la planète depuis plusieurs années. Cette peur et ces rumeurs qui font tache d'huile sont bien les filles naturelles du stress institutionnalisé par ces mêmes banques et ces mêmes salles de marché pour stimuler leurs cadres et pressuriser leurs employés, le plus souvent inconsciemment, par routine, par suivisme et soumission à l'esprit de l'époque ! Se produit alors le phénomène de l'arroseur arrosé, cette fois-ci avec de l'essence… Personne ne sait plus comment éteindre l'incendie que nos pompiers pyromanes ont allumé !

Face à la montée en puissance du stress, il existe de multiples méthodes pour le gérer. Elles n'ont en réalité qu'un effet très limité, car elles ne touchent en rien au cœur du phénomène, au stress lui-même ou à ses effets. Nous verrons les mécanismes qui expliquent qu'il existe bien une forme d'addiction au stress. C'est justement parce que l'inconscient commande le processus d'*installation* du stress et l'entretient dans le corps et le cerveau que tout contrôle de ce stress devient impossible dès lors qu'il s'y trouve. La relaxation ou toutes techniques de détente s'en approchant, pratiquées les unes comme les autres sur un mode conscient, ne peuvent rien contre lui.

1. « Il y aura un prochain krach, c'est malheureusement certain. » (Gaël Giraud, économiste, directeur de recherche au CNRS, *Les Échos*, lundi 23 septembre 2013.)

C'est pourquoi l'efficacité de la méthode que nous allons révéler au lecteur dans ce livre vient du fait qu'elle agit directement sur les effets du stress dans le corps ou dans le cerveau. Le Réflexe d'Aristote permet de relier le cerveau conscient qui organise et guide la séance à l'inconscient matérialisé par les effets du stress sur le corps et que nous nommons les sensations.

Les sensations sont toujours le point de départ des exercices du Réflexe d'Aristote. Curieusement, c'est après avoir écrit et décrit les principes de la méthode que nous découvrîmes dans *De l'âme*[2] d'Aristote l'importance de ces sensations, non seulement dans la philosophie aristotélicienne, mais aussi dans les débats sémantiques et épistémologiques de l'Antiquité, principalement entre Platon et Aristote.

Pour les deux philosophes, la sensation n'est pas la connaissance, mais la concordance de leurs points de vue s'arrête là.

Pour Platon, la connaissance ne peut venir de la sensation qui est inconstante. Platon la délaisse au profit des Idées et des objets abstraits qui ne changent pas avec le temps et peuvent ainsi servir de références fiables pour comprendre la réalité du monde, permettre les échanges et transmettre les connaissances.

Pour Aristote, la sensation est au contraire à l'origine de la connaissance, autrement dit toute connaissance part de la sensation. La sensation permet la relation à l'environnement et permet l'adaptation par le mouvement. Sensation et mouvement sont deux caractéristiques du vivant, quel que soit le règne.

C'est pour ces raisons – et à la lumière de nos propres travaux et découvertes sur les sensations corporelles provoquées par le stress – que nous nous sommes permis de baptiser notre méthode du nom du père de la logique et de la métaphysique.

---

2. Aristote, *De l'âme*, traduit par J. Tricot, Paris, Librairie philosophique J. Vrin, 2003.

Cependant, les sensations utilisées pour l'exercice du Réflexe sont-elles celles dont parle Aristote dans son traité *De l'âme*? Peut-être pas, mais nous nous sommes plu à y croire. Au regard de l'importance de ce concept qui conditionna, durant l'Antiquité, le clivage de la pensée et surtout à cause de l'observation que nous fîmes dans la pratique du lien entre le ressenti corporel et le mouvement, les deux propriétés partagées par tous les êtres vivants et que rapportait déjà Aristote en son temps se distinguent ainsi: « [...] l'animé diffère de l'inanimé, semble-t-il, par deux caractères principaux: le mouvement et la sensation[3]. »

Cependant, Aristote décrypte la sensation en distinguant la sensation propre qui se rapporte à l'un des cinq sens et celle commune à tous les sens comme le mouvement lui-même, engendré par la « sensation en acte ». C'est cette sensation en acte, dont l'origine est l'imagination, qui fut l'élément déterminant pour baptiser notre méthode et surtout se plaire à penser qu'Aristote avait pu lui-même l'utiliser!

To be or not to be, être stressé ou ne pas être stressé, voilà la question posée dans ce livre! C'est aussi celle de toute la société moderne. C'est aussi le choix entre la voie de l'Ange et celle de la Bête.

Le stress, c'est la « Bête », la maladie. L'harmonie, c'est l'« Ange », la santé.

3. *Ibid.*

Première partie

LA VÉRITÉ À PROPOS DU STRESS

Business, stress, maladies, crises et krachs boursiers

L'entreprise du stress

L'instrumentalisation du stress comme mode de gouvernance

Le stress de la vie selon Hans Selye : une théorie détournée

Étudiée et révélée par Hans Selye au siècle dernier, la théorie du stress repose sur le principe suivant : tout organisme vivant, s'il se sent agressé, cherche à fuir ou à se battre ; s'il ne peut faire ni l'un ni l'autre, il tombe malade au cours d'un processus plus ou moins long sur lequel nous aurons l'occasion de revenir.

Hans Selye, endocrinologue canadien, naît à Vienne en 1907. Issu d'une famille bourgeoise, de père hongrois, de mère autrichienne et élevé par des nurses anglaise et française, il grandit en pratiquant quatre langues. À quinze ans, il s'inscrit en faculté de médecine à Prague et apprend le tchèque, ce qui lui permet de maîtriser une cinquième langue. En 1926, il se rend à Paris, puis à Rome pour des études comparatives en médecine et en profite pour apprendre l'italien. À dix-huit ans, des disciplines comme l'anatomie, la biochimie et la physiologie figurent dans son apprentissage de base. N'obtenant pas de poste dans le laboratoire de physiologie de Prague, il se rend en 1931 à Baltimore, aux États-Unis, après avoir obtenu son titre de docteur en médecine en 1929. Il obtient la nationalité canadienne et rencontre sa femme Gabrielle Grant, francophone avec qui il aura quatre enfants. C'est à Montréal qu'il entreprend des recherches sérieuses et sera encouragé par Frederick Grant Banting, codécouvreur de l'insuline, et par Walter Bradford Cannon, inventeur du concept de l'homéostasie. Selye, en cherchant les modifications provoquées sur les rats par des injections d'extraits ovariens, placentaires et hypophysaires, découvre le syndrome général d'adaptation qu'il publie dans la revue *Nature*, le 4 juillet 1936. De 1945 à 1976, il enseigne à la faculté McGill, à Montréal. À cette époque, il écrit et parle couramment dix langues !

En 1936, les écrits de Hans Selye furent violemment attaqués par les scientifiques contemporains plutôt organicistes, et le stress passa inaperçu. Il est vrai que ce n'était pas le souci majeur de l'époque. Hans Selye publia quarante livres, dont *Le stress de la vie* en 1956 qui le rendit célèbre.

Le syndrome général d'adaptation de Hans Selye évolue en trois phases :

- la phase d'alarme, quand l'organisme réagit à la moindre agression avec des décharges hormonales et des réactions vasculaires ;
- la phase de lutte ou de résistance, au cours de laquelle l'organisme mobilise ses défenses ;
- la phase d'épuisement, quand le corps s'effondre face à la difficulté de l'effort d'adaptation.

Au cours de la phase dite de lutte ou de résistance, l'organisme vivant cherche à se soustraire ou à combattre l'agresseur. Il développe pour cela des facultés et des potentiels à tous les niveaux. Le phénomène est maintenant bien codifié. On le nomme l'instinct. L'instinct, selon le dictionnaire, est une « tendance innée et puissante, commune à tous les êtres vivants ou à tous les individus d'une même espèce ». L'instinct de conservation ou de survie, par exemple, en fait partie et il correspond tout à fait au stress de Selye. Les phases d'alarme, de résistance, de lutte ou de fuite en sont les très exemplaires démonstrations.

On oppose classiquement l'instinct à l'intelligence humaine, un peu comme pour définir la limite entre l'animalité, présente bien sûr chez l'animal, mais aussi chez l'homme, et l'humanité, absente chez l'animal et qui ne se rencontre, elle, que chez l'homme.

L'instinct est animal. Quand il s'exprime chez l'homme, il fait appel aux cerveaux archaïques, animaux eux aussi, c'est-à-dire les cerveaux reptilien et limbique. Nous reviendrons plus loin sur ces notions importantes quand nous aborderons les études neurologiques de ce phénomène. Il n'est donc pas faux de rapprocher le mécanisme du stress de celui de l'instinct puisque le premier sert de starter au second. « Mettre le stress » sur quelqu'un, c'est provoquer en lui la mise en route de l'instinct, l'instinct de conservation ou de survie, en réaction au stress justement. C'est mettre cette personne dans des conditions extrêmes, totalement néfastes à la santé. C'est surtout favoriser la Bête qui sommeille en chaque homme, au lieu de l'Ange.

Le génie de Hans Selye est d'avoir donné une explication scientifique au stress, comportement instinctif qui s'apparente à l'animalité, présente également chez l'homme. C'est donc bien de l'animalité dont il s'agit quand on parle du stress, c'est-à-dire de ce qu'il y a de plus primitif au fond de nous. La Bête sommeille, prête à tout moment à se réveiller et à bondir.

La banalisation du stress

Chez l'homme, c'est dans l'entreprise et de la façon la plus naturelle que les applications de l'instinct ont été le plus mises en pratique. En effet, la neurophysiologie démontra que l'état dans lequel se trouve l'être humain soumis au stress lui permet de dépasser ses limites. Se trouvant dans une situation identique à celle dans laquelle ils seraient s'ils étaient confrontés dans la nature à un réel danger, l'homme et la femme d'entreprise deviennent très opératifs. L'instinct de survie ou de conservation les oblige à être en alerte permanente.

Même s'il n'y eut pas, par le passé, de volonté vraiment délibérée pour transposer les expériences de laboratoire en mode de management, l'utilisation de façon consciente ou non du stress devint le meilleur moyen pour atteindre les objectifs dans les entreprises. Et c'est à ce niveau managérial, que nous pourrions qualifier de stratégique, que tout se relie : le stress, le mal-être des hommes, les crises financières, les krachs boursiers et les problèmes de société.

Dans le monde des affaires, l'actionnaire dicte sa loi, l'œil rivé sur les cours de la bourse. Lorsque le cours des actions baisse, il suffit, pour les faire remonter, d'annoncer des mesures drastiques de compression des charges et des effectifs. C'est simple : on licencie ! Les actionnaires voient alors le cours de leurs actions remonter, et les salariés leur stress ! S'ensuivent les conflits sociétaux, les drames personnels, les peurs, les rumeurs, les déficits sociaux et les krachs boursiers… Tout est lié[1].

> *L'entreprise est devenue depuis des années le nouvel espace d'application de la théorie de Selye à l'homme. Tout le monde semble y trouver son compte, surtout les actionnaires pour leurs profits boursiers. A contrario, les effets de cette politique montrent aujourd'hui leurs limites dévastatrices : mauvaise santé du personnel, crise financière et sociale. La Bête est bel et bien dans l'entreprise, et c'est de là qu'elle allume les incendies.*

Stress et management

Depuis soixante ans, la société occidentale a considérablement changé, tant par la modification des comportements que par la disparition des repères sociaux et familiaux

1. Paradoxalement, quand les entreprises font des bénéfices, elles licencient aussi pour équilibrer leurs finances et préserver encore les actionnaires. Ce sont les licenciements boursiers que certains veulent aujourd'hui interdire.

traditionnels qui la balisaient autrefois. Les causes de ce phénomène sont à la fois sociologiques, philosophiques, historiques, politiques, économiques, conjoncturelles, rationnelles et irrationnelles.

Mais ce qui est nouveau depuis environ trente ans, c'est l'évolution du stress. Ce stress a toujours existé, mais c'est sa valeur sociétale qui a changé. Autrefois, il était banni des maisons et des cités. La peur, sa mère nourricière, appartenait au Diable et aux démons et il suffisait parfois de prier pour s'en dégager.

Aujourd'hui, le stress a été apprivoisé. Autrefois ennemi de l'homme, il est devenu son allié. Bien que, par le passé, il fût utilisé par toutes les formes de pouvoir, il était condamné et dénoncé par ceux et celles qui le subissaient : les uns s'y opposaient, d'autres priaient. Le stress, c'était la peur, la maladie, la possession, l'épidémie, l'invasion, la guerre et la mauvaise récolte. Le stress, c'était le diable ! C'était déjà la Bête en quelque sorte.

De nos jours, le stress et la peur sont acceptés avec résignation, comme éléments inhérents à l'époque. Les hommes, désormais dans une incertitude totale face à leur avenir et confrontés à une escalade de la violence, ont fini par banaliser le stress. Personne dans l'entreprise ne lui échappe. Ceux et celles qui y travaillent le subissent souvent, mais l'utilisent également.

> *Autrefois, le stress était dénoncé et combattu au même titre que les autres fléaux de la société. Aujourd'hui, il est devenu l'outil incontournable et indispensable pour la bonne conduite managériale d'une entreprise et a fini par y être banalisé, ainsi que dans toute la société. Certains pensent même qu'il est normal ou, pire, qu'il n'existe pas ! La Bête adore qu'on la nie !*

Entreprises pathogènes

On pourrait espérer, devant la catastrophe sanitaire que provoque le stress en entreprise, obtenir au moins des gains sur le plan économique et ainsi recueillir les fruits de l'holocauste. Même pas ! Les bénéfices commerciaux que les entreprises obtiennent au moyen du stress et ceux qui renflouent les caisses de l'État par l'impôt et les taxes sont bien maigres si l'on tient compte des dépenses que font peser à la collectivité les pathologies liées au stress au travail. Les chiffres sont colossaux et se comptent en milliards de dollars aux États-Unis et en milliards d'euros en Europe.

Pour l'économiste Philippe Askenazy, « le coût global des accidents du travail et des maladies professionnelles serait, en France, de l'ordre de vingt milliards d'euros, soit 1,5 % de la richesse nationale » et, dans ces maladies professionnelles déclarées, « les troubles musculo-squelettiques (TMS) et les pathologies liées au stress en représentent les trois quarts ». Cependant, nous avons bien compris qu'il ne s'agit là que de pathologies dites professionnelles, c'est-à-dire celles dont on a reconnu le lien direct avec le travail.

Philippe Askenazy admet tout d'abord que « 80 % des maladies professionnelles ne sont pas reconnues comme telles et sont prises en charge par la branche générale de la Sécurité sociale[2] ». Cela est très important à comprendre pour la suite de notre exposé et ce chiffre est sûrement encore très inférieur à la réalité puisque, comme nous l'avons avancé ci-dessus, le stress qui provient essentiellement des conditions de travail provoque les désordres de santé que l'on retrouve en médecine de ville.

Si, comme le laisse supposer Philippe Askenazy, la moitié des vingt milliards d'euros devrait être prise en charge par les entreprises, on est encore loin du compte si l'on ajoute à ce chiffre celui que représentent les frais de la médecine de ville. Mon expérience personnelle m'oblige à constater

2. « Les Français malades du travail », entretien avec Philippe Askenazy, *Panorama du médecin*, 16 octobre 2006.

que l'essentiel de la médecine dite « de ville » traite les dégâts causés par le stress au travail, pour l'essentiel.

Pour le moment, les mentalités n'ont pas encore évolué dans le sens d'une prise de conscience de ce phénomène, mais le risque pour les entreprises qu'un jour les caisses d'assurance-maladie ne leur demandent des comptes n'est pas du tout à sous-estimer. En France, le directeur de l'une des caisses d'assurance-maladie de province s'est distingué par le passé en attaquant en justice un club de football pour remboursement de frais médicaux indûment pris en charge par les caisses, alors que ces frais incombaient aux assurances du club. La justice lui a donné raison[3] !

La privatisation rampante de l'assurance-maladie vers le privé ne fera que renforcer la mise en cause des entreprises dans la survenance des maladies, les assureurs n'ayant pas pour réputation de payer sans demander des comptes.

> *Ce n'est donc nullement de la politique-fiction de penser que, dans un futur proche, une caisse et, a fortiori, une assurance privée pourront demander des comptes à une entreprise qualifiée de « pathogène », c'est-à-dire générant des maladies, en particulier des maladies liées au stress. Les médecins auront assez d'arguments et de preuves pour influencer n'importe quelle juridiction, et les actionnaires constateront que les temps ont changé et que l'on ne peut plus engranger de bénéfices sur la maladie des salariés. C'est là que les entreprises qui auront mis en place ce que nous appelons plus loin dans ce livre le principe du « bien-être coté en bourse » gagneront tant en notoriété qu'en résultats financiers. Celles qui n'auront pas*

3. Après six années de procédure, de 1999 à 2005, la justice a finalement donné raison au directeur de la caisse d'assurance-maladie de Nantes contre le club de foot, en l'occurrence l'OM, condamnant ce dernier à rembourser à la CPAM l'intégralité des indemnités journalières d'arrêt-maladie et des frais médicaux perçues par le joueur accidenté… par un tiers responsable, soit 29 123 euros !

su faire face à cette évolution de la société devront s'adapter ou disparaître. La Bête rigole peut-être un peu moins, mais garde espoir !

Business-stress et perte de rendement

Dans nombre de cas, le stress est souvent l'unique mode de relation entre chaque membre du personnel, établissant des rapports basés sur l'agressivité, la domination, la concurrence et l'efficacité au service de la performance, la fameuse « culture d'entreprise » du monde moderne.

Les actionnaires mettent le stress sur les présidents-directeurs généraux, qui, à leur tour, le mettent sur l'encadrement supérieur, qui, à son tour, le met sur ses collaborateurs. Mais l'interaction est aussi horizontale et les cadres rivalisent aussi entre eux pour répondre de façon optimale aux objectifs qui leur sont fixés. Un tel système a pour but, nous l'avons vu, d'exacerber l'énergie et le rendement. La réalité est – hélas ! – tout autre.

Dans la première phase, le cadre ou le collaborateur s'efforce, sous l'effet du stress, de répondre de façon la plus optimale possible aux demandes qui lui sont formulées, voire imposées. Son énergie est décuplée. C'est cette situation qui donna et donne encore au stress son vernis positif. Nous sommes dans la phase du « business-stress » : tout semble aller bien. C'est la phase ascensionnelle du pic (phase 1 sur la courbe ci-dessous). Le salarié est apparemment en pleine forme et il travaille à plein rendement.

Mais, dans la deuxième phase, nous assistons aux vrais effets du stress. Rendement et forme apparente du salarié marquent le pas. Après avoir atteint leur maximum, leurs courbes s'inversent. C'est la phase descendante du pic (phase 2 sur la courbe ci-dessous).

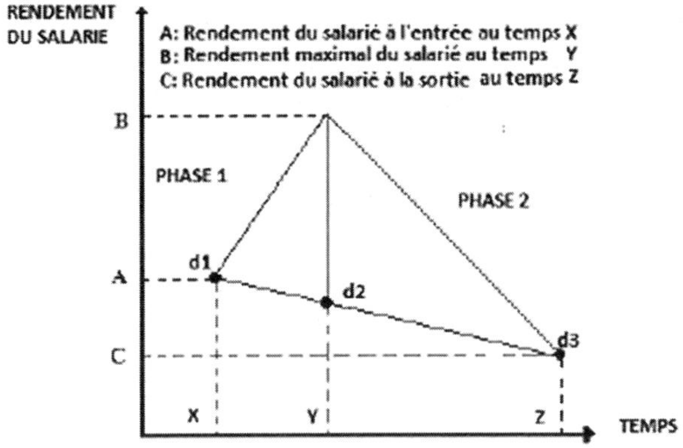

d1 d2 d3 représentent les différents états de santé du salarié à l'entrée, à son maximum de rendement et à sa sortie.

Ci-dessus, la droite d1-d2-d3 représente l'évolution de la santé (on devrait dire l'involution) du salarié depuis son entrée dans l'entreprise jusqu'à sa sortie, volontaire ou obligée.

Sa santé d1 à l'entrée, au temps X en entreprise, est donc bien meilleure qu'au temps Z, à la sortie d3 ; même analyse entre son niveau de rendement A à l'entrée et son niveau C à la sortie. Il faut aussi remarquer que sa santé d2 au temps Y est déjà bien entamée, alors que le salarié donne l'impression qu'il est au sommet de sa forme par son rendement optimum B pour l'entreprise.

Cette courbe du business-stress est totalement symbolique et imaginée par nous-mêmes. Elle ne repose sur aucune étude scientifique pour l'étayer, mais cela n'a que peu d'importance. Elle n'est ici que pour illustrer un phénomène morbido-social que tout le monde connaît et l'objectif est d'en mieux faire comprendre le mécanisme.

Et même si le vieillissement de chacun d'entre nous était programmé dès la naissance, son accélération et la maladie qui s'ensuit dépendraient encore beaucoup des conditions de vie.

Cette courbe imaginée du business-stress veut simplement rappeler que dans notre société, et particulièrement dans le cadre du travail, la forme apparente du personnel ne reflète pas forcément sa santé réelle. Celle-ci s'altère sous l'effet du stress, ce que tout le monde sait, mais ne dit pas.

À force d'être sous tension en permanence pendant des années, hommes et femmes tombent malades avant l'âge. Sous couvert d'une apparente pleine forme pendant la première phase de la courbe, les corps se sont en réalité usés. Les lésions irréversibles ont fait suite aux désordres fonctionnels. À quarante-cinq ans, ce sont les premiers accidents médicaux, les dépressions nerveuses, les conséquences du tabagisme, de l'alcoolisme et de la mauvaise alimentation. Cet enchaînement au cours du temps se fait sur fond de périodes d'arrêt de travail entrecoupées de rémissions, mais pendant lesquelles les désordres physiques et psychiques s'installent progressivement.

Nous sommes bien dans cette suite logique qui, après l'effet positif du business-stress, laisse apparaître chez les salariés les premiers signes de maladies et la chute des performances.

> *Dans la culture d'entreprise, l'apparente efficacité que le stress donne en premier lieu sur le rendement du personnel est vite balayée par la désorganisation qu'il entraîne en second lieu, en rendant tout simplement le personnel malade. La Bête reprend d'une main ce qu'elle a donné de l'autre.*

Stress et krach boursier

La plupart du temps, le stress est associé aux personnes, mais jamais il ne vient à l'idée de lier ce concept à des événements. Il est pourtant facile de comprendre que les événements sont souvent le résultat de l'action des hommes et des femmes sur leur environnement et que de l'attitude de ces derniers face au stress dépendra justement le bon ou le mauvais déroulement de ces événements.

Ainsi, les hommes ne sachant pas gérer le stress se comporteront de façon plus dangereuse que ceux qui sauront le prévoir, l'anticiper et donc le contrôler. En témoigne ce qui se passe depuis des années dans les univers boursiers et dont les résultats sont ces krachs qui mettent à mal aujourd'hui le monde moderne tout entier.

Ainsi, bien des événements confrontés à la question de l'argent, sujet considéré comme très sérieux, sont en fait le résultat de ce qui se passe pour d'autres phénomènes, réputés l'être beaucoup moins, c'est-à-dire les peurs, les ragots, les rumeurs. C'est un drame très cornélien où sont réunies les unités de temps, de lieu et d'action : de temps, car tout se passe en une journée, une heure, une seconde ; de lieu, avec le saint des saints des entreprises du stress, c'est-à-dire les salles de marchés ; d'action, car tout est centré sur le combat d'un homme ou d'une femme qui, pris dans la tourmente, se débat pour perdre le moins d'argent possible !

Y a-t-il eu en amont une mauvaise gestion ? des erreurs ? Y a-t-il eu une panne informatique ? Non, rien de tout cela. Il y a eu seulement de la peur, encore de la peur, puis des rumeurs et surtout beaucoup de stress… Il n'y a rien de mathématique ni de logique pouvant expliquer la survenue de ces bourrasques économiques. Elles sont le pur produit des ambiances qui rôdent dans les salles de marché, dans les entreprises du CAC 40, dans les ministères et le monde des affaires.

C'est donc ce stress, généré, mais aussi utilisé de façon permanente et avec la plus grande intensité, qui fait, là encore, s'emballer et dérailler tout le système. C'est bien l'arroseur qui devient l'arrosé, le soi-disant maître-chien qui se fait mordre par son animal.

> *Il ne faudrait pas croire, comme notre époque aime à le faire penser, que tout est cloisonné, que tout est compartimenté. C'est comme cela que l'on voudrait que tout fonctionne, c'est comme cela que l'on aimerait que tout avance. Mais c'est nier la réalité. L'analyse est un phantasme de l'homme qui à la fois complaît à son ego et rassure son angoisse existentielle. La réalité est dans la synthèse et nous pourrions même dire la*

synthèse immanente, celle qui transcende presque la raison. Faire croire que l'on peut tout expliquer par le calcul, si complexe soit-il, est source d'erreur à terme, sauf pour quelques grands inspirés répartis dans le monde et qui ne se connaissent même pas. Tout – hélas! – se tient et s'interpénètre, la santé, l'économie et les krachs boursiers ne sont pas la conséquence de lois mécanistiques et statistiques qui se contrediraient ou de calculs infinitésimaux qui, d'un seul coup, se déréguleraient. Non, ils sont le résultat de peurs germées dans la tête de personnels ayant depuis longtemps dépassé le burn-out et ne maîtrisant plus rien, et surtout pas eux-mêmes. La Bête en rêvait, les traders l'ont fait[4] *!*

L'imposture du stress positif et les effets sur la santé

Actif ou passif: la dictature du stress

En intégrant le stress et la peur comme outils de politique managériale[5], de nombreux dirigeants ont constaté son efficacité dans les cadences, les rendements, la productivité et donc dans le gain de croissance de leur entreprise et dans les parts de marché.

Ils ne savent pas que c'est souvent leur propre peur et leur propre stress qu'ils déversent sur leurs collaborateurs, les rendant au contraire moins performants dans la durée. Ce stress est le stress voulu, actif, organisé.

---

4. Cf. annexe: « Le stress en chiffres ».

5. Cf. Ivan du Roy, *Orange stressé: le management par le stress à France Télécom*, Paris, La Découverte, 2009. L'auteur montre comment le « management par le stress » a été érigé en système par les dirigeants de l'entreprise, dans le but non pas d'accroître la rentabilité de l'entreprise, mais de pousser vers la sortie des milliers de salariés. « C'est un laboratoire pour la gestion du personnel par la souffrance au travail, une expérimentation de ce qui peut se produire demain dans d'autres grandes entreprises et services publics, de La Poste à l'Éducation nationale. »

Dans certaines entreprises, le phénomène du stress concerne au contraire toute la hiérarchie et tous les sites, dans un contexte que l'on pourrait qualifier de transcendantal.

Il ne s'agit plus là du mode de fonctionnement du patron, mais du résultat d'un environnement économique dans lequel se débat l'entreprise : opérations de réorganisation et de rationalisation pour améliorer la productivité à tout prix face à une concurrence nationale et internationale de plus en plus forte du fait de la mondialisation. Les facteurs de ce stress semblent là bien codifiés : stagnation ou baisse des ventes, du chiffre d'affaires et des cours de bourse, fusions, acquisitions ou OPA qui modifient parfois brutalement la stratégie et les objectifs de développement déjà diffusés à l'ensemble des collaborateurs, risques de délocalisation face à des prix de production qui restent trop élevés malgré les efforts déjà faits à tous les niveaux.

Du haut au bas de l'échelle, l'angoisse se répercute, le stress gagne petit à petit du terrain, les cadres ne sont plus sûrs de rien ni d'eux-mêmes. Ce stress est le stress passif, c'est-à-dire subi.

La prise de conscience d'un tel phénomène dévastateur pour l'entreprise elle-même reste – hélas ! – à faire. En France, des suicides sur les lieux de travail ont braqué les projecteurs de l'actualité sur les dérives d'un tel système.

Améliorer les conditions et le climat de travail dans l'entreprise devrait être aujourd'hui la préoccupation de nombre de dirigeants de sociétés, de directeurs des ressources humaines, de médecins du travail, de comités d'entreprise et de syndicats. Il n'en est rien, car la crise économique a emporté, dès ses premiers soubresauts, les dernières et timides tentatives de tous ces acteurs dans le domaine.

Qu'il soit actif, c'est-à-dire utilisé comme méthode de management, ou passif, c'est-à-dire subi quand il s'impose à toute une hiérarchie, le stress est devenu dans l'entreprise, à notre époque, obligatoire. Loin d'améliorer les conditions de travail, les différents acteurs qui auraient dû s'en charger se sont effacés devant les premiers effets de la crise. La Bête est maintenant seul maître à bord.

Le stress endogène et le stress exogène

Quand on évoque le stress que l'on se crée, il s'agit soit de pensées tristes et négatives que l'on a tendance à éprouver presque naturellement, soit de pensées que l'on ne maîtrise pas, mais qui nous plongent également dans les mêmes états. Les premières sont donc conscientes et l'on peut tenter d'y remédier ; les secondes sont les pires, car d'origine inconnue, et les solutions et réponses à leur opposer le sont aussi. Psychothérapeutes et psychanalystes traquent ces dernières en essayant de faire verbaliser par les patients les causes des troubles.

On peut donc parler de tempérament stressé, conscient ou inconscient, endogène, puisque ce stress provient de soi-même. Les traitements les mieux adaptés dans ce cas sont les cures de psychothérapie ou d'analyse, associées ou non à une chimiothérapie d'anxiolytiques et d'antidépresseurs. Et il faut toujours privilégier, autant que faire se peut, les cures isolées de psychothérapie et éviter les traitements chimiques, sauf évidemment dans les cas présentant un caractère urgent ou quand ces traitements sont incontournables. Nous verrons plus loin les risques qui leur sont associés quand ils sont suivis sur plusieurs années.

Existe aussi le stress que l'on reçoit. Il vient de l'extérieur de soi et s'exerce soit sur le physique, soit sur le psychisme.

– Physiquement, quand il vient d'un travail qui impose au corps des forces de tensions ou de résistances trop importantes pour lui, ou bien lorsque ce corps se trouve soumis à une pollution, électrique, acoustique ou de toute autre nature vibratoire. Dans tous ces cas, des traitements adaptés, le plus souvent médicaux, apporteront les bonnes solutions. L'éviction des causes de traumatisme ou de pollution pourra aussi, bien évidemment, venir en aide et permettre de résoudre les problèmes. Cela se fait couramment dans le cadre de la médecine du travail.

– Psychiquement : dans ce cas, c'est l'environnement qui est à l'origine de la contrainte : ambiance, espace et architecture.

Qu'elle soit physique ou psychique, l'agression vient cette fois de l'extérieur. Elle est exogène et l'individu est souvent désarmé quant aux solutions qui dépendent souvent de sa hiérarchie ou de l'organisation même du travail.

Nous pouvons être à l'origine de notre stress : il est alors endogène. Il peut aussi venir de l'environnement. Par environnement, il faut alors comprendre l'ambiance, celle créée par l'espace architectural et celle créée par les autres, ses collègues, sa hiérarchie. Le stress est alors exogène. La Bête est en nous et chez les autres. « L'enfer, c'est les autres », disait Sartre.

Les plus sensibles s'effondrent

Chaque salarié, chaque collaborateur présente sa courbe du business-stress. Par rapport au graphique de la page 33, certains auront une phase 1 plus longue, d'autres auront une phase 2 à pente plus rapide, mais pour tous, vers cinquante ans, après vingt ans ou plus passés sous ce régime, si certains résistent encore, les plus sensibles, eux, s'effondrent. Fragilisés, moins performants, moins rentables, ils deviennent une charge pour l'entreprise, en attendant d'en devenir une pour la société. Pour eux, le stade d3 de la courbe du business-stress correspond à la fin du voyage. D'autres prendront alors leur place, prêts à leur tour à vivre le même parcours infernal. La Bête prend soin de tout le monde !

L'entreprise va gérer les évictions ou les départs de ceux arrivés au bout du rouleau en mettant à leur place des gens « neufs », répondant mieux au business-stress et sur lesquels on pourra compter pour ne pas modifier les courbes de rendement.

Les « malades » seront mis quelque temps sur une voie de garage ou dans un placard, sans affectation, et seront soit invités à négocier leur sortie de l'entreprise, soit licenciés avec plus ou moins de formes. Ce gâchis humain et économique aura de fortes répercussions sur la vie sociale, familiale, affective et, bien entendu, sur le devenir professionnel. Ayant perdu confiance en eux à cause du regard des autres, les exclus du travail rencontreront des difficultés parfois insurmontables pour retrouver ou conserver un emploi équivalent, voire un emploi tout court. Et que dire aussi des plus de cinquante-cinq ans mis en retraite ou préretraite d'office par la société, si ce n'est par la loi pour certains fonctionnaires[6] ?

Enfin, que dire de la santé de ceux qui ont des activités professionnelles éprouvantes, difficiles physiquement, sous l'emprise d'une hiérarchie oppressante ? Il ne fait aucun doute qu'ils vieillissent plus vite et tombent plus facilement malades que les autres, qui ont l'avantage, voire le privilège, de ne pas avoir à effectuer des tâches pénibles ou à supporter une hiérarchie stupide, peu humaine et contraignante.

---

6. « Les personnes plus mûres sont plus souvent l'objet de discrimination sur le marché du travail, même si les gouvernements veulent que les gens prolongent leur vie professionnelle. Les chiffres compilés par l'Institut de la statistique du Québec (ISQ) le démontrent. De 1996 à 2010, la proportion des personnes de cinquante-cinq ans et plus au sein de la population active a presque doublé. Elle est passée de 8,3 % à 16,1 %. Les efforts de recherche n'ont pourtant pas toujours porté leurs fruits. Le taux d'emploi des cinquante-cinq ans et plus se limitait à 29 % en 2010. Pour l'ensemble des Québécois en âge de travailler, la proportion était de 60 %. Les employeurs ne sont pas toujours disposés à embaucher une personne expérimentée. L'autre fait décourageant pour les travailleurs plus âgés, c'est qu'ils représentent la première cible lorsque des dirigeants effectuent des compressions, en raison de leurs salaires plus élevés. Il devient ensuite difficile de retrouver un bon emploi et le même niveau de vie. » (Enquête, groupe TVA, Québec.)

Nous voici prévenus sur l'origine de notre vieillissement, sur le point de départ de nos maladies et peut-être même sur la durée de notre vie. Les dernières théories sur le raccourcissement chromosomique lié au stress sont là pour nous sensibiliser au phénomène.

> *Contrairement à la chanson, le travail n'est plus la santé et ce modèle ronge d'abord les hommes avant de les exclure ensuite définitivement. Mais qu'il soit dû à la pénibilité d'un métier ou d'un harcèlement, le stress physique ou psychique aura sur le corps le même effet : l'accélération du vieillissement et peut-être le raccourcissement de la vie. La Bête dévore à pleines dents tout ce qu'elle touche*[7].

Addictions et destructions avancées

Pour tenir et garder le cap de la phase 1 de la courbe du business-stress, tout est permis. Comme nous allons le voir, les membres du personnel d'encadrement en arrivent souvent aux extrêmes pour tenir et accomplir ce qu'on leur demande durant cette phase, c'est-à-dire le rendement. Il s'agit alors d'une forme d'autodestruction avancée de la santé que nous avons matérialisée sur notre graphique (page 33) par la droite d1-d2-d3.

Pour illustrer cela, citons un extrait de l'article paru dans *Enjeux-Les Échos*, numéro spécial « Le stress : la fin d'un tabou », en mars 1999. Malgré son ancienneté, cet article qui relatait, entre autres, les déclarations de l'un des médecins du travail réunis au congrès de Strasbourg le mois de juin précédent est toujours d'une brûlante actualité. Le médecin évoque tout d'abord – et c'est là son rôle – la souffrance au travail :

7. Cf. annexe II : « Le stress chronique accélère le vieillissement cellulaire ».

> La souffrance au travail a augmenté. Nous avons constaté de nouvelles formes de maladies mentales, des troubles cognitifs relatifs à la mémoire, des troubles du cours de la pensée et du jugement. Des salariés d'une trentaine d'années deviennent incapables de fixer des faits récents et de fonctionner sans Post-it. Les troubles les plus graves peuvent aller jusqu'à la perplexité anxieuse.

Puis il évoque les remèdes hallucinants – c'est le mot qui convient – qu'utilise le personnel d'encadrement des entreprises :

> Au cadre commercial en mal de clients, les amphétamines ; au directeur des méthodes en peine de concentration, la cocaïne ; à l'ingénieur d'affaires qui passe son temps dans les avions, différentes variétés de somnifères…

Tenir donc et tenir coûte que coûte par toutes sortes d'addictions, la phase 1 de la courbe du business-stress, autrement dit garder la forme, avoir l'air en forme… Mais à quel prix !

Ensuite, il faudra, avec le temps, toujours pour garder cette forme, augmenter les doses. Augmenter les doses jusqu'à l'effondrement, c'est-à-dire la seconde phase de la courbe du business-stress !

En effet et comme nous le verrons plus loin, au lieu de favoriser l'avènement d'un surhomme, le stress favorise surtout la sécrétion de cortisol qui, sur le long terme, atrophie certains centres cérébraux, dont ceux de la mémoire et du comportement, comme le font également toutes les drogues dont nous venons de parler.

Il faudra y ajouter également les sécrétions répétitives des hormones hypothalamiques (centre important du cerveau) qui, en plus d'une action sur la sécrétion du cortisol, ont aussi une action propre sur les centres cérébraux, entraînant dépressions, insomnies, idées obsessionnelles, troubles de la concentration, attaque de panique, toxicomanie, alcoolisme, désordres pulsionnels et suicides.

Il y aura donc eu un zéro sur toute la ligne, car loin d'accroître leurs performances intellectuelles par le business-stress, employés, cadres, commerciaux, présidents et directeurs assisteront au contraire, impuissants avec l'âge, à l'involution de leurs performances du fait de la destruction avancée de ces mêmes centres nerveux par le stress, les drogues ou l'alcool, autre substance dite anti-stress par ses effets désinhibiteurs.

> *À une époque où le sport de haut niveau fait l'objet de contrôles spectaculaires et très médiatisés, notamment en matière de dopage, il serait intéressant d'avoir la même démarche dans le monde de l'entreprise. Pour lutter contre le stress, les drogues de toutes sortes, dont l'alcool, y sont monnaie courante. Mais les remèdes se révèlent pires que le mal. Petit à petit, la Bête pénètre tous les cerveaux!*

Le stress, source de revenus

Pour l'instant, ces mesures vertueuses n'ont que peu fait évoluer la culture perverse du stress dans laquelle la société moderne tout entière baigne. Outre le sentiment de puissance que le stress procure, le stress agit sur l'homme à deux niveaux.

- À un niveau individuel tout d'abord, car ceux qui subissent le stress exercé par l'entreprise sont récompensés, remerciés par un système de primes ou de promotions qui les incitent, qu'ils le veuillent ou non, à subir ce stress, encore et encore, même s'ils finissent malgré tout par déchoir, usés, jusqu'à perdre parfois leur emploi.
- À un niveau collectif ensuite: au sein de la société, la peur que le stress provoque est génératrice de pulsions parmi lesquelles la pulsion d'achat. Acheter pour se sécuriser, se rassurer, un peu comme le rat agressé

dans sa cage qui mange jusqu'à l'obésité pour vaincre sa peur d'être à nouveau agressé[8]. Acheter journaux, nourriture, alcool, tabac, médicaments, semaines de vacances, voyages, acheter à crédit, mais surtout acheter coûte que coûte, car la société du stress est avant tout une société de consommation. La consommation excessive, anarchique, sans raison, la consommation pour la consommation, qui laisse derrière elle son lot de pollution et de déchets. Face à cette boulimie liée au stress, une prise de conscience collective se met en place, certes à une échelle encore trop restreinte, mais les efforts déployés pour développer le recyclage, le tri des déchets, la nouvelle économie de marché et le commerce équitable sont le signe de ce sursaut vital et traduisent le refus grandissant de cette surexploitation d'un monde sous l'emprise du stress.

Le stress fait vendre, et c'est ainsi que la décroissance, terme inconnu encore il y a quelques années, devient la ligne de conduite et la réponse d'une nouvelle génération qui pense à juste titre que cette surconsommation jusqu'à présent effrénée est peut-être en train d'atteindre la limite d'une logique dangereuse.

De nombreuses études faites par les entreprises dans le cadre de stratégies en marketing établissent un rapport direct entre stress et conduites compulsives d'achat. Ces études qui visent à évaluer le plus précisément possible la relation chez leurs clients entre le stress et le temps consacré à faire des achats sont révélatrices.

Ces conduites frénétiques sont le plus souvent classées parmi les troubles obsessionnels compulsifs (TOC). Or, il

---

8. Le Dr France Bellisle (hôtel-Dieu, Paris) a démontré qu'un rat, même rassasié, va manger dès qu'il est stressé, entraînant son obésité – *Le comportement alimentaire humain : approche scientifique*, cours dispensé dans le cadre de la chaire Danone, 1998, publié par l'institut Danone en 1999.

est établi qu'il existe une relation entre les TOC et les états anxieux favorisés par le stress. Les troubles anxieux peuvent en effet être déclenchés par des expositions au stress, en sachant que les antécédents familiaux et génétiques sont aussi des facteurs favorisants. De même, il existe une relation entre troubles anxieux et certaines régions spécifiques du cerveau. Pour tenter d'expliquer la relation entre stress et TOC, on observe que 50 à 70 % des personnes atteintes de TOC le développent dans le cadre d'un état dépressif, après un événement stressant[9].

Que ce soit au niveau individuel ou collectif, les effets du stress sont catastrophiques, destructeurs et polluants. La survie de l'homme passera obligatoirement par une prise de conscience qui, d'abord individuelle, sera ensuite forcément collective. La Bête s'inquiète et va redoubler d'effort pour maintenir l'escalade de la consommation. Et elle sait comment le faire !

Stress et environnement de travail

Dans le cadre d'environnements mal vécus, nous connaissons tous ces ambiances épouvantables, rencontrées – hélas ! – trop souvent sur les lieux de travail. On parle alors d'« atmosphère lourde », « à couper au couteau », de « mauvais climat », ou même de « tension pesante », expressions qui traduisent toujours le ressenti au contact d'un lieu plutôt que son analyse objective.

Au travail, votre propre bureau pourra du jour au lendemain devenir une obsession, un cauchemar. Si vous aviez pu auparavant y mettre une touche personnelle, il sera désormais noyé dans un open space et sera standardisé pour pouvoir servir à n'importe qui. Cette volonté d'uniformisation, de taire les différences fait certes partie de l'époque. Pour la gouvernance d'entreprise, c'est aussi le souci d'une meilleure

9. Cf. annexe III : « Stress et comportement compulsif ».

rentabilité en supprimant tout ce qui peut distraire l'individu de son travail.

Nous sommes alors, comme nous l'expliquerons tout au long de cet ouvrage, dans le contexte typique décrit par Hans Selye, c'est-à-dire l'impossibilité de fuir un lieu, en l'occurrence son lieu de travail, ou de combattre, comme pourrait nous le dicter notre instinct de survie. Tout cela oblige à supporter collègues, chefs, collaborateurs, open space et bureau jusqu'au bout, c'est-à-dire jusqu'à la maladie, jusqu'à la névrose !

Nous sommes aujourd'hui bien loin de cette science qui exista par le passé et que certains nommèrent géométrie sacrée. Elle servait à étudier l'influence des formes et des volumes sur le bon équilibre de l'homme. Les Égyptiens et les Grecs en eurent longtemps la paternité, puis on retrouva ce besoin de la juste proportion dans les œuvres du Moyen Âge, en fait partout dans le monde et dans les civilisations où l'homme servit d'étalon ou de modèle pour les constructions.

À l'opposé, nous avons tous en mémoire ces villes inhumaines des années cinquante et soixante du siècle dernier avec leurs immeubles gigantesques et démesurés que l'on construisit dans les banlieues ou encore ces complexes d'usines dont l'architecture ramenait l'être humain à un simple numéro de pointage.

Ces constructions furent certes le résultat d'un ensemble de facteurs démographiques (exode rural vers les villes) et économiques (ère industrielle) de l'époque, mais aussi le produit d'un concept architectural qui allait de pair avec les idées politiques des années antérieures.

Les commentaires ne manquent pas sur ces suicides inexpliqués survenus dans ces tours ou dans ces ensembles urbains construits au mépris des principes élémentaires et éternels du beau, de l'harmonie et de l'équilibre des formes. Ces accidents furent souvent attribués à des états dépressifs survenant chez des personnes fragiles et surmenées ou vivant des drames familiaux compliqués. Jamais, dans les rapports d'enquête, ne furent évoqués l'architecture ou l'environnement dans lesquels ces accidents survinrent et surviennent encore.

L'influence positive d'un environnement harmonieux sur les hommes ne devrait plus être à démontrer. Pourtant, c'est encore et toujours la culture du stress qui là aussi prévaut. Ainsi, on oblige à travailler ensemble des gens qui ne se supportent pas, on interdit les marques personnelles qui pourraient caractériser un bureau, on construit des lieux de travail qui devraient être des lieux de vie et qui en fait deviennent des lieux de suicides. Tout est politique et l'architecture peut servir n'importe quelle force et celle de la Bête en particulier. « Les ambiguïtés des convictions totalitaires de ces années-là – communisme, fascisme –, apparemment contradictoires, montraient que la pratique de l'architecture était forcément politique[10]*. » La Bête a horreur du beau.*

Le stress positif est un mythe doublé d'une imposture

Les hommes et les femmes d'entreprise pensent que le stress est devenu indispensable à toutes les réussites. Cette croyance et les expériences de laboratoire qui la sous-tendent sont à l'origine du mythe du stress positif accepté du bas jusqu'en haut de l'échelle hiérarchique dans l'entreprise.

Pourquoi ? Répétons-le : pour les raisons biologiques décrites par Selye, raisons que nous aurons l'occasion de détailler dans les parties qui suivent. Lorsque vous êtes stressé, vous devenez bon. Vos capacités physiques et cérébrales sont mises dans les mêmes conditions que celles de la lutte pour la vie. Votre attention augmente, vous mémorisez plus vite, vos réactions sont plus rapides et mieux ciblées,

10. Guidu Antonietti di Cinarca, « Nord contre Sud », in Le Corbusier, *Croisade ou le crépuscule des académies*, Paris, Éditions G. Crès et Cie, 1933.

vos forces physiques sont décuplées, votre lucidité est plus importante, votre agressivité vous donne de la persuasion dans les prises de décisions et permet leur mise en œuvre, en groupe ou en réunion. Tout est donc grandi, facilité, dynamisé par le stress, auquel sait répondre votre cerveau animal.

Et ce sont ces effets à court terme qui ont contribué à créer le mythe du stress positif. On comprend alors mieux que, cautionnée par la théorie de Selye, l'agression soit devenue presque obligatoire, voire naturelle, dans la politique des entreprises. On s'est servi d'une réalité biologique, valable certes dans la jungle ou pour les animaux de laboratoire, pour en faire un modèle de gouvernance, une forme de management.

Seulement, à long terme, le positif du stress disparaît. Nous l'avons vu avec l'évolution de la courbe en forme de pic du business-stress. Le surhomme censé se développer sous l'emprise du stress au travail n'existera jamais. Lui aussi est un mythe.

En fait, le management par le stress transformera le surhomme en déchet humain, l'inverse de ce qui était annoncé au départ. En plus d'être un mythe, le stress positif est une imposture.

> *Le stress positif d'entreprise est un mythe, car le positif existe peut-être à court terme sur le rendement, mais, à long terme, c'est la santé qui est atteinte. Pour cette raison, la théorie du stress positif en entreprise est un mythe doublé d'une imposture. J'entends la Bête rigoler !*

Vers une société sans stress

Il semblerait qu'inverser la tendance soit un vœu pieux, tellement la situation s'est aggravée au fil du temps. Et les conséquences du stress telles que nous venons de les décrire sont encore mal ou insuffisamment appréhendées par le système politique, toutes tendances confondues.

Nous donnerons donc ici seulement des pistes de réflexion à la lumière d'expériences existantes hors de nos frontières ou même d'études existantes en France, voire de plans de santé malheureusement abandonnés.

En effet, il faut arrêter de fabriquer des malades et repenser notre politique de santé et le rôle de chaque acteur. Il faut également que les entreprises aillent au-delà des pratiques ponctuelles pour adoucir les effets dévastateurs du stress.

La prise de conscience d'une relation directe entre le stress et la maladie n'est pas évidente du tout. Comme nous l'avons déjà expliqué, les effets du stress sont lents à s'installer et quand ils se manifestent sous la forme de dysfonctionnements quelconques, le temps passé a, le plus souvent, fait oublier les épisodes de stress qui furent leur cause.

Depuis toujours, la médecine occidentale ne s'est occupée que de traiter des maladies, sans rechercher les influences extérieures qui pouvaient les avoir provoquées. La médecine fut le plus souvent curative, mais rarement préventive.

Pourtant, mises à part celles qui dépendent de l'hérédité, toutes les maladies prennent leurs racines dans le comportement qui lui-même décline de la pensée.

Actuellement, l'exploitation du stress, voulue ou subie, dans les entreprises pour obtenir des résultats économiques fait encore référence à la « table des actionnaires ». C'est pour cette raison que rien n'avance ou avance si lentement.

Modifier cette pensée génératrice de comportements pathogènes, c'est ce à quoi se sont appliquées les nouvelles stratégies organisationnelles. Inspirées des modèles québécois, des équipes pluridisciplinaires réunies au sein de sociétés spécialisées dans le consulting et l'audit prennent le pouls des entreprises pour proposer des solutions, remédier aux problèmes ou, encore mieux, les prévenir (PRÉVICAP au Québec, plan Santé au travail en France).

Arrêter de fabriquer des malades

Ce que nous avons vécu jusqu'à présent sur le plan économique n'est qu'un frémissement à côté de la lame de fond qui nous attend. Mais celle-ci ne se fera pas sur le terrain que l'on croit. Les chutes répétitives des places boursières ne sont pas des causes, mais des conséquences. Les véritables causes sont les malades que l'on fabrique, dont font partie ceux qui sont aux responsabilités ou à la tête des États. Voici ce que disait déjà Richard Liscia dans son éditorial du journal *Le Quotidien du médecin* du lundi 27 septembre 1993 au sujet de la société américaine :

> Voici un pays qui consacre 14 % de son produit national brut à la santé, qui dépensera cette année 900 milliards de dollars pour les soins, qui en dépensera, si rien n'est fait, 1 500 milliards en l'an 2000. Un pays qui compte aussi les laboratoires pharmaceutiques les plus puissants du monde, 600 000 médecins dont le revenu moyen est égal au million de nos francs par an, qui dispose de 5 500 hôpitaux, de la recherche médicale la plus avancée, des revues scientifiques les plus prestigieuses, mais où tomber malade est une calamité, où les médicaments sont hors de prix, où certaines maladies, comme la tuberculose, mais aussi le sida et les maladies cardiovasculaires, font des ravages, où la mortalité infantile est comparable à celle du tiers-monde…

Cet extrait montre bien qu'il n'y a pas forcément de relation directe entre la surmédicalisation d'un pays et le bon état de santé de ses habitants. C'était en 1993 et, depuis, rien ne s'est vraiment arrangé !

Au contraire, il n'y a pas eu de pause dans la progression des maladies et des pathologies, ce qui nous semble normal puisque nous considérons que la plupart des maladies et des pathologies sont liées au stress. Or, celui-ci n'a fait qu'empirer au fil du temps et principalement dans le cadre du travail. Il n'y a pas vraiment eu non plus d'amélioration des conditions de travail et, actuellement, les programmes mis en place dans les entreprises pour gérer le stress sont encore trop peu nombreux pour qu'un effet d'ordre social et économique puisse se faire sentir. De plus, ces programmes sont pour la plupart dépassés.

Or, les solutions pour enrayer l'instabilité sociale et les déséquilibres économiques que traversent peu ou prou tous les pays de la planète en ce moment ne sont pas seulement à rechercher dans une amélioration de leurs balances commerciales, et c'est ce paradoxe que personne ne veut prendre en compte.

Les solutions sont à rechercher dans la conservation, voire l'amélioration de la santé des habitants de notre monde. Il faut que nous arrêtions de fabriquer des malades et des invalides dans les pays riches et de la pauvreté dans les pays pauvres. Ce défi va pourtant s'imposer bientôt à tous les dirigeants des pays de la planète, y compris la Chine et l'Inde. La Bête est sur toute la Terre et c'est bien elle qu'il faut combattre. Ne nous trompons pas d'adversaire!

Redonner sa place au médecin traitant

Les politiques et les syndicats, les yeux longtemps rivés sur les chiffres de l'emploi et les revenus salariaux, n'ont pas vu venir ce gigantesque problème social de la santé au travail :

La question de la santé au travail a été abandonnée par les politiques, les syndicats et les médecins parce qu'elle est considérée comme secondaire par rapport à la question de l'emploi. Ainsi, dans le programme du PS (celui à l'époque de l'interview, c'est-à-dire en 2006), les mots « conditions de travail » ne sont mentionnés qu'une seule fois à propos des travailleurs de la mer… Il y a un manque d'imagination flagrant de la part des politiques. Les syndicats sont avant tout préoccupés par le chômage et les retraites. Ils sont trop faibles numériquement et trop divisés pour se lancer dans un chantier techniquement complexe portant sur le long terme et pas très porteur. Cependant, un certain nombre

> de syndicats et d'entreprises commencent à se pencher sur la question. Les travailleurs, syndiqués ou non, n'osent pas revendiquer en matière de conditions de travail par crainte de perdre leur emploi. Ils sont de toute façon très mal informés : beaucoup ne font pas le lien entre leur problème de santé et les gestes qu'ils accomplissent jour après jour ; ils les imputent à l'âge ou à une activité extraprofessionnelle. Les médecins de ville ne les interrogent que rarement sur leurs conditions de travail parce qu'ils n'ont pas été formés à cela et que cet interrogatoire prend du temps. Ils sont donc parmi les principaux responsables de la sous-déclaration de pathologies qui contribuent au déficit de la branche générale de la Sécurité sociale. Ils devraient être les premiers intéressés par la question puisqu'on leur impute souvent la responsabilité de ce déficit, alors qu'elle revient en partie aux conditions de travail[11].

On ne saurait être plus clair ! Philippe Askenazy enfonce le clou :

> On considère qu'environ un quart des pathologies chroniques des Français sont liées à leur profession (ce qui ne veut pas dire que celle-ci en est la cause unique, mais qu'elle en est un élément essentiel). Si les médecins accordaient plus de place à cette question, ils montreraient, par exemple, que les arrêts de travail qu'on leur reproche ne sont pas des arrêts de complaisance… Les médecins de ville sont un des éléments clés dans la situation actuelle. C'est à eux que les gens s'adressent d'abord, plus qu'aux médecins du travail.

Les médecins de ville auxquels on a fait tout avaler depuis vingt-cinq ans sur l'autel du déficit, c'est-à-dire la non-progression des honoraires, le déremboursement des médicaments qu'ils prescrivent, les tracasseries administratives,

11. « Les Français malades du travail », entretien avec Philippe Askenazy, *Panorama du médecin*, 16 octobre 2006.

les contrôles tatillons, quand ce ne sont pas tout simplement des menaces de la part des caisses, ne font que gérer des pathologies provoquées par le stress au travail, pathologies pour lesquelles les entreprises n'ont que très peu de comptes à rendre pour le moment !

Le développement personnel pour ressouder les équipes

Depuis une vingtaine d'années, venant des États-Unis et pour répondre aussi aux besoins de la législation en vigueur, s'est développée en France, dans les entreprises, l'organisation de séminaires dont le but est de permettre la gestion du stress en renforçant l'esprit d'équipe, tout en améliorant les capacités managériales des cadres. Ces séminaires sont de tous types et de toutes formes. Globalement, on peut les regrouper sur deux grands thèmes : le développement personnel et la cohésion des équipes.

Dans leur approche, ces deux philosophies du coaching d'entreprise visent à favoriser l'affirmation et l'expression de soi, à maîtriser de la gestion du temps, mais aussi à créer des liens au sein des équipes et à ressouder les groupes dévastés par le stress sur les lieux de travail. Les méthodes et les écoles pour ce genre d'activité sont multiples. Certaines sont sérieuses et animées par des professionnels, d'autres sont totalement farfelues ou ont même été infiltrées dans le passé par des tendances sectaires.

Pour le développement personnel, on connaît les techniques personnalisées en entretien avec les approches systémiques, l'analyse transactionnelle, la gestalt et la programmation neurolinguistique ou PNL. Ces activités ont leurs applications dans les techniques de vente, la formation à l'informatique, mais aussi dans le développement du potentiel personnel.

Pour le travail sur les équipes, on privilégie souvent les ateliers qui mettent en cause la psychosociologie et la cohésion de groupe, la maîtrise du leadership et les jeux de rôle.

Certains de ces séminaires sont encore plus spécialisés et plutôt réservés aux cadres supérieurs, auxquels il est demandé de se former à la conduite de réunion, à la gestion par objectifs, aux styles de management, à l'accompagnement de projet, au coaching, aux techniques de créativité et de négociation, à l'adaptation au changement. Est-ce suffisant ?

> *Les séminaires d'entreprise, généralement bien conçus avec des animateurs le plus souvent compétents, sont souvent animés par des professionnels de la santé reconvertis pour la bonne cause. Pourtant, si rien ne semble changer quant au résultat, c'est que l'approche de la gestion du stress en entreprise doit être incomplète... ou n'est plus adaptée à notre époque. La Bête le sait bien et laisse faire.*

Le modèle québécois de Sherbrooke

Les Québécois se sont lancés depuis la fin des années quatre-vingt sur une réflexion visant à permettre le retour au travail des salariés qui en étaient exclus à cause de troubles physiques ou psychosomatiques. Le Pr Patrick Loisel de l'université de Sherbrooke au Québec est à l'origine d'un programme de prise en charge des douleurs dorsales et lombaires d'origine professionnelle. Ce programme est connu sous le nom de modèle de Sherbrooke et il associe le milieu des entreprises au processus de réadaptation. L'université de Sherbrooke et l'hôpital Charles-Le-Moyne ont ainsi créé la chaire de recherche en réadaptation au travail dont une des raisons essentielles est la lutte contre l'absentéisme pour raison de santé. Patrick Loisel, professeur à la faculté de médecine, a été nommé titulaire de la nouvelle chaire et il dirige un diplôme de deuxième cycle de pratique de la réadaptation.

Sous son impulsion, ce programme, développé en 1991 à l'université de Sherbrooke, a permis de doubler la vitesse de retour au travail des salariés exclus pour raison de santé. Tout en les soulageant plus rapidement, le programme permet donc aussi de réaliser des économies importantes.

Fort des résultats obtenus avec le modèle de Sherbrooke et grâce aux recherches du Pr Loisel, le programme PRÉVICAP a été créé en 1997 par une équipe pluridisciplinaire et interuniversitaire. Son but fut de prévenir l'incapacité au travail concernant des troubles musculo-squelettiques ou TMS. Ce plan est aujourd'hui connu internationalement et sa mise en application s'étend à plusieurs pays.

La France s'en est inspirée pour le développement du plan Santé au travail que Jean-Louis Borloo et Gérard Larcher, respectivement, à l'époque, ministre de l'Emploi, du Travail et de la Cohésion sociale et ministre délégué aux Relations du travail, ont rendu public le 17 février 2005 dans le cadre du plan Santé au travail 2005-2009.

Autant par leur importance que par leur intérêt scientifique reconnu mondialement, les travaux du Pr Loisel mettent surtout en évidence le lien étroit existant entre la bonne santé des salariés et la bonne santé des entreprises.

Bien que les pathologies prises en compte soient limitées aux troubles musculo-squelettiques, le stress en est pour une grande part responsable. C'est le cas des lombalgies d'origine inexpliquée.

Enfin, le modèle de Sherbrooke fut aussi conçu pour répondre à l'absentéisme et ainsi favoriser dans l'entreprise la réinsertion de travailleurs en souffrance.

Nous allons voir maintenant que, plus que l'absentéisme, existe au sein même des entreprises un autre type de malêtre bien plus pervers, car souvent muet, mais générateur de dégâts de santé encore plus importants que l'absentéisme et plus ruineux aussi pour l'économie. Là aussi, ce sont les équipes québécoises qui sont à la pointe de cette recherche.

Le modèle de Sherbrooke a surtout permis de démontrer une vérité: la bonne santé d'une entreprise dépend de celle de ses salariés. C'est une des idées maîtresses que nous essayons de développer dans ce livre. Apparemment, cette vérité n'est pas encore admise partout! Pourtant, nous savons que là où la Bête est absente, l'homme va mieux, et l'entreprise aussi. Curieusement, ces approches différentes du stress en entreprise ne se sont pas développées dans nos pays, et surtout pas en France! La Bête est-elle si puissante?

Le présentéisme

Jean-Pierre Brun de l'université Laval au Québec a présenté un rapport sur l'« évaluation des coûts du stress au travail ». Dans ce rapport, l'équipe du Pr Jean-Pierre Brun développe, selon nous, deux grandes idées révolutionnaires qui devraient interpeller nos dirigeants, qu'ils soient politiques ou d'entreprise, et tous les actionnaires.

La première grande idée est que les malades du stress présents au travail sont plus nombreux que les absents.

> *Il apparaît de plus en plus clairement que l'absentéisme constitue la pointe de l'iceberg des conséquences du stress au travail. En effet, une récente étude (Brun, Brion, Martel et Ivers, 2003) montre que 2 à 3 % d'individus s'absentent du travail pour des troubles d'ordre psychologique, alors que 40 % de ceux qui restent au travail présentent des signes de détresse psychologique élevée. Être au travail, mais ne pas donner son plein rendement en raison de problèmes de santé constitue un phénomène que l'on qualifie de « présentéisme » (Hemp, 2004). Ce dernier a de nombreux impacts sur la charge financière de l'organisation*[12].

À partir de là, le Pr Brun démontre dans son rapport la seconde idée qui découle de la première, c'est-à-dire que les employés touchés par le présentéisme perdent en rentabilité.

---

12. *Évaluation des coûts du stress au travail*, rapport de recherche du Pr Jean-Pierre Brun, *et al.*, université Laval, Québec, Canada, janvier 2006.

Jean-Pierre Brun note en effet : « Hemp signale que la productivité d'un employé peut être réduite de 33 % ou plus en raison du présentéisme. De plus, il mentionne que le présentéisme serait un phénomène entraînant des coûts beaucoup plus importants pour l'organisation que sa contrepartie, l'absentéisme[13]. »

Cette idée fait actuellement son chemin et il est de plus en plus admis comme évident qu'un collaborateur épanoui dans son travail, c'est plus de clients pour l'entreprise et ce sont des actionnaires plus satisfaits devant les résultats de la bourse.

Ainsi, que nous ayons affaire au problème de l'absentéisme ou à celui, moins connu, mais plus sournois, du présentéisme, le traitement médico-social demandera toujours deux approches complémentaires : une approche organisationnelle et préventive, dans laquelle se sont déjà investies depuis quelques années les ressources humaines des directions d'entreprise et la médecine du travail, et une approche individuelle ou personnalisée dans laquelle se reconnaîtront les modèles psycho-comportementaux, les jeux de rôle et d'adaptation, les évaluations des pratiques professionnelles. De toute façon, les deux approches conduiront bientôt à une autre forme de management.

Le présentéisme caractérisé par la présence au travail de salariés victimes du stress est beaucoup plus important que

13. Le Pr Alexandre Minkowski avait le premier abordé la notion du présentéisme dans un livre qu'il avait coécrit avec le Pr Paul Milliez en 1981 : *Une certaine idée de la médecine* (Paris, Ramsay, 1981, p. 176). Voici ce qu'il disait à l'époque : « On a beaucoup parlé des arrêts abusifs en milieu industriel. C'est vrai qu'il y a un absentéisme, c'est vrai qu'il existe des médecins coupables, donnant des certificats de complaisance, mais ce dont on ne parle pas, c'est du présentéisme chez les cadres et aussi chez les salariés peu spécialisés et à risques qui, eux, risquent de perdre leur emploi. Ils préfèrent rester, même en étant malades. »

l'absentéisme, connu jusqu'à maintenant comme la seule expression du mal-être en entreprise. Ces salariés stressés, mais présents, seront bien évidemment moins rentables que s'ils étaient en bonne santé. La Bête les consume à petit feu !

Une autre forme de management ?

Toute une série de secteurs scannent déjà depuis longtemps le fonctionnement intime des entreprises. On peut en effet citer les modèles financiers, les facteurs environnementaux et de gouvernance, permettant de mieux gérer les risques, d'élaborer des hypothèses, d'anticiper les impacts opérationnels et de mieux nourrir le dialogue au sein des équipes.

Dans cette nouvelle politique très élaborée pour un nouveau management, on espère bien, en prime, neutraliser le stress et ainsi prouver qu'il vient bien de l'organisation collective du travail. Seulement, ce raisonnement, pourtant juste, est incomplet, car il n'intègre pas la santé, ou plutôt la maladie, et c'est bien là l'erreur !

C'est ici que nous rejoignons le Pr Brun au sujet du présentéisme.

En effet, il ne suffit plus de prévenir le mal par l'analyse des systèmes managériaux, mais il s'agit aussi de le traiter maintenant au sein même de l'entreprise. Faire en sorte que ceux qui restent présents à leur travail malgré tout soient en meilleure santé possible, pour eux-mêmes bien sûr, mais aussi pour être plus efficaces dans leur travail.

Pour cela, il faut inciter l'émergence, dans notre société, de la pensée qui domine déjà dans les rapports québécois : un collaborateur, un cadre ou un dirigeant d'entreprise sera plus opératif et donc plus rentable s'il n'est plus soumis au stress, ou plutôt s'il sait le gérer et s'en soustraire.

Mais cette nouvelle façon de concevoir la politique du travail dans les entreprises peut-elle être acceptée par les actionnaires qui, le regard tourné vers les tabloïds de la bourse, ne s'intéressent pas suffisamment à l'état de santé des personnels ?

C'est cependant sur cet état de santé que reposent la vitalité de l'entreprise et indirectement le cours de ses actions.

Et si ce n'était pas le cas, si les actionnaires demeuraient impénétrables aux idées nouvelles, voyons l'autre scénario qui pourrait s'imposer à eux de façon plus radicale.

> *Il ne suffira plus de prévenir des situations à risques dans les entreprises comme on le fait déjà, mais plutôt de favoriser le retour à la santé des innombrables victimes du stress qui s'y trouvent, en sachant qu'un cadre ou un dirigeant est, pour l'entreprise, plus rentable en bonne santé que malade. La Bête sait se faire oublier tout en flattant l'ego, c'est une de ses forces et elle peut paraître infaillible sur ce plan.*

L'action des consommateurs et des politiques

Pensons aux pistes d'avenir qui pourraient s'imposer d'elles-mêmes.

Toute idée est porteuse de son contraire et tout comportement poussé à l'extrême finit par produire son inverse. Dans tous les cas, le moteur du changement est dans l'intérêt que suscite pour le plus grand nombre le nouveau comportement ou la nouvelle pensée puisque l'un et l'autre sont indissociablement liés.

Prenons deux exemples de comportements forts que sont l'alimentation et le tabagisme et voyons comment les influences d'époques conduisent à leur transformation.

Commençons par l'alimentation.

Il fut un temps où la façon de se nourrir n'était pas un problème et prêtait même plutôt à sourire, y compris dans le monde médical. Mis à part le sucre pour les diabétiques ou les graisses animales et les œufs pour l'excès de cholestérol, on pensait que le reste n'était que pure théorie sans résultats pratiques, et tout le monde mangeait sans se préoccuper de ce qu'il mangeait.

Aujourd'hui, les temps ont bien changé. Chacun de nous devient un consommateur qui pense vitamines et calories quand il achète et les médecins prescrivent des repas sur ordonnance.

La prise de conscience générale qui favorisa le changement de comportement alimentaire s'organisa, comme c'est souvent le cas, par la base, par l'action des consommateurs. Ceux-ci devinrent de plus en plus inquiets quant à la qualité de ce qui se trouvait dans leur assiette. Ils firent du retour au naturel leur cheval de bataille, si bien que le biologique est aujourd'hui la pierre angulaire de la nouvelle nutrition. On inventa même le concept de traçabilité.

Ensuite, ce furent les industriels, souci du développement oblige, qui s'adaptèrent très rapidement à cette nouvelle demande. On créa les produits bio et les premières allégations nutritionnelles apparurent sur les emballages des produits. Puis le médical suivit le mouvement et, dans les facultés du monde entier, des centaines d'études académiques sur le sujet de la nutrition, toutes plus sérieuses et scientifiques les unes que les autres, parurent chaque jour. Elles apportèrent la preuve que l'alimentation a une influence sur la santé, ce que savaient depuis longtemps les vieux médecins de famille[14].

Sous de telles pressions venant des consommateurs, des industriels et des scientifiques, le monde politique finit par s'intéresser au problème de l'alimentation que l'on nomma, histoire de faire savant, nutrition. Et il légiféra... On s'était aperçu entre-temps que non seulement la mauvaise alimentation, la malbouffe, était responsable de maladies graves, mais que, de plus (nous devrions dire « surtout »), ces maladies coûtaient cher aux caisses d'assurance-maladie.

C'est toujours cet élément, l'argent, qui déclenche l'action préventive « généreuse » du monde politique !

Il fallait donc corriger les déviances et enseigner d'autres comportements alimentaires pour certes améliorer la santé

---

14. Cf. annexe IV : « Les Inuits du Groenland ».

de la population, mais surtout maîtriser l'envolée des dépenses. C'est avant tout par nécessité économique et non par altruisme que les consignes du bien-manger furent diffusées. On put voir des campagnes d'information relayées par les producteurs sur le bien-fondé de la consommation de fruits et légumes pour éviter le cancer de l'intestin, ou celles concernant la consommation des graisses polyinsaturées d'origine végétale pour éviter les maladies cardiovasculaires.

Dans un autre registre, celui du tabac, il existe un incroyable paradoxe. La lutte contre le tabagisme est plus récente, mais suit le même cheminement social que pour l'alimentation. Seule la terminologie des protagonistes change parfois.

Ainsi, il y a en première ligne non pas des consommateurs, mais au contraire des non-consommateurs, c'est-à-dire les associations de non-fumeurs qui pour leur combat se réfèrent aux travaux scientifiques et médicaux. Cette fois-ci, les industriels ne sont pas partie prenante puisque c'est plutôt contre leurs produits que l'action est engagée.

Jusqu'à présent, le tabac rapportait, par ses taxes, beaucoup d'argent à l'État. Peu importait qu'il provoquât les maladies que tout le monde connaissait. C'était donc l'opposition entre associations de non-fumeurs et lobby pro-tabac, avec, pour les pouvoirs publics, des rentrées d'argent significatives.

Cependant, les rapports médicaux scientifiques devinrent de plus en plus accablants pour la cigarette et les chiffres des branches maladie des assurances médicales publiques et des mutuelles s'enfoncèrent dans un rouge inquiétant pour tout ce qui concerne le cancer.

On commença donc à s'interroger sur l'influence négative du tabac pour les coûts sociaux. Puis cela devint une réalité et une évidence. Il fallait inciter les fumeurs à ne plus fumer pour réduire ces coûts. Alors, la cigarette, qui fut pendant des décennies le faire-valoir du mâle absolu, du superhomme dominateur et tombeur, ou encore l'attribut phallique de la vamp des années cinquante, devint un objet banni, synonyme de dépendance, d'addiction, de cancer, de douleurs, de frais médicaux, de coûts inadmissibles.

Là encore, les politiques, en fin de parcours, légiférèrent, et nous arrivâmes en France à l'incroyable paradoxe, dès janvier 2008, de voir dans les lieux où l'on vend le tabac : « Interdit de fumer. » Qui aurait pu croire une chose pareille quelques années auparavant ?

> *La prépondérance du biologique dans l'alimentation et la lutte anti-tabac sont deux exemples caractéristiques de l'influence de la pensée sur la modification parfois rapide des comportements dans une société. Pensée collective et névrotique quand elle interdit le tabac là où on le vend ou quand, pour ce qui touche le bio, elle condamne implicitement ceux qui n'en consomment pas. La Bête est ravie, car, en plus de la pulsion, on lui offre la névrose. Elle ne sait plus où donner de la tête !*

Prise de conscience politique et Plans santé au travail

La première question que nous sommes en droit de nous poser est de savoir si la gestion du stress en entreprise fera l'objet d'une même prise de conscience politique, économique et sociale que l'alimentation ou le tabac. La seconde question pourrait être : comment cette prise de conscience se fera ?

On pourrait a priori être optimiste en lisant le Plan santé au travail 2005-2009, lancé le 13 avril 2004 par Jean-Louis Borloo, alors ministre du Travail, de l'Emploi et de la Cohésion sociale, et Gérard Larcher, alors ministre délégué aux Relations du travail.

Ce plan, dans le droit-fil des travaux canadiens, en particulier du programme PRÉVICAP, s'organise autour de quatre objectifs :

1. Développer les connaissances des dangers, des risques et des expositions en milieu professionnel.
2. Renforcer l'effectivité du contrôle.

3. Refonder les instances de concertation du pilotage de la santé au travail.
4. Encourager les entreprises à être acteurs de la santé au travail.

C'est évidemment ce dernier point qui nous intéresse, car y est inscrit le rôle supposé actif des entreprises par rapport à la santé.

Le 28 octobre 2009, Xavier Darcos, alors ministre du Travail, a présenté lors du Conseil des ministres le second Plan santé au travail 2010-2014. Ce second plan reprend les grandes lignes du premier en y intégrant un plan d'urgence qui vise à développer une prévention active des risques professionnels où les risques psychosociaux sont en bonne place[15].

Il faut s'interroger un instant sur la définition du stress par les pouvoirs publics :

> On parle de stress au travail lorsqu'il existe un déséquilibre entre la perception qu'une personne a des contraintes que lui impose son environnement professionnel et la perception qu'elle a de ses propres ressources pour y faire face. On distingue les situations de stress aigu (quand une personne doit faire face à un événement ponctuel) et les situations de stress chronique (lorsque cette situation est durable). Il en

15. « Les risques psychosociaux sont souvent résumés par simplicité sous le terme « stress », qui n'est en fait qu'une manifestation de ce risque. Ils recouvrent en réalité des risques professionnels d'origine et de nature variées, qui mettent en jeu l'intégrité physique et la santé mentale des salariés et ont, par conséquent, un impact sur le bon fonctionnement des entreprises. On les appelle "psychosociaux", car ils sont à l'interface de l'individu (le "psycho") et de sa situation de travail (le contact avec les autres – encadrement, collègues, clients…), c'est-à-dire le "social". » (Dossier de presse, Plan santé au travail 2010-2014, direction générale du Travail, de l'Emploi et de la Formation professionnelle, séminaire régional du 20 novembre 2009.)

> résulte des conséquences sur la santé des salariés et des dysfonctionnements dans l'entreprise[16].

On remarquera avec intérêt que le rapport note que le stress a des conséquences sur la santé des salariés et entraîne des dysfonctionnements dans l'entreprise. Le rapport rejoint ainsi les conclusions depuis longtemps démontrées par les Canadiens du lien entre santé des salariés et bon fonctionnement de l'entreprise.

Par ailleurs, le Plan santé au travail 2010-2014 insiste sur la complexité des pathologies issues du stress et sur la nécessité de suivre la santé des salariés durant « un temps suffisamment long ».

Dans l'ensemble, si nous retrouvons toujours dans ces plans de santé au travail le rôle prépondérant du préventif avec l'analyse des risques de toutes sortes, depuis les troubles musculo-squelettiques jusqu'aux expositions aux produits toxiques, sans oublier les cancers professionnels, les troubles psychosociaux sont dorénavant en bonne place, avec les pathologies liées au stress comme les dépressions ou les tendances suicidaires.

Les règles du jeu semblent sans doute mieux définies qu'auparavant, mais seront-elles appliquées ? Et surtout, quelle place les acteurs médicaux et sociaux des entreprises et ceux de l'encadrement feront-ils au traitement du stress ? Ce traitement restera-t-il confiné dans les schémas classiques d'organisation et de structure du travail, remettant en cause le management des équipes ou encore l'utilisation de tel matériel, ou bien fera-t-il enfin l'objet d'une réflexion sur l'action du stress sur l'homme dans le cadre de son travail ?

---

16. Plan santé au travail 2010-2014 : plan d'urgence pour la prévention du stress au travail, novembre 2009.

Enfin et surtout, les actionnaires sauront-ils apprécier le climat délétère que le stress impose aux entreprises et surtout la contre-productivité qu'il génère ?

On peut craindre en effet que les vieux réflexes ne reprennent le dessus, que le collectif ne l'emporte encore sur l'individuel et que la part belle faite à la prévention ou à la cohésion des équipes rende inaudible tout discours sur le stress individuel ainsi que sur ses effets biologiques dans la genèse des maladies.

> *Les plans Santé au travail définissent mieux les circonstances du stress au travail, reconnaissent l'action de celui-ci sur la santé des salariés et le dysfonctionnement des entreprises. Les plans Santé au travail encouragent les entreprises à être actrices de la santé de leurs salariés et reconnaissent l'intérêt de suivre ceux-ci médicalement sur de longues périodes. Sauront-elles relever ce défi ou faudra-t-il les y contraindre elles aussi ?*

Et si tout continue comme avant ?

On peut très honnêtement le supposer. Dans ce cas, le changement viendra très probablement d'une obligation économique et politique sous la pression des hommes et des femmes concernés par le problème, c'est-à-dire beaucoup de monde ! La méthode suivra le même chemin qu'aux États-Unis où ce phénomène a commencé depuis longtemps.

Dans ce pays, on affiche sur Internet les informations sur le niveau de stress qu'inflige la direction de telle marque ou telle autre à son personnel. Ces informations circulent pour constituer des groupes de pression. Ce sont les fameux *name and shame* (« nommer et couvrir de honte ») qui fleurissent sur la Toile et auxquels dirigeants et actionnaires ne semblent plus insensibles, car l'image et surtout la responsabilité sociale et sociétale d'une entreprise prennent de plus en plus d'importance dans tous les États.

Nous touchons ici au concept que nous revendiquerons plus loin dans ce livre, c'est-à-dire faire coter le bien-être d'une entreprise en bourse.

La pression des citoyens sera d'autant plus efficace sur ce sujet que, pour une fois, tout le monde, depuis l'agent de terrain jusqu'au sommet de la hiérarchie, sera concerné par le même adversaire, c'est-à-dire le stress. L'action collective se cristallisera et s'organisera par, au minimum, des critiques publiées sur les blogs et, au maximum, des boycotts des produits des entreprises qui n'auront pas su protéger leurs salariés. Cela se traduira invariablement par une baisse des ventes des produits boycottés. Cela est déjà plus ou moins suggéré pour les produits venant de pays exploitant le travail des enfants dans des conditions incompatibles avec les principes de la civilisation.

Entre-temps, la médecine se sera emparée à son tour du problème, aura démontré par de nombreuses études et publications la relation bien établie entre le stress lié au travail et la survenue de la plupart des maladies courantes, banales, qui ainsi s'ajouteront à celles du travail déjà reconnues comme telles.

> *Les entreprises récalcitrantes à entreprendre de véritables mesures pour corriger les problèmes liés au stress au travail verront s'organiser contre elles ou plutôt contre leurs produits des mots d'ordre de boycott qui viendront de groupement de consommateurs, donnant à l'expression « bien-être coté en bourse » tout son sens. La Bête s'inquiète.*

Une société plus juste

Ayant les preuves médicales suffisantes, les caisses d'assurance-maladie pourront attaquer en justice les entreprises reconnues comme les plus pathogènes pour leur faire rembourser les dépenses dues aux frais médicaux dont elles auront été rendues responsables. Cela se produit déjà.

En 2007, le tribunal des prud'hommes a condamné une entreprise publique française pour le tabagisme passif qu'elle a fait subir à l'une de ses employées, décédée ensuite d'un cancer du sein, et a même obligé l'entreprise à verser une indemnité aux enfants de la victime[17]. Ceci n'est qu'un début et les cas de ce genre iront en se multipliant. Pris en étau entre les baisses des ventes dues aux boycotts et les frais et indemnités liés aux procédures, les entreprises, déjà mises à mal par les effets de la crise et de la mondialisation, devront s'adapter.

Le politique interviendra sûrement et légiférera pour protéger l'économie de ces entreprises d'une multiplication de procédures entamées contre elles par les associations d'usagers, les syndicats, les caisses ou les assurances privées.

Les entreprises qui ne l'auront pas déjà fait devront se mettre en règle vis-à-vis des lois déjà existantes qui réglementeront à ce moment-là le stress en entreprise. On peut même supposer que celles qui auront déjà une politique de prévention du stress, mais aussi et surtout une politique de retour à la santé de leurs employés et collaborateurs malades, seront exonérées de taxes ou toucheront des primes en conséquence pour bonne contribution à l'économie générale du pays en matière de santé.

À cette première obligation s'en ajoutera une deuxième, l'obligation de résultat, ce qui sera nouveau. La Bête s'inquiète un peu, mais reste confiante.

L'obligation de résultat

L'obligation de résultat devra se traduire par une réduction des arrêts-maladies, une diminution des accidents du travail, une baisse des conflits sociaux, une remise au travail

17. Le conseil des prud'hommes de Rouen a annulé le licenciement, en 1999, d'une employée de La Poste, décédée depuis, qui se plaignait du tabagisme passif qu'elle subissait au travail et a condamné l'entreprise à verser 7 500 euros à ses enfants. (lexpress.fr, avec Reuters, publié le 29 mars 2007.)

(volontaire) des absents pour raison de santé et enfin le dépistage ciblé et systématique des pathologies bien connues de la médecine du travail.

Les entreprises qui ne satisferaient pas à des critères de bien-être au travail et qui surtout n'apporteraient pas la preuve de leur efficacité dans la lutte contre le stress se verraient taxer par des organismes nationaux ou internationaux afin de rembourser aux assurances-maladie les prestations que celles-ci auront versées aux employés malades du stress dans lesdites entreprises.

Il existera des critères d'évaluation mesurables (pour suivre et connaître l'état de santé des salariés, en particulier les marqueurs de l'oxydation que nous verrons plus loin) qui pourraient permettre ce travail de suivi.

À ceux qui pensent que de telles dispositions envers les entreprises ajoutées aux charges qu'elles connaissent déjà dans nos pays en matière de taxes et d'impôts divers pourraient favoriser ou accélérer leur processus de délocalisation vers des pays peu scrupuleux sur la santé de leurs salariés ou insensibles au problème du stress en entreprise, nous répondrons que c'est au contraire par une telle politique, qui permettra l'avènement d'un management apaisé, que les entreprises resteront là où elles sont et que d'autres viendront les rejoindre pour bénéficier elles aussi des effets d'une telle révolution.

Paradoxalement, alors qu'aujourd'hui on voit se profiler le risque pour certains malades de se voir refuser l'accès au monde du travail en raison de telle ou telle pathologie, cela ne se verra plus dans le futur, car l'entreprise aura aussi comme mission de restaurer la santé à ceux qui l'auront perdue. Des contreparties financières pourront là aussi être étudiées comme nous l'avons vu plus haut.

C'est à ce moment que le contexte historique, économique et social dans lequel nous sommes installés depuis soixante ans et qui concerne la plupart des pathologies dans les pays développés s'inversera. Les citoyens seront moins malades, les caisses d'assurance-maladie seront moins déficitaires et surtout les gens seront plus heureux.

Est-ce une utopie ? À ceux qui pensent qu'il s'agit d'une utopie – et qui seront encore là –, nous donnons rendez-vous dans vingt-cinq ans. En effet, il faudra encore ce temps pour que la prise de conscience mondiale arrive à son terme et pousse au changement annoncé[18].

> *À l'avenir, les entreprises ne seront plus seulement les lieux où l'on gagne son argent, mais des lieux où, comptes sociaux obligent, on pourra surveiller, entretenir, voire recouvrer sa santé. Ce phénomène s'inscrivant dans un mouvement de civilisation, il concernera à terme le monde entier. Aucun pays ne pourra s'y soustraire. On pourra alors légitimement penser que la Bête délaissera peu à peu les entreprises et qu'à sa place on pourra y voir l'Ange enfin passer.*

Les défis de demain

L'interdépendance du travail et de la santé

D'après Fritjof Capra, dans son remarquable livre *Le temps du changement*, jamais, depuis la transition du Néolithique à l'âge des métaux, le monde n'a traversé un bouleversement aussi important que celui que nous sommes en train de vivre. Les défis sont multiples. Nous connaissons déjà celui touchant les énergies fossiles, nous prenons conscience de celui concernant l'eau[19] et de celui tout aussi fondamental et préoccupant des protéines. Ceux qui pensent que, dans trente ans, nous pourrons répondre aux défis alimentaires de ce monde avec les solutions du siècle dernier sont de dangereux rêveurs. Nous aurons besoin bien évidemment du génie

---

18. Cf. annexe V : « L'obligation de prévention contre le stress : signe des temps ».
19. Gérard Payen, *De l'eau pour tous*, Paris, Armand Colin, 2013.

génétique pour nourrir les milliards d'individus qui peupleront la Terre, et cela malgré les modifications climatiques et les autres catastrophes naturelles[20] !

Il faudra répondre à l'organisation et à la répartition du travail d'une part et à la santé des hommes et des femmes d'autre part sur toute la planète. La santé et le travail ont toujours été intimement liés, pour le meilleur comme pour le pire. La grande détresse de l'homme survient quand il ne s'intéresse plus à ce qu'il fait, à ce qu'il construit ou fabrique. Du désintérêt naissent l'ennui, la dépression, puis la maladie, maladie qui ne permet plus de travail. C'est le cercle vicieux !

Nous ne cesserons de le répéter : les entreprises sont donc au premier rang pour relever ce défi qu'elles ne remporteront qu'avec le concours de l'Ange. C'est ce que nous démontrerons plus loin.

Cette responsabilité sociétale de l'entreprise commence à être de plus en plus prise en compte en matière d'environnement et de développement durable. Il est fait mention dans plusieurs rapports annuels récents de grands groupes français (Air Liquide, GDF Suez…) ou de groupes publics (Caisse des dépôts et consignations) de la mise en application de chartes d'éthique à l'égard des prestataires, des sous-traitants, des clients, des personnels de l'entreprise. Ces valeurs sont véhiculées et promues à l'international dans les pays où ces groupes sont présents. Ces évolutions sont assez récentes puisqu'elles ne remontent qu'aux dix dernières années. Elles sont cependant révélatrices du changement dans les mentalités qui est en train de s'opérer.

Cependant, au moment où s'installe ce que nous nommons la mondialisation, force est de constater que cette implication sociétale de l'entreprise est encore loin d'être la

20. Huit milliards d'individus sur Terre en 2030, dont 80 % en zones urbaines, avec une forte progression de cette urbanisation pour les pays d'Afrique et d'Asie.

norme. Cela est vrai pour les pays développés, mais cela est encore pire dans les pays en voie de développement récemment requalifiés de pays émergents. Dans les premiers sévit toujours l'idée reçue du stress positif que l'on veut à tout prix conserver malgré les dégâts de santé qu'il entraîne. La plupart de ceux qui travaillent dans ces pays ont été obligés de s'y soumettre, depuis le bas jusqu'au sommet de l'échelle dans les entreprises. Dans les seconds se développe une véritable exploitation de l'être humain, enfant compris, qui à elle seule devrait interdire tous échanges commerciaux avec les pays qui la pratiquent. Il faut modifier le rapport que les hommes ont avec l'entreprise dans les pays développés, mais il faut aussi repenser la santé et le travail dans le reste du monde.

Le stress, c'est la Bête, la maladie. L'harmonie, c'est l'Ange, la santé. Nous expliquerons plus loin cette dichotomie. Il faut rendre la santé interdépendante du travail, responsabiliser les entreprises à ce sujet dans les pays qui ne poussent pas à l'esclavage et mettre à l'écart de l'Organisation mondiale du commerce les pays qui le pratiquent encore et toujours ou tout au moins créer des réglementations pour ces derniers. La Bête doit être combattue partout dans le monde, sans exception.

Le bien-être coté en bourse

Nous avons toujours soutenu que le changement s'amorcerait quand le bien être serait coté en bourse. En d'autres termes, nous faisons le pari qu'un produit sera dans un proche avenir choisi prioritairement sur son concurrent si la loi permet d'introduire dans sa communication des allégations vantant la qualité des conditions dans lesquelles il a été fabriqué. Réciproquement, les hommes et les femmes qui auront participé à sa réalisation seront d'autant plus épanouis dans leur vie qu'ils se sentiront valorisés par leur travail, pour ne pas dire glorifiés, en se reconnaissant aussi dans les mêmes allégations.

Ainsi, pour une voiture, l'esprit du message pourrait alors être le suivant : « Vous voulez acheter une voiture et vous hésitez entre deux marques A et B. Du point de vue de l'apparence et des prestations, les deux produits se valent et les prix aussi. Cependant, vous savez que la marque A ne connaît aucun conflit social, que les licenciements, quand ils surviennent, se pratiquent avec un maximum de respect et d'humanité pour ceux qui les subissent, que l'échelle des salaires est calculée dans un souci d'équité pour tout le monde en fonction des bénéfices de l'entreprise et d'une possibilité de progression de carrière, qu'il n'y a pas d'arrêts de travail, pratiquement jamais d'accidents et que les directeurs, les ingénieurs, les techniciens qui ont fabriqué cette voiture en sont fiers comme l'ensemble du personnel. » Vous l'avez compris, ces gens-là travaillent avec l'Ange.

Parallèlement à cela, vous apprenez que la marque B est surtout connue pour ses grèves à répétition, que l'un de ses dirigeants est en procès pour s'être versé des salaires exorbitants, tout en procédant à des licenciements secs et massifs, qu'il y a énormément d'arrêts de travail pour dépressions et maladies parmi les cadres et leurs collaborateurs, voire des suicides, et qu'enfin tout le personnel se moque complètement de son travail une fois fini. Bon, vous avez également saisi, la Bête n'est pas loin.

Si, intuitivement, vous recherchez le calme et la paix (ce qui n'est pas forcément évident), vous devriez choisir la voiture pour laquelle la fiche technique indiquera les meilleures allégations concernant le stress en entreprise et rejeter celle dont la fiche technique précise l'inverse.

Alors, quelle voiture achèterez-vous ? Celle de l'Ange ou celle de la Bête ?

Parmi les critères de vente proposés pour une voiture, on trouve généralement les performances de l'électronique, garant de sécurité, de propreté et d'économie. Il faudra bientôt ajouter le pourcentage de stress qui sera ou non associé à la marque et qui fera, pour certains acheteurs, peut-être la différence.

La valeur affective de l'objet est bien perçue des publicitaires qui savent l'utiliser à bon escient, en particulier quand il s'agit de mettre en scène une voiture, par exemple, pour mieux la vendre. Alors, pourquoi ne pas intégrer aussi dans la valeur commerciale d'un objet des critères concernant, par exemple, sa charge affective ou son poids de stress ? L'Ange ou la Bête en somme !

La charge affective des objets

« Objets inanimés, avez-vous donc une âme qui s'attache à notre âme et la force d'aimer ? » écrivait Lamartine dans *Milly ou la terre natale*.

En effet, tout produit, tout objet possède une charge affective, qu'on le veuille ou non. Essayez de vendre une maison à quelqu'un qui sait qu'il y a eu précédemment un suicide ou un meurtre dans cette maison. La vente sera plus difficile par rapport à une habitation comparable bénéficiant d'un passé plus classique, fait d'une vie de famille harmonieuse et d'événements heureux.

Si nous reprenons l'exemple de la voiture, ce sera la même chose. Une voiture d'occasion accidentée et dans laquelle quelqu'un sera décédé aura beaucoup plus de mal à trouver acquéreur, dès le moment où celui-ci apprendra son passé, qu'une voiture appartenant à un retraité octogénaire ayant passé son temps à la bichonner.

De la même façon, le travail des enfants ou celui exécuté par des hommes et des femmes exploités devra être signalé par étiquetage sur le produit selon un principe de traçabilité bien connu pour l'alimentation biologique. Il devra donc être marqué « produit fabriqué par des enfants » ou « produit fabriqué pour un salaire de cinquante centimes par jour ». Bien sûr, il sera impossible, dans un premier temps, de contrôler partout dans le monde les conditions de travail des enfants et des adultes. En plus, il existe encore, dans beaucoup de pays, une tradition familiale du travail qui veut que des enfants y participent légalement. De même, des hommes et des femmes sont, de par le monde, exploités pour des travaux pénibles, dans des conditions dangereuses ou encore toxiques pour leur santé. Il sera bien sûr impossible, et pendant longtemps, de contrôler tout cela. Cependant, le maximum de renseignements concernant la vie des produits provenant de pays qui ne font aucun effort pour corriger le stress devront figurer sur l'étiquette.

> *Pour qu'un produit soit mis en vente, nous proposons donc de réfléchir sur l'éventualité de lois qui exigeraient qu'il soit d'abord estampillé d'un label certifiant son «poids de stress», comme existe déjà le label «issu de l'agriculture biologique» dans l'alimentation. Ce label pourrait être ainsi formulé: «Produit provenant d'entreprises ayant satisfait aux normes anti-stress». Un «Ange» dans ce cas apparaîtrait sur l'étiquette, sinon… la «Bête»!*

Le bien-être et l'entreprise

Nous avons dit que le bien-être d'une entreprise devait être coté en bourse à la même enseigne que n'importe quelle autre de ses valeurs. Mais le bien-être d'une entreprise, c'est aussi le bien-être de ceux qui s'y trouvent. Ils sont indissociables. Il faut donc inverser les tendances. Celles qui consistent actuellement à utiliser le stress comme moteur économique sont des aberrations autant pour l'économie que pour la santé, car nous espérons avoir bien fait comprendre que ces deux notions sont intrinsèquement liées[21].

Il s'agit donc de vivre bien dans une entreprise qui vit bien aussi. Pour cela, y restaurer la confiance est une priorité, car lorsque la confiance s'installe, le stress a tendance à

21. Cf. annexe VI: «Le feng shui».

disparaître. La santé de ceux qui y travaillent est conservée ou s'améliore, l'économie de l'entreprise et son image de marque aussi.

Le changement se fera par le jeu de mécanismes politiques et sociaux qui lient l'économie à la santé. Cela ira de la pression des consommateurs jusqu'aux politiques d'incitation fiscale que pourront adopter les gouvernements. Les actionnaires devront accepter l'idée de ce changement en y trouvant, à terme, leur compte, de même que pour tous les autres acteurs des entreprises.

Les directeurs généraux se préoccuperont autant de leur santé et de celle de leurs collaborateurs que de leurs stock-options en apprenant à gérer le stress que leur imposent les membres du conseil d'administration. Cela se répercutera sur l'encadrement supérieur. Cadres et collaborateurs feront de même.

Les directeurs des ressources humaines sont déjà « supposés valoriser les méthodes et techniques permettant de favoriser l'épanouissement de l'homme au travail et d'harmoniser la qualité des relations au sein des équipes ». Ils contribuent déjà à faire baisser le stress. Très certainement, leur rôle s'affirmera au sein des entreprises. Les médecins du travail sont en première ligne, au contact des salariés. Leur travail de prévention et de dépistage des maladies professionnelles est considérable. Ils devront certainement surveiller encore plus l'incidence du stress sur la santé – ce qu'ils font déjà –, mais ils devront favoriser, en collaboration avec les médecins traitants de ville, le retour à la santé de ceux qui, bien que présents au travail, sont pourtant malades.

Tous les acteurs du travail vont devoir apprendre à gérer le stress autrement, du directeur général à celui des ressources humaines, des médecins du travail aux équipes d'encadrement. Les actionnaires devront alors comprendre que de la santé de chacun dépend aussi la santé financière de l'entreprise, sa bonne cotation en bourse et, de fait, son bien-être général.

Stress et destruction : comment la Bête fonctionne ?

Les secrets du vieillissement et des maladies

Les effets du stress sur le corps

La peur, l'anxiété et les émotions en général sont toutes des vecteurs du stress. Leurs effets sur l'équilibre physiologique de n'importe quel organisme vivant sont catastrophiques. L'homme n'échappe pas à cette règle. Voici comment.

Le stress s'exerce dans le cerveau et dans le reste du corps sur tous les étages de l'axe neurohormonal, c'est-à-dire : cortex, hypothalamus, hypophyse, surrénale. Sur chaque niveau, les conséquences sont à la fois terribles et le plus souvent irrémédiables.

Face à la peur, le cortex diffuse des pensées de tension et d'angoisse qui influencent toutes ses structures directement, mais principalement l'hypothalamus. Situé au cœur du cerveau et responsable de la synthèse et de la sécrétion de nombreuses neurohormones, ce centre nerveux incontournable de la vie végétative de l'organisme a, entre autres, une action directe sur la surrénale et l'hypophyse. À leur tour, ces deux glandes, subissant le contrecoup du stress que leur inflige l'hypothalamus, déchargent dans le sang un cortège d'autres hormones toutes plus destructrices les unes que les autres. Voici concrètement ce que cela donne.

L'hypothalamus stimule directement par les voies nerveuses la médullosurrénale située au centre des surrénales et lui fait déverser dans le sang de façon excessive l'adrénaline et la noradrénaline. Parallèlement à cela et toujours sous l'effet de l'hypothalamus, l'hypophyse synthétise l'ACTH[1] qui provoque, au niveau de la corticosurrénale (couche externe des surrénales), la synthèse exagérée d'aldostérone et de cortisol.

Que se passe-t-il alors ?

- *L'adrénaline* et la noradrénaline favorisent l'augmentation de la fréquence cardiaque et de la tension artérielle, l'augmentation du sucre dans le sang, la dilatation des bronches, la baisse de l'activité intestinale et de la filtration rénale.
- *L'aldostérone* sécrétée par la corticosurrénale favorise la rétention de sel et d'eau, puis, ce faisant, contribue à élever la tension artérielle.
- *Le cortisol* sécrété aussi par la corticosurrénale a une action sur l'élévation de sucre dans le sang, la dégradation des protéines en général et le stockage des lipides en particulier.

Mais ce n'est pas tout. L'hypophyse stimule d'autres glandes comme la thyroïde, les ovaires et les testicules. Elle a une action sur les seins par la *prolactine* et sur la croissance des os et des muscles par la *STH* (l'hormone somatotrope). Par l'hormone *ADH* (hormone antidiurétique), l'hypophyse retient l'eau.

> *Le stress provoque dans l'organisme un orage hormonal qui prend son origine dans le cerveau instinctif. C'est en référence à ce cerveau instinctif, animal, que nous avons choisi, dans ce livre, de désigner aussi le stress sous le nom de Bête. À tous les niveaux du corps, les conséquences de cet orage sont parfois irréparables quand il dure trop longtemps ou se répète trop souvent. Le corps n'a pas le temps de récupérer et la lésion organique s'installe. C'est l'œuvre de la Bête.*

---

1. *Adreno Cortico Trophic Hormone.*

Les effets du stress sur le cerveau

Comme nous l'expliquerons plus loin, il a été démontré que l'association d'un stimulus nocif, c'est-à-dire nuisible, survenant dans un contexte de stress, et d'un stimulus sensoriel quelconque augmentait grâce à l'action de la sérotonine et à la libération de calcium dans la cellule nerveuse, la facilité de transmission des influx pendant des heures et même des jours favorisant ainsi la mise en mémoire. Dans la pratique, le stress :

1. Active le *complexe amygdale-hippocampe* (filtration et mémorisation des faits récents grâce à l'acide gamma-aminobutyrique) et le *système dopaminergique* impliqué dans les phénomènes cognitifs et de motivation.
2. Favorise *l'élévation de la noradrénaline et de l'adrénaline*, donnant à celui ou celle soumis à cette pression combativité, mémorisation et énergie.

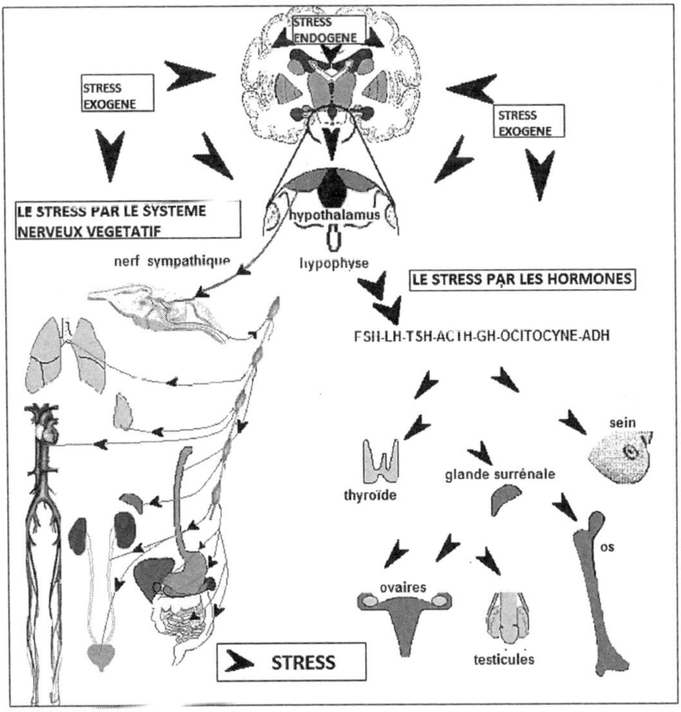

À la vue de ces effets neuropsychiques, on pourrait enfin penser que tout cela est bien intéressant et que ce stress a quand même du bon : le fameux stress positif !

En fait, le stress, comme nous l'avons déjà constaté, provoque chez l'homme des réactions instinctives de nature animale pour la survie ou la conservation de l'espèce. Le stress ramène donc l'homme pendant un court instant au rang de bête. Bien sûr, le risque est que si le stress se répète à longueur de journée, l'homme ne se contente pas de se rapprocher de la bête, il s'y identifie.

> *Au risque de nous répéter, nous devons marteler afin qu'on en finisse au plus vite : le stress positif est un leurre, un miroir aux alouettes, et ceux qui s'y laissent prendre s'y prendront à leurs dépens. En fait, le stress provoque en l'homme des réactions de survie de nature animale qui, en se renouvelant sans cesse, feront que l'homme finira tôt ou tard par s'identifier lui aussi à un animal. La Bête est très hospitalière !*

Les dégâts sur la santé

Les dégâts sont invisibles au début, car ils s'installent sur des années. Pourtant, une fois en place, ils deviendront irréparables. Ces dégâts touchent bien sûr la santé, mais aussi la mémoire. Ces troubles qui deviennent vite des pathologies découlent en droite ligne des désordres physiologiques vus plus haut.

Le stress va entraîner au niveau du cerveau des idées morbides. Anxiété et dépression seront le lot quotidien de ceux qui travaillent dans ces conditions, avec des perturbations du sommeil et de l'alimentation.

Pire : récemment, après une série de suicides dans une grande entreprise fabriquant des voitures, il était révélé qu'un suicide par jour en France avait lieu au travail à cause du stress[2].

---

2. Le journal *Le Parisien* du 14 mars 2007 titrait en une : « *Suicide au travail en France : un mort par jour.* Selon une étude du Conseil économique et social, chaque jour, en moyenne, une personne se donne

Heureusement, l'immense majorité des personnes qui travaillent résistent aux idées suicidaires, mais vont cependant, avec le temps, présenter tout un cortège de troubles pathologiques. Ces troubles concernent :

- *le cœur :* sous l'influence de l'excès de sécrétion des neurohormones de l'hypophyse et de l'hypothalamus, ce sont des *troubles cardiovasculaires* par action de la noradrénaline et de l'adrénaline qui vont se faire sentir. Les cadres et leurs collaborateurs présenteront des dysfonctionnements du rythme cardiaque que connaissent bien les services d'urgence médicale, car ces accidents surviennent en principe la nuit. Vers quarante ans, les désordres de *la tension artérielle* vont s'installer, la tension va monter ;
- *les excès de graisses et le surpoids :* à cette hypertension artérielle que l'on retrouve parfois chez un des parents (la tendance génétique n'arrange rien, mais on oublie aussi que le parent en question était aussi stressé) s'ajoutent les *hypercholestérolémies* et les *hypertriglycéridémies* (augmentation des triglycérides) du fait des troubles digestifs et d'une alimentation rapide et déséquilibrée, riche en sucres et en graisses animales prises tous les jours pendant des mois et des années. Enfin, le *surpoids* surgit lentement, mais sûrement, aidé certes en cela, lui aussi, par la génétique, mais surtout par le

---

la mort, victime, semble-t-il, du stress au travail. À l'image de Renaud et EDF, de nombreuses entreprises sont touchées. » Selon *Le Figaro* du 19 septembre 2013 : « Les ravages de la crise de 2008 ne sont pas que financiers : une étude parue mardi dans le *British Medical Journal* révèle que le marasme économique aurait provoqué l'année suivante près de 4 900 suicides supplémentaires dans le monde. Pour les chercheurs, cette vague de suicides est sans aucun doute liée à la hausse du chômage et à la perte de pouvoir d'achat des individus. Selon les données de cette étude d'envergure internationale, la France se trouve parmi les pays européens les plus touchés. »

manque d'activité physique, la consommation d'alcool pour se sentir mieux face au stress et la sécrétion excessive de cortisol par les surrénales ;

– *l'excès de cortisol :* l'excès de cortisol provoqué par le stress a un effet dévastateur sur plus d'un plan. En plus du stockage des graisses dans le corps, le cortisol fait monter le sucre dans le sang, conduisant au diabète gras, ou diabète de type deux, puis à l'obésité, l'un et l'autre étant souvent liés.

Le cortisol a encore bien d'autres mauvais effets. Il *fait baisser l'immunité* avec des chutes d'anticorps propices aux infections. *Il déminéralise les os* et *fragilise les tendons*, favorisant ainsi, chez les adultes jeunes, *entorses et fractures*, puis, chez les plus vieux, l'*ostéoporose*, sans compter les *fontes musculaires* et les *amaigrissements*. Le cortisol a aussi une action sur les yeux en créant les conditions pour faire évoluer *glaucomes et cataractes* ainsi que sur la peau, provoquant de l'*acné*, des *retards de cicatrisation*, une *atrophie* et des *dépigmentations*.

Enfin, il faut savoir que la sécrétion naturelle du cortisol dans le sang se fait selon une chronobiologie implacable dont dépendent d'autres rythmes sécrétoires. L'inondation permanente de l'organisme par le cortisol soumis au stress rompt cette rythmicité. Il s'ensuit des désordres de toutes sortes, à commencer par des troubles des systèmes digestif (*gastrite*, *colite*, *ulcères*) et nerveux (*irritabilité*, *troubles du comportement*) ;

– *l'hypophyse (sur un tout autre plan) :* sachant que, sous l'influence du stress, l'hypophyse sécrète de façon régulière ou selon un rythme qui n'a plus rien de physiologique des hormones influençant les ovaires et les testicules, il n'y aura rien de surprenant de découvrir chez les cadres et leurs collaborateurs stressés des troubles de la libido, en manque ou en excès, des infertilités masculines et féminines, des règles douloureuses, absentes ou hémorragiques.

Le système nerveux et tout le système glandulaire sont les premiers touchés dans le stress, mais, ensuite, ce sont tous les organes qui dépendent le plus souvent des nerfs et des hormones qui seront touchés à leur tour. La Bête favorise la décrépitude corporelle totale !

Les dégâts sur la mémoire

Nous l'avons dit plus haut, le stress favorise la faculté de mémoriser. Comment et à quel prix ?

Aujourd'hui, comme tout ce qui se rattache ou fait partie de l'homme, la mémoire a été médicalisée. Mais, avant tout, qu'est-ce que la mémoire ? Mémoire collective ? Mémoire individuelle ?

Sur le plan neuro-anatomique, la mémoire est officiellement dans le cerveau. Pour être très schématique, on s'accorde à la localiser dans plusieurs endroits et certains disent même qu'elle est dans tout le cerveau.

Elle serait bien sûr dans les couches cellulaires corticales, les couches nobles de la matière grise de nos hémisphères cérébraux, mais également dans les structures sous-corticales qui comprennent l'amygdale, le septum, le thalamus, l'hypothalamus (encore lui) et l'habénula.

Enfin, la mémoire se trouve surtout dans le saint des saints du système limbique, *l'hippocampe*, zone d'élection de l'enregistrement et du tri des faits nouveaux, fusible de tout le système auquel il est relié par un très complexe et incroyable réseau.

Quand le fusible hippocampe saute, comme dans la maladie d'Alzheimer, tout s'éteint.

On parle de mémoire cellulaire, de mémoire du corps, mais la mémoire est officiellement dans le cerveau et plus exactement dans les cellules corticales des hémisphères et dans les couches plus profondes correspondant au système limbique où se trouve le tabernacle de la mémoire : l'hippocampe. Or, c'est à ce niveau du cerveau que s'activent les centres des pulsions et des instincts sous l'emprise du stress. La Bête, dans le cerveau, est juste à côté de l'hippocampe.

Le stress stimule la mémoire, mais détruit l'hippocampe ! Il est maintenant établi que le stress provoque une véritable destruction de l'hippocampe.

Ainsi retrouvons-nous encore une fois ici le paradoxe fatal, véritable nœud gordien entre une certaine forme de culture managériale d'entreprise et la catastrophe sanitaire qu'elle provoque au niveau mondial, soit, autrement dit, le bénéfice à court terme, mais chèrement payé à moyen et long terme, du stress en entreprise.

En effet, nous savons que le stress provoque une sécrétion de cortisol, d'adrénaline et de noradrénaline par la glande surrénale. Ces hormones stimulent une grande quantité de cibles dans l'organisme pour activer un métabolisme censé s'adapter à des conditions de survie. Quand vous avez un lion aux fesses, il s'agit que tout fonctionne bien. Il faut aussi réfléchir vite et, pour cette raison, le système limbique, avec l'hypothalamus et l'hippocampe, fait partie de ces cibles.

On s'est aperçu, en pratique, que, sous l'effet du stress, cadres et dirigeants mémorisaient de façon optimale les faits récents. Cela vient du fait que :

- l'hypothalamus qui intègre le stress est en lien d'une part avec les zones supérieures de l'encéphale responsables de l'analyse cognitive et de la perception et, d'autre part, avec le système limbique où se joue l'affectif et dont l'hippocampe fait partie ;
- un nouveau signal se transmet d'autant mieux d'un neurone à un autre, favorisant ainsi l'acquisition de la mémoire à long terme, s'il est associé à une excitation nocive, c'est-à-dire désagréable.

De là à relier l'acquisition facilitée de la mémoire à une agression systématique et quotidienne, il n'y avait qu'un pas, que beaucoup ici-bas ont franchi.

Le problème – car il y en a un, et de taille ! – est qu'avoir un lion aux fesses une minute, c'est déjà long, mais si cela se répète tous les jours, cela devient franchement invivable ! Et c'est ce qui se passe dans nombre d'entreprises, car le cortisol que l'ambiance de stress fait sécréter dans le sang de nos cadres et dirigeants et, par conséquent, dans celui de tous leurs collaborateurs, sans oublier les traders, détruit lentement, mais sûrement, leur hippocampe.

> *L'acquisition des faits récents sous l'emprise du stress ou, si l'on préfère, la mise à contribution des centres neurologiques de la mémoire sous la même emprise favorisent et participent sur le long terme à la destruction prématurée desdits centres. Dans les équipes managériales des entreprises s'est invitée la Bête et beaucoup en sont devenus l'allié pour le meilleur et... pour le pire[3] !*

Le stress encourage l'escalade chimique

Pour ajouter du pervers à du pervers, voilà donc que nos cadres et dirigeants stressés se trouvent obligés, pour supporter cet environnement délétère, de prendre des médicaments anxiolytiques. Pour certains, ces médicaments leur permettront de tenir quelque temps, mais, pour d'autres, ils seront insuffisants pour s'opposer aux effets du stress. Beaucoup adopteront alors les stupéfiants. Or, ces deux classes de produits, anxiolytiques et stupéfiants, ont des effets ravageurs sur le cerveau.

Prenons le cas des anxiolytiques que les Français, et pas seulement les cadres, consomment abondamment. Ces produits favorisent l'action d'un neurotransmetteur sédatif, le GABA, qui se trouve de fait potentialisé dans le système nerveux. Son action consiste à ralentir l'influx nerveux en favorisant l'entrée des ions chlore à l'intérieur des neurones.

3. Cf. annexe VII : « Quand le stress facilite la mémoire ».

Les consommateurs de ces produits sont donc ralentis nerveusement. Mais, comme c'est souvent le cas avec les médicaments, ce ralentissement n'est pas sélectif. Il se porte aussi sur les centres nerveux centraux, dont l'hippocampe. Ces produits provoquant une dépendance, la consommation à long terme est – hélas ! – un phénomène courant une fois qu'elle est commencée, avec des quantités de troubles, en particulier des troubles de la mémoire.

Comme une étude américaine l'a démontré chez le rat qu'en induisant des modifications endocrines similaires à celles provoquées par le stress, la privation de sommeil conduit à une inhibition de la neurogenèse (connexion des neurones entre eux) dans l'hippocampe adulte et que les anxiolytiques faisaient de même, on prend soudainement conscience du dilemme cornélien des insomniaques[4]. Quant aux stupéfiants, une expérience sur le rat, publiée dans *Nature Neuroscience*, démontre l'action délétère de la marijuana et du haschich sur l'hippocampe de cet animal. Tout conduit donc à suspecter fortement que certaines pathologies appelées pudiquement du vieillissement et considérées pour cette raison comme normales compte tenu de l'âge auquel elles apparaissent puissent être en fait liées à la fois au stress[5] et à son traitement, c'est-à-dire aux tensions que les gens supportent sur leur lieu de travail et à la consommation abusive de neurosédatifs pendant des années pour supporter cette tension[6].

---

4. *Nature Neuroscience*, décembre 2006 ; *Le quotidien du médecin*, n° 8060, 28 novembre 2006.

5. Les travaux de Pei Gang et de toute son équipe, à l'Institut de biologie de l'Académie des sciences de Chine, ont mis en évidence que l'activation des récepteurs adrénergiques sous l'effet du stress favorisait la formation de plaques amyloïdes, principales causes de la maladie d'Alzheimer. (Extrait du *BE Chine*, n° 35, ambassade de France en Chine, 2006.)

6. Selon l'étude de Lagnaoui, *et al.* (2002), l'altération des fonctions mentales supérieures via l'administration de benzodiazépines pourrait

La culture d'entreprise qui, dans la gestion de l'encadrement, entretient le stress pour augmenter le rendement est le pire des destins que l'homme ait pu inventer avant même la bombe atomique, car celle-ci, heureusement, n'a jamais fait autant de morts que ne le fait le stress.

> *Que ce soit le stress ou son traitement par différents types de drogues ou de médicaments, les deux semblent mener au même résultat : la possible destruction à petit feu de l'hippocampe et, par conséquent, la perte de la mémoire des faits récents. La Bête aime qu'on la nie, mais préfère encore plus qu'on l'oublie*[7] *!*

Stress, oxydation cellulaire, vieillissement et maladies

La relation entre le stress (de la vie en général) et la survenue du vieillissement, et des maladies en particulier, ne constitue pas encore une réalité intangible. Pourtant, le lien entre les deux pourrait bien être l'oxydation, conséquence de la respiration et de sa production inévitable de radicaux libres.

L'oxygène amené par la respiration sert en effet dans la cellule aux réactions d'oxydation. Ces réactions provoquent à la fois production d'énergie nécessaire, mais aussi formation de corps chimiques appelés radicaux libres, qui sont le plus souvent des dérivés réactifs de l'oxygène. Ces radicaux libres sont fortement négatifs, c'est-à-dire qu'ils ont des charges électroniques en plus, à leur périphérie. À cause de cela, ils

---

précipiter le début d'un processus dégénératif (démence) ou le déclin cognitif. « Toutefois, les altérations cognitives causées par les benzodiazépines, plus particulièrement les effets sur la mémoire, miment de très près ceux observés dans la démence de type Alzheimer. » (*Santé mentale au Québec*, vol. XXVIII, n° 2, automne 2003.)

7. Cf. annexe : « Prise régulière de benzodiazépines et risque de maladie d'Alzheimer ».

sont très instables énergétiquement et leurs électrons célibataires cherchent à s'apparier avec d'autres électrons. Personne n'aime l'instabilité, même pas les corps chimiques ! Ces corps chimiques sont donc à leur tour, comme l'oxygène, très électrophiles. Pour cela, ils vont prendre des électrons à d'autres molécules. Ce sont des prédateurs d'électrons. Dans l'organisme, ces prédateurs s'attaquent surtout aux phospholipides des membranes cellulaires (peroxydation des lipides). Cela entraîne le vieillissement de la cellule et son apoptose, c'est-à-dire sa mort. En fait, les radicaux libres s'attaquent aussi aux protéines, aux glucides et aux acides nucléiques de nos chromosomes, provoquant à ce niveau des mutations parfois cancérigènes.

Les radicaux libres vont donc tout bonnement attaquer les membranes des cellules des tissus qui nous composent, ceux de nos artères, de notre foie, de nos poumons, et ainsi provoquer leur vieillissement et leurs maladies. En réaction à cette agression, le corps active ses cellules-souches pour réparer les tissus atteints, mais ce mécanisme, quand il dépasse son but, peut lui aussi devenir cancérigène ou laisser la place au vieillissement quand il a atteint ses limites.

Heureusement, la nature est bien faite et notre organisme forme en permanence des antioxydants pour contrer ces terribles agresseurs que sont les radicaux libres.

> *Pour faire dans la caricature, on peut dire qu'en prenant nos électrons, les radicaux libres se stabilisent énergétiquement (on dit qu'ils se réduisent), alors que nos tissus qui perdent leurs électrons s'oxydent. Ils perdent alors de l'énergie, tombent malades ou vieillissent. La Bête s'amuse énormément avec nos électrons*[8] *!*

8. Cf. annexe IX : « Oxydoréduction : caricature et explications, effets bénéfiques et pathologiques des radicaux libres ».

Le stress, l'énergie et la pensée

Stress, énergie et oxydation

Les situations de stress, endogène ou exogène, nécessitent de l'énergie. Pourquoi ? Parce que dans la vraie vie, ce genre de situation impose la fuite ou le combat, ce qui demande dans les deux cas de l'énergie pour bouger, mais aussi pour assurer les millions de processus chimiques de l'organisme qui réglementent toutes les fonctions vitales. Le corps mobilise alors les molécules d'ATP, véritable réservoir en énergie grâce à la liaison phosphate que contient la molécule. La molécule d'ATP a une durée de vie courte et il faut en produire sans cesse. Le corps fabrique ces molécules d'ATP à partir des molécules venant de l'alimentation, comme les glucides ou les lipides, car elles sont elles-mêmes riches en énergie. Le corps libère l'énergie contenue dans les aliments en les oxydant et, pour réaliser les réactions d'oxydation comme nous venons de le voir, il faut de l'oxygène provenant de la respiration.

Mais, en augmentant sa consommation d'oxygène pour former cette ATP à partir des aliments, le corps augmente, par les réactions d'oxydation, sa production de radicaux libres non utilisés dans les réactions. Nous savons maintenant que, dans certaines conditions de prédispositions génétiques, ces radicaux libres font vieillir le corps, rendent malades les tissus et contribuent à terme à accélérer la mort.

Voilà comment tout stress, endogène ou exogène, peut avoir des effets négatifs jusque dans nos cellules, dans les réactions biochimiques du vivant et même jusque dans les chromosomes par l'action de ces radicaux libres. Paradoxalement, l'oxygène qui entretient la vie peut aussi provoquer la mort. C'est la raison des techniques de respiration enseignées dans les écoles de yoga. Celui ou celle qui maîtrise le souffle maîtrise sa vie et sa mort. Certains yogis ont dans ce domaine démontré jusqu'où pouvait aller ce défi, les plongeurs en apnée également.

La médecine de demain sera obligée d'intégrer ces données et tout changera alors dans les façons de soigner.

> *Il existe bien un lien entre les réactions chimiques d'oxydation du corps et des conduites de stress par l'intermédiaire de la ventilation. La pensée consciente contrôlant la ventilation, cette pensée pourrait-elle aussi influencer les réactions d'oxydation ? La pensée pourrait-elle être une arme contre la Bête ? Pardon, le stress ?*

Stress et conduites alimentaires

Le phénomène est connu depuis longtemps et a reçu la confirmation de toutes les équipes de laboratoire : le stress exercé sur des animaux d'expérimentation comme les rats entraîne chez eux une surconsommation alimentaire et une prise de poids[9].

Comme cela sera évoqué dans le chapitre traitant de la neurophysiologie, ce comportement boulimique est provoqué par un déséquilibre de l'hypothalamus, centre cérébral où se trouvent les noyaux de la satiété et des pulsions. Le rat stressé décompense cet état que lui provoque artificiellement l'homme en emmagasinant des réserves.

En fait, il semblerait qu'un stress chronique et répétitif ferait prendre du poids par des conduites compulsives de prises alimentaires, alors qu'un stress violent et unique pourrait être à l'origine d'une anorexie responsable d'amaigrissement.

Actuellement, il est difficile d'établir une relation directe entre la véritable épidémie d'obésité rencontrée dans tous les pays et la généralisation du stress qui s'exerce partout dans le monde. Cependant, on peut l'envisager.

En effet, nous avons maintes fois constaté comment la sensation de faim diminuait considérablement, voire disparaissait complètement chez des méditants ou chez des

---

9. Dr France Bellisle (hôtel-Dieu, Paris).

personnes mises en situation de recueillement ou d'introspection. Faire baisser le stress, quelle que soit la méthode, diminue les besoins énergétiques du corps, nous l'avons déjà dit.

Cependant, la bonne gestion du stress, même si elle diminue la prise alimentaire, ne doit pas faire ignorer la qualité nutritionnelle des aliments. Il faut manger peu, mais bon[10].

Il est indispensable, pour ne pas dire primordial, que les entreprises intègrent dans leur programme managérial, en plus d'une bonne gestion du stress, la notion d'une vraie nutrition au sein de leurs collectivités, ce que certaines font déjà. Pour les autres, beaucoup d'efforts restent à faire, en particulier au niveau de leurs sous-traitants. On reste cependant interloqué devant certains plateaux-repas qui ne peuvent provoquer que de l'inappétence.

Nous ferons remarquer, pour désengager quelque peu tout le monde, que dans ce domaine, il n'y a pas si longtemps, la nutrition était totalement ignorée des médecins eux-mêmes. Il n'y a que depuis peu que cette discipline constitue le sujet de programmes spécifiques d'enseignement en faculté de médecine et de pharmacie. Depuis, la nutrition est entrée dans les cabinets médicaux et fait partie de la pratique quotidienne de beaucoup de médecins.

Des études et des milliers de publications scientifiques ont en effet fourni les preuves qu'il fallait pour étayer la relation entre une nutrition équilibrée et une bonne santé. Nous sommes faits de ce que nous mangeons. Les nutriments sont les constituants unitaires des aliments et, une fois dans notre corps, ils en constituent les briques, c'est-à-dire les milliards de molécules qui font tous nos tissus, intestins, muscles, enveloppes des nerfs, substances de remplissage, trames osseuses, etc.

10. Cf. annexe X : « Oxydation, énergie et mouvement ».

Bien que connue depuis longtemps du monde scientifique, la prise de conscience d'une relation entre le stress et le comportement alimentaire est récente dans le public et même chez les médecins. Celle reliant la bonne nutrition à la santé commence seulement à se développer[11].

Stress, obésité et eau : notre hypothèse

Les cellules produisent de l'eau et les cellules musculaires n'échappent pas à la règle. Voici donc notre hypothèse pour expliquer certaines obésités.

Dans les prises de poids, la production d'eau peut devenir globale et intéresser le corps tout entier. L'influence psychique et les centres nerveux sont alors en cause, ce qui explique que le phénomène soit si important et parfois si brutal. Dans ce cas, la prise de poids n'est donc pas due uniquement aux calories ingérées, mais au degré de tension musculaire de l'organisme tout entier sous l'emprise du stress. C'est ce qui explique que certains prendront un à deux kilos, voire plus, en l'espace d'une soirée, en n'ayant presque rien mangé. Ces kilos correspondent au poids de l'eau issue des muscles, eux-mêmes soumis durant cette soirée à un certain stress.

En effet, le stress s'exprime autant dans la joie que dans la peine – nous en avons déjà parlé –, car l'émotion, qu'elle soit gaie ou triste, entraîne toujours, selon l'individu concerné, une réaction plus ou moins forte. Un repas pris dans une joie excessive baignée d'émotions pourra faire prendre du poids à des participants qui n'y mangeront pourtant que des salades. Ici, sans réels apports caloriques, le stress crée donc de l'eau, c'est-à-dire de la matière et donc du poids.

Pour les grandes obésités qui résistent à tout, y compris aux régimes les plus sévères, nous pensons (mais cela n'engage que nous) que celles et ceux qui en sont victimes présentent un stress important et permanent, inscrit au plus profond

11. Cf. annexe XI : « Stress et obésité : hypothèses et certitudes ».

d'eux-mêmes. Ce stress tend tout leur système musculaire de façon extrême et les muscles soumis à une telle tension suintent leur eau un peu comme une éponge que l'on tord. L'eau ne s'éliminant pas s'infiltre au contraire dans le corps, provoquant volume disharmonieux et prise de poids.

Nous pensons que les prises de poids sont souvent le résultat d'une production d'eau venant d'une subite et plus importante tension du système musculaire quand celui-ci est soumis à un stress répété ou chronique, et ceci quelles que soient les circonstances, gaies ou tristes.

Stress et intestin

Même équilibrée, une bonne nutrition ne remplira son rôle que si le stress a été mis hors d'état de nuire auparavant. Le stress perturbe en effet notre digestion et la bonne utilisation des nutriments. N'oublions pas que le nerf vagal qui régule tout le tractus digestif depuis le début de l'œsophage jusqu'à l'anus fait partie du système nerveux végétatif qui est totalement sous la dépendance du stress.

Le nerf vagal, encore appelé nerf pneumogastrique, en plus de s'occuper des fonctions vitales respiratoires et cardiaques, gère donc tout le fonctionnement mécanique et sécrétoire du système digestif. En plus des comportements compulsifs alimentaires, le stress provoquera également, via ce fameux nerf pneumogastrique, au niveau de l'estomac, de l'intestin et des glandes digestives, foie et pancréas, des perturbations qui toucheront les fonctions mécaniques (transit) et biochimiques (sécrétions), sans oublier la flore intestinale dont on connaît maintenant la très grande susceptibilité au stress.

Le stress va donc modifier le bon fonctionnement de la muqueuse digestive à tous les niveaux de l'appareil via le nerf pneumogastrique, perturbant les sécrétions gastriques, hépatiques, pancréatiques, intestinales, provoquant un remaniement de la composition chimique des différents sucs qui se déversent habituellement dans le tube digestif à chaque étage. Il en résultera donc un déséquilibre dans la composition de la flore intestinale. Déséquilibrée, cette flore n'effectuera plus sa mission qui est de faciliter la digestion des aliments. L'absorption des nutriments en sera considérablement affectée et beaucoup seront rejetés sans avoir pu passer dans le sang.

Le calcium provenant de l'alimentation est influencé par des mécanismes de transport actif et passif à travers la muqueuse intestinale. Ces mécanismes de transport sont stimulés par la vitamine D, mais inhibés par le cortisol sanguin dans les états de stress, encore plus quand ce stress a duré toute une vie ! Il ne servirait donc à rien de gaver en produits laitiers les personnes âgées dans les maisons de retraite si elles sont – comme c'est souvent le cas, hélas ! – soumises à un stress chronique depuis longtemps.

On ne peut que regretter là aussi que les politiques de santé n'intègrent toujours pas dans leur programme de prévention, et cela à tous les âges, la gestion du stress comme moyen efficace pour lutter contre les maladies du vieillissement.

> *Le stress provoque au niveau de l'intestin des troubles mécaniques (diarrhée, constipation) et des troubles biochimiques responsables de mauvaise digestion, voire de malabsorption, pouvant aller jusqu'à la dénutrition chez les gens âgés. L'hypercortisolémie provoquée par le stress pendant des années pourrait être responsable d'une mauvaise absorption du calcium au niveau intestinal et favoriser ainsi l'ostéoporose chez des personnes prédisposées.*

À propos de l'ostéoporose : notre hypothèse

Justement, à propos de l'absorption du calcium et de l'ostéoporose, nous nous sommes toujours demandé pourquoi cette pathologie était répartie sur le squelette de façon aussi hétérogène. Pourquoi, par exemple, comme on le voit souvent, cette ostéoporose s'exprime pleinement sur le rachis lombaire et moins sur les hanches (même si les deux endroits sont anatomiquement solidarisés), ou, inversement, pourquoi sur les hanches et pas sur les poignets, ou, plus invraisemblable encore, mais déjà constaté, sur la hanche gauche et pas sur la droite ? Pourquoi un mécanisme qui s'apparenterait à un phénomène d'absorption intestinale du calcium et à son métabolisme osseux se présenterait d'une façon aussi disparate puisque le métabolisme, même pathologique, intéresse en général tout le corps ?

Pour cela, on pourrait certes évoquer les causes génétiques, mécaniques, traumatiques, etc. Cependant, des enfants d'une même fratrie ne feront pas forcément de l'ostéoporose aux mêmes endroits, ou même certains en feront et d'autres pas. Par ailleurs, si le mécanique était lui-même aussi prédominant qu'on pourrait le penser, la simple verticalité du squelette suffirait à reproduire les mêmes points d'ostéoporose ou de fragilité osseuse chez tous les primates bipèdes, singes compris, ce qui n'est évidemment pas le cas. Le même raisonnement pourrait aussi être tenu pour les microtraumatismes répétitifs du squelette, ce qui n'est pas le cas non plus.

L'ostéoporose est le résultat d'un déficit d'absorption de certains nutriments comme le calcium et d'un mauvais métabolisme du turnover osseux. Cependant, son inégalité de répartition sur le squelette pourrait-elle être due au stress, ou peut-on plutôt penser que cette disparité sur le corps pourrait être superposable aux localisations corporelles où le stress physique et/ou psychique s'exprime de façon plus importante ou préférentielle ?

Dans l'ostéoporose, certaines des zones anatomiques concernées, en particulier les hanches et les vertèbres lombaires, encaissent, chez l'homme, au niveau de leurs muscles périphériques, des tensions mécaniques extrêmes du fait de la verticalité du corps et de la pesanteur. En particulier sur les hanches, les ostéodensitométries sont la plupart du temps faites sur la hanche gauche. Une raison en serait que l'on considère généralement le côté droit comme dominant sur le gauche et que, dans ces conditions, sa cinétique préférentielle l'assujettirait moins à l'ostéoporose que le côté gauche. Il est en effet bien connu que le mouvement s'oppose à la décalcification. On suppose donc que le côté gauche y est plus exposé par sa non-prévalence motrice, et c'est pour cette raison qu'on recherche en priorité de ce côté les premiers signes radiologiques d'ostéoporose. Il est donc bien ici question de rapport entre un phénomène physiologique, la décalcification, et une fonction nerveuse d'origine centrale, le côté dominant du corps. Celle-ci est supportée comme toutes fonctions nerveuses principalement d'origine centrale par l'inconscient, là où s'entremêlent également les effets du stress. Or, stress et inconscient sont tous les deux canalisés par la pensée.

En ce qui concerne la décalcification osseuse, la prévalence d'un côté du corps sur l'autre permet de faire l'hypothèse qu'il existe une relation entre le système nerveux inconscient qui véhicule aussi une partie de la pensée et le métabolisme calcique.

Il s'agirait bien de cette pensée inconsciente, projetée inégalement sur le corps et, en l'occurrence, sur des muscles. Nous aurons donc, à certains endroits sur nous-mêmes, des muscles soumis à une tension extrême, celle régie par la verticalité et celle résultant de la pensée qui véhicule stress et côté dominant, verticalité et pensée du côté dominant étant régies le plus souvent par les mêmes systèmes nerveux, ceux de l'inconscient.

Il faut maintenant rappeler qu'un muscle contracté ne peut le faire longtemps qu'à la condition d'avoir assez de calcium à sa disposition pour assurer de telles contractions[12].

---

12. On comprendrait ainsi qu'en libérant un membre ou un segment de membre de ses tensions musculaires « dévoreuses » de calcium, ce métal pourrait alors être utilisé par d'autres systèmes, comme dans la production de sérotonine. La sérotonine ainsi formée permet, comme nous le verrons plus loin, de s'opposer au stress et à la douleur. Cela

Ce calcium, le muscle le prend en principe dans la circulation sanguine, mais quand les besoins sont énormes et les concentrations sanguines dépassées, on peut imaginer que ce muscle pourrait se tourner alors vers la réserve en calcium située à côté de lui : l'os.

Nous avançons donc l'hypothèse que tel l'arbre qui puise ses ressources dans la terre, le muscle puise aussi le calcium dans l'os qui est à sa portée. On comprendrait alors mieux pourquoi l'ostéoporose n'est pas uniforme, mais dépend des muscles contractés. Ceux-ci le seront bien évidemment au niveau des hanches et des vertèbres lombaires du fait des grandes tensions que l'on retrouve dans ces régions, et plutôt sur la hanche gauche que sur la droite du fait de la dominance du cerveau controlatéral auquel on peut ajouter les tensions inconscientes du système nerveux végétatif.

La présence de décalcification au niveau du poignet avec la même asymétrie entre gauche et droite ne peut être imputable à la pesanteur ou aux tensions physiques. Il faut bien admettre que s'il y a décalcification au niveau des os du poignet et que cette décalcification est liée à la contraction des muscles de l'avant-bras et de la main, la cause de cette tension musculaire pourrait bien être liée au stress. Celui-ci, projeté sur cette région du poignet, vient du cerveau controlatéral. Il serait bien véhiculé par la pensée[13].

---

expliquerait aussi l'effet des massages sur le bien-être psychique des patients.

13. Dans la médecine du travail, on rencontre de plus en plus, avec l'omniprésence des écrans informatiques dans les bureaux, de nouveaux TMS (troubles musculo-squelettiques) en rapport avec des hypersollicitations de la main. Il s'agit de « tendinites de la souris ». La main préférentielle utilise la souris toute la journée avec stress et crispation projetés dessus. Nous avons là un exemple typique de l'association de la pensée projetée sur la main qui travaille et d'un stress pour le même mouvement.

La raison pour laquelle les affects se projettent sur des zones précises du corps, aggravant par là les tensions existantes (hanches, vertèbres), voire les provoquant totalement (poignet), est d'une grande complexité. Cela suppose d'admettre que la pensée, et surtout son contenu dont fait partie le stress, a une quelconque action sur la matière et le corps en particulier.

Tout le monde connaît l'effet psychosomatique, mais personne ne veut officiellement l'admettre, ou tout au moins lui donner sa vraie place, probablement en raison des conséquences que pourrait avoir une telle reconnaissance sur quantité de plans. Universel et omniprésent, cet effet de la pensée sur le corps fut, de tout temps, le fondement des médecines orientales.

> *Le système nerveux autonome, qui véhicule inconscient et côté dominant, interviendrait-il aussi dans la physiopathologie de l'ostéoporose ? Celle-ci serait alors le résultat d'une contrainte, physique et/ou psychique, qui verrait le muscle stressé puiser son calcium dans l'os attenant ou sous-jacent*[14].

L'effet placebo négatif ou effet nocebo

Cela nous conduit à soulever le coin du voile et à parler de l'effet placebo, effet mystérieux, presque magique, incompris, ridiculisé parfois, mais présent partout, même et surtout dans les études scientifiques dites en « double aveugle » pour prouver l'effet réel d'un médicament, un peu comme si, par là, on voulait évacuer le mauvais œil, le sortilège, le petit diable dans la boîte. Les travaux d'Émile Coué sur la puissance de l'imagination, de l'émotion et du désir de guérison

---

14. Cf. annexe XII : « L'ostéoporose : le prix aussi… de notre verticalité ».

ont apporté, à cet égard, une nouvelle vision, revendiquée par le psychiatre contemporain François Roustang[15].

Et si l'ostéoporose comme bien d'autres pathologies était en fin de compte le résultat d'un effet placebo négatif ou nocebo[16] ? La question mérite quand même que l'on y réfléchisse avant de jeter cette idée au purin d'orties. On rétorquera que la décalcification du poignet, si elle ne peut être liée à la pesanteur ou au poids du corps supporté, pourrait tout simplement s'expliquer par l'âge. Mais alors pourquoi n'avons-nous pas tous, à partir de soixante-dix ans, les poignets décalcifiés ? L'hypothèse la plus probable est que, durant toute une vie, une même personne projette aux mêmes endroits sur son corps le même contenu de ses pensées. Décalcifier un os ne se fait pas en un jour, car la nature résiste et préfère la santé à la maladie. Mais, au bout de plusieurs décennies de stress sur les mêmes parties du corps, la nature cède aux manœuvres inconscientes de l'esprit ! Dans la même optique, quand on parle d'effet placebo pour qualifier une amélioration inexpliquée d'un état de santé dans les essais scientifiques de laboratoire, on peut proposer le même mécanisme à l'envers pour expliquer, dans certains cas, non pas la guérison, mais la maladie.

15. Jean-Pierre Magnes, Luc Teyssier d'Orfeuil, *La méthode Coué : autosuggestion consciente*, Paris, Eyrolles, 2011, p. 120 ; *Coué pour les nuls*, Paris, First, 2013.

16. « On peut se rendre très malade soi-même. C'est ce que j'appelle "effet nocebo". Le pessimisme et le stress ambiant fragilisent nos défenses immunitaires, avec de graves répercussions sur la santé : cancers, ulcères, accidents vasculaires cérébraux… Au lieu de produire des substances qui soignent, notre corps sécrète du poison. Pour développer l'effet placebo, il faut réussir à garder la maîtrise de ses émotions. À Lourdes, l'exaltation de Serge François lui a donné la sensation qu'il pouvait contrôler sa maladie et même en guérir. » (Patrick Lemoine, *Le mystère du nocebo*, Paris, Odile Jacob, 2011.)

La force de la pensée véhiculant la contrainte sur le ou les mêmes endroits du corps pendant des décennies finirait par y provoquer la maladie. Cet effet est l'effet nocebo en opposition à l'effet placebo qui provoque la guérison. Les deux effets relèvent de la psychosomatie. Placebo, nocebo… L'Ange et la Bête ?

La voie de l'Ange : une nouvelle thérapie par la pensée

Le temps du changement

Le temps du changement, nous y sommes, et beaucoup de métiers existant encore aujourd'hui auront totalement disparu dans dix ans, alors que d'autres vont apparaître. Rien n'est constant et la vie est faite d'une suite de situations différentes et toujours nouvelles. Mais avec les métiers, c'est aussi la pensée qui se transforme. Pensée collective, pensée individuelle, les deux probablement imbriquées. Cela se fait tellement lentement, tellement insidieusement que nous ne nous en apercevons pas tout de suite. Quand nous prenons conscience de cette transformation, elle est déjà réalisée.

Pour la santé, ce sera la même chose, et la médecine va devoir se tourner de plus en plus vers la prévention. Pourquoi ? Parce que le curatif coûte de plus en plus cher et l'urgence va être maintenant de faire en sorte qu'elle n'engloutisse plus les économies des pays développés, ce qui est en train de se faire d'ailleurs. Cette prévention évoluera selon deux directions :

- une direction correspondant à la définition classique de toute prévention qui est de prévenir la maladie. Dans cet objectif, la lutte contre le stress et ses effets pervers aura certainement sa place. Nous verrons aussi se développer la médecine prédictive ;

– l'autre prévention sera celle qui évitera la rechute après l'acte curatif, une fois que la santé sera rétablie. Acte curatif et prévention de la rechute s'articuleront autour des nouvelles technologies ou NBIC.

Les bio-nanotechnologies, les greffes, les cellules-souches, le clonage, le génie génétique, les nouveaux composites, l'informatique vont révolutionner la pratique de la médecine. La nouvelle biologie fera de même. Les analyses que nous faisons couramment aujourd'hui dans les laboratoires de quartier seront effectuées au domicile par le patient lui-même et à un moindre coût grâce au progrès permanent de la robotique et de la micro-informatique. Le laboratoire de poche ou de bureau existe. Les patients pourraient contrôler eux-mêmes leur sang grâce à une goutte de celui-ci comme le font déjà les diabétiques pour le sucre.

> *La transformation de la société va être totale et irréversible. La médecine n'échappera pas au nouvel état d'esprit, aux nouveaux principes, aux inventions, à la nouvelle façon de vivre. Les nouvelles façons de soigner vont transformer la vie des patients et ainsi participer à l'avènement du règne de l'Ange.*

Les marqueurs des temps nouveaux

Ces autocontrôles de biologie, quand ils seront banalisés, permettront de laisser aux laboratoires le soin de faire des examens plus sophistiqués, pour ne pas dire plus nobles. Ceux-ci ne sont pas pratiqués actuellement à cause de leur coût, de celui des appareils pour les réaliser, sans oublier le manque de formation du personnel, y compris des biologistes. Quand ils seront réalisables, ces examens permettront par la suite de surveiller au mieux la santé des patients et de prévenir, voire d'anticiper leurs phases de maladie. Ces examens (dont beaucoup existent déjà) seront les marqueurs biologiques du stress, du génie génétique (analyses génomiques et chromosomiques), du contrôle moléculaire des biotechnologies et des tests de compatibilité tissulaire pour les greffes.

Nous dirons juste un mot des premiers, les marqueurs biologiques du stress, puisqu'ils sont dans le thème de ce livre.

Comme nous l'avons déjà expliqué plus haut, le corps, sous l'influence du stress, est attaqué par des atomes ou des molécules très chargés négativement : les radicaux libres. Comme nous l'avons expliqué plus haut, ces corps instables électroniquement vont bien sûr chercher à tout prix à se stabiliser en arrachant des électrons à l'environnement dans lequel ils se trouvent, c'est-à-dire aux tissus qui les environnent. Ce faisant, ils provoquent la formation de déchets moléculaires à partir de ces tissus. Les laboratoires modernes de biologie auront donc la responsabilité du dosage de ces déchets moléculaires, témoins de l'état d'agression et de destruction du corps, tissu par tissu. Ils doseront aussi la quantité de radicaux libres agresseurs, catégorie par catégorie, ainsi que le pouvoir potentiel ou réel du corps à faire face dans ce genre de situations.

Non seulement ces dosages permettront de connaître le niveau de stress biologique d'un individu donné à un instant de sa vie, mais aussi de suivre l'évolution et les effets des nouvelles thérapeutiques que nous avons déjà citées.

Attention ! Ces marqueurs du stress oxydant, bien qu'ayant fait l'objet de beaucoup de publications, nc sont pas reconnus par la communauté scientifique pour surveiller des maladies ou établir des diagnostics. Aujourd'hui, ces marqueurs sont en fait une photographie à l'instant T de notre vie, du dommage oxydatif de certains tissus de notre corps, dommage oxydatif qui, s'il n'cst pas corrigé, pourrait par la suite évoluer vers la lésion organique, c'est-à-dire la maladie[1].

> *Nous avons les moyens biologiques de contrôler les effets du stress sur nos tissus. Ces moyens, ce sont les dosages des marqueurs du dommage oxydatif. Ils devraient se développer et prendre de plus en plus d'importance dans les années à venir,*

1. Cf. annexe XIII : « Les marqueurs futurs du stress oxydatif ».

si la volonté politique existe bien sûr pour aller dans ce sens! Surveiller son stress, surveiller la Bête pour éviter qu'elle ne revienne sera aussi le rôle de l'Ange.

Prévenir la maladie

L'être humain n'est pas fait pour rester malade. La maladie ne devrait être qu'un accident dans la vie et non un état. Nous accusons nos poumons, notre estomac, nos chromosomes, notre système immunitaire, les pollens qui volent, les poils du chat, le bruit, le chant du coq… Tout est bon pour expliquer nos maux et n'en admettre aucune responsabilité. L'organisation de la protection sociale du monde moderne a largement contribué à construire cette mentalité puisque, depuis plus d'un demi-siècle, on a déresponsabilisé tous les acteurs de santé, à commencer par les malades eux-mêmes.

Le but de ce paragraphe n'est pas de critiquer le système de protection sociale à la française, mais d'attirer l'attention sur le fait qu'aujourd'hui il entretient en quelque sorte l'état de maladie et génère des déficits de plus en plus lourds pour la collectivité.

Quand des instances officielles en France vous disent à quarante ans que votre genou ou votre quatrième vertèbre lombaire ne vous permettent plus de travailler, alors qu'en fait c'est encore possible et que ces mêmes instances vous mettent de fait en invalidité et vous proposent, au bout de plusieurs mois à ce régime, une indemnité (sonnante et trébuchante) à vie, beaucoup se refuseront, inconsciemment ou non (et l'on peut les comprendre), à voir leurs articulations guérir! La réadaptation au travail et par le travail des salariés blessés comme l'ont entrepris les Québécois suite aux travaux et aux recherches du Pr Patrick Loisel est, dans ce domaine, une bien meilleure politique[2].

2. Patrick Loisel, Lise Gosselin, Pierre Durand, Jacques Lemaire, *et al.*, « Implementation of a participatory ergonomia program in the rehabi-

Tout devrait être donc fait pour prévenir l'accident de travail, l'incapacité physique, la maladie et éviter qu'ils ne récidivent. Cette prévention ne nécessite pas là non plus des investissements coûteux.

La prévention est l'affaire de chacun et elle passe par l'éducation. Cette éducation devrait chercher à établir un équilibre chez chaque individu entre son physique et son psychisme, afin de lui permettre de tendre vers son état d'excellence. Là encore, il faut bien comprendre que la norme n'existe pas et que l'état d'excellence est celui qu'individuellement nous devons atteindre pour être au mieux de notre forme, et ce quel que soit notre état de santé d'origine.

> *Prévenir la maladie, c'est aussi une affaire d'éducation en matière de responsabilisation face à sa pathologie ou ses fragilités, mais c'est également la mise en œuvre d'une politique de réadaptation au travail comme l'ont entreprise depuis longtemps les Québécois d'après le modèle de Sherbrooke dont nous avons déjà parlé. Prévenir vraiment la maladie, voilà la voie de l'Ange.*

Stress et peur

L'excellence n'est pas l'eugénisme. Prévenir la maladie, c'est dire à quelqu'un qui va mal qu'il peut aller mieux et non qu'il va mourir bientôt parce qu'il faut se couvrir juridiquement vis-à-vis des assurances. Prévenir la maladie, c'est donner de l'espoir à tous les grands malades en leur disant que la médecine moderne est efficace, mais qu'ils peuvent l'aider parce qu'ils ont en eux quelque chose d'irremplaçable, connu depuis les origines et que l'on appelle l'énergie. Montrer comment faire un massage cardiaque à la télévision,

---

litation of workers suffering from subacute back pain », *Applied ergonomics*, février 2001 ; Patrick Loisel, Pierre Durand, « A population-based randomized clinical trial on back pain management », *Spine*, décembre 1997.

au besoin en présentant un vrai malaise à l'écran, tout en croyant œuvrer utilement sur le plan de la communication, peut avoir l'effet inverse à celui recherché. On fait sans le savoir l'œuvre de la Bête.

A-t-on imaginé ce que de telles images peuvent provoquer dans la tête des cardiaques qui regardent l'émission ? Il serait alors riche d'enseignement de connaître le nombre de malaises de même nature survenus dans les vingt-quatre heures qui suivent de telles démonstrations chez les téléspectateurs prédisposés, par rapport à la moyenne observée habituellement les autres jours.

Quand une certaine presse titrait en première page, comme ce fut souvent le cas il y a quelques années, l'annonce du décès par le sida d'une personnalité connue, se posa-t-elle la question des bouleversements biologiques qu'elle a pu provoquer par la peur chez tous ceux qui à l'époque se croyaient à tort ou à raison confrontés de près ou de loin à ce type de maladies ? S'interrogea-t-elle, cette presse, sur les conséquences sanitaires de telles annonces à la une ? Là encore, c'est l'œuvre de la Bête !

La peur est la mère du stress, et celui-ci génère les maladies. Cette vérité biologique connue de tous les scientifiques a toujours été utilisée par le passé dans les guerres et les invasions pour fragiliser l'ennemi. Annoncer à grand renfort médiatique des milliers de morts à venir à cause d'une grippe, c'est non seulement méconnaître le fonctionnement du corps humain, mais c'est aussi condamner une partie importante de la population à contracter la maladie.

Prévenir la maladie, c'est éviter à l'homme des souffrances inutiles, mais c'est aussi améliorer sa propre qualité de vie en lui permettant de traverser son époque dans le meilleur environnement social possible.

Prévenir la maladie, une fois qu'elle nous a touchés, c'est alors prévenir son aggravation en ne pensant qu'à recouvrer la santé et non à regarder sa mort à laquelle il ne faut même pas penser. Cela n'interdit pas à celui qui souffre de vouloir partir, mais en aucun cas cette dernière option ne doit être systématisée, car la pensée des thérapeutes, c'est-à-dire du corps médical dans son ensemble, doit toujours être tournée vers la vie.

Ce combat de la vie et de la mort, nous y sommes et il fait déjà partie des enjeux du monde d'aujourd'hui. Il ira en s'accentuant demain.

> *Prévenir la maladie, c'est vivre tout simplement. Vivre en pensant que la vie est une chose naturelle. Vivre en pensant qu'il n'y a pas d'autre alternative que de vivre. Vivre en ne pensant jamais ni à la maladie ni à la mort. Vivre en pensant toujours à demain et en bâtissant pour longtemps. Vivre pour les autres, vivre pour soi-même, pour sa famille, ses enfants, ses parents, ses amis, ses projets, son chien, vivre pour n'importe quoi, vivre pour un seul but ou pour tous à la fois. Vivre la voie de l'Ange totalement !*

Les biotechnologies du XXIe siècle

La médecine va changer considérablement. Les biotechnologies révolutionneront la santé des populations dans quinze ou vingt ans. Aujourd'hui, les investissements sont énormes et se précisent pour ce qui sera bientôt la médecine de notre siècle.

La vectorisation des médicaments permettra de cibler l'action des molécules sur des unités biologiques de l'ordre du nanomètre (un nanomètre = un millionième de millimètre), c'est-à-dire au niveau moléculaire. Le génie génétique permettra le traitement des maladies chromosomiques ou congénitales. Grâce à lui, la médecine pourra guérir ce qui est actuellement inguérissable. Les traitements par les cellules-souches et les greffes transformeront la vie des patients. Actuellement, les scientifiques ont obtenu des résultats qui seraient passés pour de la pure magie il n'y a pas dix ans en redonnant la vue à des rats aveugles par exemple, ou encore en cicatrisant complètement sur des animaux des infarctus du myocarde. On peut espérer demain des diabétiques débarrassés de leurs injections d'insuline ou des parkinsoniens ne tremblant plus. Les clonages qu'il ne faut pas redouter, mais qu'il faut encadrer par des lois, permettront la prolongation de la vie et les nouveaux matériaux de synthèse, en particulier pour la chirurgie orthopédique, vont transformer les suites opératoires des opérés.

Toutes ces nouvelles thérapeutiques et ces nouvelles technologies enverront, une fois mises au point, tous les médicaments d'aujourd'hui aux oubliettes.

Le travail des médecins traitants ne sera plus le même. Il consistera à surveiller les traitements mis en place sur les patients par des services médico-chirurgicaux hyperspécialisés.

Il n'y a pas de hasard et la crainte actuelle d'un manque de praticiens est infondée sur le long terme, car, évidemment, il faut replacer ce déficit dans l'époque à venir. Ce ne sera pas tant la quantité de médecins qui sera importante, mais leur qualité à s'ouvrir aux nouvelles technologies et à les adapter dans leurs pratiques. Les médecins vont devenir des hypertechniciens, moins nombreux, mais mieux payés. Ce n'est pas tout.

> *Les progrès de la médecine dans les quinze ans qui viennent vont révolutionner la vie des malades et permettre de gagner encore en espérance de vie. Tout va changer, y compris le travail des médecins. Ceux-ci vont devenir des hypertechniciens et les futurs traitements vont renvoyer nos gélules d'aujourd'hui aux oubliettes. Mais tout cela ne sera pas suffisant pour plaire à l'Ange !*

Les NBIC : les nouvelles frontières de la pensée*

On ne pourra pas prétendre prolonger la vie des gens et soulager leurs souffrances si, à côté de cela, ne figure pas une

---

*. Voir page 110.

prise de conscience globale de ce qu'est la vie et à quoi elle sert vraiment.

Il faudra en effet développer une véritable thérapie par la pensée qui ne sera pas seulement que de la psychiatrie.

En effet, les médecins auront bien ce devoir de surveillance de leurs patients dans le cadre des nouvelles technologies pour lesquelles ils devront se former, mais ils auront aussi vis-à-vis d'eux un devoir de prévention et d'éducation : prévention pour éviter les rechutes de maladies (ce qu'ils font déjà) et éducation pour la santé physique, mais surtout mentale.

Les psychiatres en particulier devront s'adapter pour accompagner leurs malades à travers les chocs psychiques que provoqueront en eux les nouvelles façons de soigner et de guérir. En collaboration avec les médecins traitants qui seront devenus des supertechniciens et en collaboration avec les psychologues et les psychothérapeutes, ils devront s'ouvrir à des méthodes d'accompagnement de la pensée dont certaines existent déjà, comme l'hypnose et la sophrologie, mais également à d'autres encore inconnues aujourd'hui, car dépendantes de l'évolution des neurosciences.

C'est à cette condition que les extraordinaires avancées médicales et scientifiques pourront vraiment porter leurs fruits, redonnant à ceux et à celles qui, à ces époques, auront la charge de leur surveillance et de leurs applications l'occasion de redevenir les médecins du corps, mais aussi de l'âme, rejoignant par cette double et indispensable activité leurs très anciens confrères de l'Antiquité que l'on appelait les « philosophes des choses de la vie ».

> *Il ne suffira pas de vouloir sauver l'homme de la mort, il faudra aussi qu'il comprenne pourquoi : pourquoi il souffre et pourquoi il vit. Le but de la vie pour chacun d'entre nous sera alors aussi important à déterminer que le traitement à suivre pour mieux vivre et moins souffrir. C'est à ce point précis que l'Ange s'opposera à la Bête. C'est à ce moment précis,*

utopique pour certains, que l'humanité tout entière s'arrêtera de souffrir !

C'est dans cette quête vers les nouveaux paradigmes médicaux que s'inscrit ce que certains nomment déjà les nouvelles frontières de la pensée : les NBIC.

– *N comme nanotechnologies :* possibilité de pénétrer le corps sur des espaces de l'ordre du nanomètre (milliardième de mètre) avec une précision proche de l'atome.
– *B comme biologie :* la nouvelle biologie qui permettra de travailler grâce aux nanotechnologies sur les chromosomes et les gènes. Prolonger la vie, reculer la mort.
– *I comme informatique :* l'intelligence artificielle associée à la robotique permettra de créer des tissus de synthèse et des organes de rechange avec de nouveaux matériaux. L'imagerie 3D au plus profond du corps permettra d'investiguer et même d'opérer sur l'infiniment petit. Enfin, une puissance de calcul jamais atteinte ni même jamais imaginée permettra des résultats dans l'immédiat, là où il fallait encore trois ans d'attente hier.
– *C comme cognition :* étude des mécanismes de l'esprit en parallèle aux neurosciences, avec approche de l'intelligence artificielle. C'est dans cette orientation que nous nous inscrivons avec l'Ange ou la Bête.

La force de la pensée depuis 100 000 ans

Dans la nature, le mou façonne le dur, c'est une loi incontournable. Le développement du cerveau a façonné la boîte crânienne et organisé sa forme actuelle. Puisque l'on considère que Neandertal fut un certain temps contemporain de Sapiens, mais ne le précéda probablement pas dans la complexe phylogénie de l'homme, on ne sait toujours pas d'où sort Sapiens, apparu il y a 150 000 ans en Afrique et 70 000 à 40 000 ans en Europe. Peu importe d'ailleurs, car si notre crâne est resté inchangé depuis cette période, on peut supposer que notre cerveau fit de même en fonction de la concordance qui lie le mou au dur, le contenu au contenant. À partir de là, et si nous sommes les mêmes depuis 150 000 ans, pourquoi avons-nous attendu tout ce temps pour rouler en voiture ou aller sur la Lune?

Le potentiel du cerveau de Sapiens restant inchangé, ce qui se modifia fut sa pensée, mais non son intelligence, certainement la même aujourd'hui qu'à ces lointaines époques. Serait-ce cette pensée ou plutôt sa transformation qui aurait guidé l'évolution? Nous serions tentés d'y croire face aux seules et éternelles hypothèses de génétique et d'adaptation des espèces. Celles-ci, certainement réelles, devraient être tempérées face aux pouvoirs adaptatifs du cerveau. Elles devraient être considérées comme des éléments de participation et d'accompagnement, mais non les seules causes du processus de l'évolution. Les gènes de nos chromosomes, bien qu'au fond de nos noyaux cellulaires, sont en réalité à l'interface de deux mondes, celui de l'extérieur et celui de l'intérieur du corps. La membrane nucléaire est une passoire sélective qui intègre les informations venant d'un environnement parfois lointain, ondes et radiations cosmiques, comme celles que lui envoie le cerveau avec les neurohormones. Le matériel génétique est une pâte à modeler malléable à souhait et soumise aux ordres des vibrations de toutes sortes[4].

Celles venues du cerveau pénètrent la membrane nucléaire après avoir traversé le cytoplasme de la cellule et influencent

4. L'intégrité du matériel génétique présent dans toute cellule vivante est continuellement remise en cause par une variété d'agents génotoxiques d'origine exogène (rayonnements solaires ou ionisants, cancérogènes chimiques, médicaments, polluants) ou endogène (instabilité chimique des bases, radicaux oxygène). Source: « L'organisation du vivant: actualité et perspectives », journée organisée par Jean-Antoine Lepesant, institut Jacques-Monod; Carole Saintomé, *Structure et dynamique d'un complexe modèle de réparation de l'ADN*, université Paris 5, 19 novembre 2004.

au moyen de protéines relais les codons du génome au même titre que les astroparticules. La synthèse protéique exprimée alors par le code génétique et l'expression des caractères qui en résultera deviendront de fait le produit de la combinaison entre l'inné et l'acquis, l'inné d'un jour étant toujours l'acquis du jour d'avant.

L'homme est resté inchangé depuis au moins 100 000 ans. Son crâne a été façonné par le développement du cerveau. La pensée aurait-elle donc été le principal moteur de ce changement et plus généralement celui de l'évolution de l'homme durant les 100 000 dernières années, reléguant le noyau génétique de la cellule à un simple tableau du tri des informations ? Ne serait-ce pas l'Ange qui aurait plutôt guidé l'homme depuis la nuit des temps ?

Tous le même cerveau ?

Pour ce qui est de l'*Homo sapiens*, on peut en effet affirmer que sa pensée a conditionné ses modes de vie et ses croyances au cours du temps. L'homme du Paléolithique, l'homme du Néolithique, l'homme de l'Antiquité, l'homme du Moyen Âge, l'homme de la Renaissance en Europe, l'homme des steppes de l'Asie centrale, l'Esquimau du Groenland, le Pygmée de l'Afrique du XIXe siècle ont tous le même cerveau et les mêmes facultés, mais pas les mêmes pensées. C'est ce qui conditionne leur vie et leurs activités et ce qui fait la différence entre les époques et les hommes. Ce qui fait notre vie et crée nos particularités, ce qui donne la connaissance et le désir de l'acquérir, ce qui donne la suprématie ou la dépendance, ce qui rend maître ou esclave, puissant ou misérable, ce qui fait croire ou douter n'est autre que la pensée, c'est-à-dire la conscience d'être. La conscience d'être un animal ou celle d'être un homme ! Alors oui, pourquoi ne pas imaginer que si nous avions donné quelques cours de conduite et une voiture à l'homme qui dessinait dans les grottes de La Chapelle-aux-Saints il y a 20 000 ans avant notre ère, il aurait pris l'autoroute et payé le péage avec sa carte bancaire ? De même, l'homme du Moyen Âge aurait su, avec sa télécommande, zapper les chaînes de télévision pour choisir son programme du soir. Depuis cette époque, il n'y a pas eu de mutations génétiques déterminantes, il n'y a pas eu non plus de modifications anatomiques du cerveau, de sa capacité et certainement pas non plus de son fonctionnement. L'homme est resté le même depuis au moins 70 000 ans, morphologiquement et intellectuellement, sur tous les continents et capable de faire absolument les mêmes tâches ou de résoudre les mêmes problèmes.

La force de l'homme est dans sa pensée. C'est elle qui lui donne la suprématie sur les animaux et le reste du monde. L'avenir est donc plein d'espoir, car si, au cours des millénaires, seule la pensée a pu modifier à tel point la vie et le comportement des êtres humains, on peut envisager toutes les possibilités que nous offrent encore aujourd'hui les facultés insoupçonnées de notre cerveau et les conséquences que ces facultés peuvent déjà avoir sur notre vie actuelle et sur celle de nos enfants. Cela va pour notre comportement, celui de toute la société moderne, mais aussi pour notre santé et pour notre travail de tous les jours, à une époque où l'homme se cherche et cherche surtout à vivre mieux. La voie de l'Ange suit celle de la pensée quand celle-ci favorise l'évolution.

Les neurosciences et le pouvoir adaptatif du cerveau

L'homme vient au monde avec un cerveau doué d'un potentiel exceptionnel. Notre environnement, notre éducation, notre culture, notre pensée en conditionnent le développement, mais aussi les limites. Malgré les mystères que le cerveau présente toujours, les progrès faits par les neurosciences ont permis d'en percer une partie et de mieux connaître son fonctionnement, aidé en cela par la psychanalyse.

Les recherches en la matière ont montré un système nerveux dans son ensemble sous un jour nouveau, dynamique, pour ne pas dire énergétique, mot qui devient de moins en moins tabou dans le milieu médical. Ainsi, grâce aux techniques d'investigation modernes, les influx, les rythmes, les fréquences, les neuromédiateurs, les hormones, les émotions, les instincts, les troubles affectifs, les sensations de faim, de satiété, de soif, la sexualité sont venus enrichir le vocabulaire ésotérique et austère de la neuro-anatomie pure et ont permis d'expliquer les comportements et les relations de l'individu avec son environnement. Ils ont également révélé le formidable pouvoir adaptatif du tissu nerveux, à tel point qu'un terme nouveau est apparu en médecine à ce sujet : la plasticité neuronale.

Le tissu nerveux que l'on croyait fixé à jamais de la naissance à la mort s'est révélé être un tissu d'un incroyable pouvoir d'adaptation dans le temps et dans l'espace. Les énergies qu'il véhicule se transforment selon les besoins du moment et du lieu où elles se trouvent. Le plus bel exemple dans ce domaine reste l'énergie lumineuse. D'un photon, elle se convertit en réaction chimique au niveau de la rétine, puis en potentiel électrique au niveau du nerf optique, pour se transformer en neuromédiateurs au niveau des relais thalamiques du cerveau, puis redevenir potentiels électriques avant d'être décodée et intégrée au niveau du cortex occipital pour enfin être interprétée en images, et cela en une fraction de seconde.

> *Avec ses mécanismes intriqués, avec ses voies communiquant entre elles, avec ses réactions chimiques subordonnées à une remarquable chronobiologie, le cerveau fonctionne comme un outil d'une redoutable complexité, mais surtout d'une formidable efficacité s'il est utilisé de façon optimale. Ce n'est évidemment pas le cas, car la Bête est là pour l'en empêcher, et la seule façon pour que tout change, c'est que l'Ange vienne la déloger.*

L'état d'excellence

L'excellence serait donc cet état qui permettrait au cerveau de pousser encore plus loin son efficience et de mobiliser pour cela des fonctions utilisées le plus souvent a minima. Dans le cadre de la politique de ressources humaines, on connaît bien ces fonctions qui ont déjà fait l'objet de multiples études. Parmi celles-ci, la mémoire reste la fonction noble la plus étudiée et la plus convoitée, en particulier la mémoire des faits récents qui permet au cerveau de sélectionner rapidement et de retenir ce qui est vraiment important pour le but à atteindre et ainsi de savoir s'adapter aux besoins et aux évolutions. Nous avons vu que c'est une fonction de base pour un encadrement efficace dans le management. À cela, on ajoutera la motivation organisationnelle des conduites, la maîtrise des situations à risques, la faculté de discernement opérationnel, l'affirmation de la personnalité dans les confrontations et, de plus en plus, l'aptitude à la concertation, à l'écoute et au dialogue.

En fait, ces fonctions ne sont que l'adaptation au management de certaines propriétés cérébrales, résultant d'un fonctionnement optimum du cerveau limbique et de l'hypothalamus.

Dans le quotidien, ces fonctions permettent tout simplement de diriger sa vie au mieux, malgré les difficultés. Maîtriser ces fonctions, c'est déjà être dans l'excellence et c'est ce vers quoi tout être humain devrait tendre, quels que soient son état originel, sa mentalité, sa culture, sa religion, son continent. Cela nécessite bien évidemment un changement dans la façon de penser et aussi, peut-être, de vivre.

La pensée a de tout temps été le moteur du changement, changement psychique évidemment, mais aussi physique, ce que l'on imagine moins. Nous prétendons même, dans ce livre, que ce fut elle qui traça la voie de l'évolution en général et celle de l'homme en particulier. C'est elle, cette pensée qui peut conduire à l'excellence. Ses outils pour y arriver sont la concentration et l'imagination qu'elle véhicule, mais aussi la volonté, fonction qui aujourd'hui n'est plus exercée dans les sociétés contemporaines.

Croire ou faire croire, à notre époque, que le potentiel du cerveau humain est arrivé, dans son évolution, à son asymptote horizontale qui le contraindrait à ne gérer que les expédients que nous connaissons à ce jour serait une bien piètre idée sur la responsabilité et le rôle futur de l'homme sur la Terre. Il serait temps en effet que nous prenions vraiment conscience de notre vraie place dans le monde, de nos vrais défis et des nouvelles conduites à adopter.

> *L'excellence est l'état vers lequel l'homme doit tendre afin d'exercer en toute sérénité la pleine potentialité de son cerveau. Celui-ci est loin d'être arrivé au terme de son évolution, contrairement à ce que voudraient faire croire certains. Le moteur de cette évolution n'est autre que la pensée et c'est par la pensée que s'expriment à travers ce cerveau l'Ange ou la Bête, c'est-à-dire l'excellence ou le stress.*

Le jour où le stress tuera le stress

Suivant ce principe universel, pour ne pas dire éternel, qui veut qu'une idée une fois lancée comporte dans sa conception la programmation de sa propre destruction, le stress tuera un jour le stress. La Bête sera victime de la Bête. Ce jour viendra, certainement, comme nous l'avons expliqué ci-dessus ! En attendant, que pouvons-nous faire ? Un travail de fourmis, diront certains.

C'est possible, mais il est important de préparer le terrain et de commencer à convaincre qu'il existe d'autres moyens pour être à la fois un compétiteur économique et commercial au fait de sa réussite, sans perdre pour autant son âme et la santé de son corps.

La voie de l'excellence, c'est la voie de l'Ange, celle qui regroupe tous les moyens qui permettront justement à l'homme de se débarrasser de la Bête et donc de ses effets pervers qui sont, répétons-le, la maladie, le désordre, la tyrannie d'où qu'elle vienne, les crises sociales et monétaires et, pourquoi pas, les guerres qui sont les ultimes effets de la peur et du stress.

Préparez la voie de l'Ange, c'est militer pour un retour vers les fondamentaux de l'être humain, en particulier son esprit et sa pensée. Sans esprit et sans pensée, pas de récupération de la santé du corps, pas de maîtrise de l'ordre public et de l'économie d'un pays. Comment prétendre gérer la société ou une entreprise quand ce que l'on a de plus cher sur Terre, c'est-à-dire sa santé, échappe à son propre contrôle ? Comment prendre de justes décisions, accomplir des actes constructifs, enseigner une bonne direction, montrer l'exemple libérateur quand, soi-même, on se trouve débordé par le corps que l'on habite sans savoir le remettre en équilibre.

Des méthodes remontant à la nuit des temps permettent la manipulation des énergies du corps par la pensée ou plutôt par son imagination, tel qu'Aristote aurait pu l'expliquer en son temps.

Se servir de son corps comme d'un outil au service de sa pensée et de son esprit fut enseigné par les philosophes grecs. Aristote n'affirme-t-il pas que la sensation et l'image favorisent le développement de l'intellect ? Nous devons sauver notre corps avant de penser à sauver notre âme, car le bien-être de celle-ci passera par la guérison du premier.

> *Le stress tuera le stress, la Bête tuera la Bête. Les entreprises deviendront des lieux garantissant le travail et la santé afin que, dans ces conditions, puisse se préparer et se développer l'excellence. L'homme n'aura de toute façon pas le choix, ce sera la voie de l'Ange ou disparaître.*

L'Ange ou la Bête : avant tout, une affaire de cerveau

Les défis d'une pensée aux commandes

L'hypothalamus : la boîte noire entre deux mondes

L'hypothalamus appartient au cerveau primitif ou reptilien, encore appelé rhinencéphale ou limbique, celui qui gouverne les instincts et régit les pulsions. L'hypothalamus n'est pas plus grand qu'un timbre-poste et représente à peine 10 % du poids de la masse cérébrale. Situé à peu près au centre du cerveau et sous le thalamus (d'où son nom) avec lequel il forme le diencéphale, il est à l'interface des hémisphères cérébraux situés au-dessus et autour de lui et des voies de communication nerveuse et réflexe du tronc cérébral et de la moelle situées en dessous.

L'hypothalamus est constitué de centres appelés noyaux qui assurent le bon déroulement des fonctions vitales de l'organisme. Ces fonctions vitales sont dites aussi végétatives, car elles se font automatiquement sans participation de la volonté et en dehors du champ de conscience habituelle. Elles s'occupent donc, et de façon prioritaire, de l'équilibre, de la température corporelle et de la transpiration, de la régulation de la tension artérielle et de la fréquence cardiaque, de l'intégration des sensations et des douleurs du corps, de la régulation de la faim ou de la satiété, de la rétention de l'eau, etc.

Mais les centres hypothalamiques sont responsables aussi des états de colère et d'agression, des pulsions sexuelles, des comportements amoureux, du coït, et une partie d'entre eux favorise le sommeil.

Par la tige pituitaire qui le relie à l'hypophyse (qui lui semble ainsi appendue), l'hypothalamus stimule ou inhibe cette glande par des neurohormones spécifiques et contrôle de cette façon tout le système glandulaire : thyroïde, lactation, ovaires et testicules, surrénales, sans oublier la croissance de certains tissus comme les tissus osseux et musculaires.

Enfin, dans sa proche périphérie et le séparant des lobes cérébraux, l'hypothalamus est entouré par l'ensemble du système limbique auquel il est également lié. Hypothalamus et système limbique réalisent la base neurophysiologique permettant la quête et l'exercice des facultés psychiques qui caractérisent l'excellence.

Nous voyons bien que l'hypothalamus, relié directement ou indirectement par l'intermédiaire du thalamus à tous les autres centres du cerveau, dirige et équilibre tout le système nerveux végétatif et hormonal auquel nous n'avons pas accès normalement. Cependant, par les multiples connexions que l'hypothalamus assure avec les hémisphères cérébraux, ceux-ci, siège de la sensibilité et de la motricité consciente, sont donc totalement informés de l'état végétatif dans ses moindres régulations. Nous reparlerons bien évidemment de cette importante notion qui fait que la plupart de nos actes quotidiens, pourtant supposés conscients et volontaires, prennent leur origine au fin fond de nos ovaires, de nos testicules ou de notre thyroïde, le thalamus agissant alors comme relais et activateur des signaux allant du corps au cerveau, et inversement.

L'hypothalamus est un centre situé dans la partie médiane et inférieure du cerveau. Il a à la fois un rôle d'intégrateur des sensations conscientes et inconscientes du corps et un rôle de donneur d'ordres au système neurohormonal situé en dessous.

Tout exercice de la pensée sur ce centre par des méthodes s'appuyant sur les neurosciences favorise le développement de l'excellence.

Un des défis de ce siècle : préserver l'interactivité du cerveau et du corps

Il est donc possible de connaître ce qui se passe dans notre corps très précisément et de contrôler toute sa régulation. C'est cette capacité, plutôt animale qu'humaine d'ailleurs, qui donne d'apparents pouvoirs surnaturels aux yogis. Ceux qui essaient de battre en brèche, sans véritable argumentation d'ailleurs, la théorie qui veut que nous n'utiliserions que 10 % de notre cerveau, prétendant qu'au contraire nous l'utilisons dans toute sa plénitude, devraient méditer sur les expériences faites autrefois dans les pays de l'Union soviétique sur les capacités paranormales de l'être humain, sur celles réalisées dans le cadre des disciplines sportives de haut niveau ou sur celles pratiquées par la NASA sur ses astronautes. Ils devraient réfléchir aux expériences faites par les yogis sur leur corps, que des quantités de travaux scientifiques ont étudiées et confirmées[1]. Ils comprendraient alors qu'il suffit qu'une pensée très exercée se concentre sur un point précis du corps ou sur une de ses sensations pour activer sa projection correspondante sur les lobes cérébraux, atteindre dans le même processus le noyau hypothalamique avec lequel les lobes cérébraux sont reliés et obtenir ainsi le contrôle viscéral[2].

---

1. Pr U. C. Rai, *Recherches médicales et yoga*, Paris, Publisud, 1999.
2. Pour le cerveau, les neuro-imageries structurelle et fonctionnelle ont permis de visualiser l'organe en action en mettant en relation telle ou telle zone cérébrale avec tel ou tel comportement, ou encore en démontrant la densité neuronale de telle ou telle structure nerveuse impliquée dans une tâche précise cérébrale comme la mémoire, la sensation de faim, la pulsion sexuelle, etc.

Ceux qui peuvent pratiquer une telle activité sur leur corps utilisent certainement la totalité de leur cerveau ou presque. Ce n'est pas le cas de l'homme moderne, bloqué par son antidépresseur et conditionné par son GPS.

Cette capacité à maîtriser le contact avec son corps constitue très certainement un des défis de ce siècle et du suivant, que nous résumerons comme suit :

— Devant les formidables avancées de la médecine et des sciences dans les années à venir, devant la progression des techniques, devant l'augmentation des connaissances, l'homme saura-t-il rester suffisamment conscient de sa vérité profonde ?

— Malgré les modifications que l'on fera subir à son corps, malgré les interventions sur son génome, les transformations de ses tissus et les greffes cellulaires, sans compter les conditionnements, parviendra-t-il à toujours conserver le contact avec lui-même et à préserver l'interactivité du cerveau et du corps comme le faisaient ses ancêtres ?

Le système limbique

Nous voyons bien que ce complexe cérébral très important qu'est le système limbique va donc régler notre humeur, qui pourra osciller entre le calme olympien et la folie furieuse, notre capacité de discernement et de prise de décisions, notre facilité à nous adapter ou non à des situations nouvelles inattendues et, ce faisant, d'en tirer rapidement profit, presque instinctivement, en adoptant le comportement le plus adéquat pour les régler. Par là même, il permet aussi d'assurer le lien entre la pleine conscience des événements vécus et la façon dont on voudrait vraiment les vivre – en un mot, disons-le franchement, la maîtrise de sa destinée.

Le système limbique entoure le thalamus et l'hypothalamus avec lesquels il est relié comme nous venons de le voir. De l'autre côté, ses contours externes sont tellement confondus avec les hémisphères cérébraux qu'il est presque impossible d'en trouver parfois les limites.

Le système limbique, composé des centres que nous décrivons ci-dessous, est le support à la fois anatomique et énergétique des exercices de programmation neuropsychique. C'est sur ce même support nerveux que s'exerce aussi le Réflexe d'Aristote, méthode que nous avons mise au point pour les psychothérapeutes en cabinet ou en entreprises et qui est expliquée dans la seconde partie du livre.

L'*hippocampe*, situé dans la partie inférieure et latérale du système limbique, fait aussi partie du lobe temporal sur sa face interne. Son rôle est capital puisque, dans la vie courante, c'est lui qui évalue l'importance d'une situation vécue et l'intérêt de la mémoriser au niveau du cortex cérébral. L'hippocampe déficient donnera donc une mauvaise mémoire des faits récents et l'incapacité de bien se servir des données stockées dans le cerveau.

L'*amygdale* (rien à voir avec celle du fond de la gorge), située à côté de l'hippocampe, rentre dans les mécanismes d'adaptation aux situations nouvelles. Elle est donc responsable des comportements adéquats pour s'adapter à ces situations.

Les *corps mamillaires* situés en avant du système limbique sont associés au degré d'éveil et sont étroitement reliés, comme tout le reste du système, au thalamus et à l'hypothalamus, mais aussi au tronc cérébral, c'est-à-dire toute la partie haute de la moelle épinière où se trouvent les centres de régulation des fonctions vitales comme les battements du cœur, la tension artérielle, les relais avec le cervelet, centre de l'équilibre.

Dans la partie antérieure du système limbique, en avant du thalamus et au-dessus de l'hypothalamus, se trouve le *septum*, dont l'excitation provoque la colère et les coups de folie et dont la mise au repos donne le calme.

Enfin, le *gyrus cingulaire*, le *cingulum*, l'*insula* et le *gyrus parahippocampique* permettent l'association entre les comportements conscients du cortex et les comportements inconscients du système limbique.

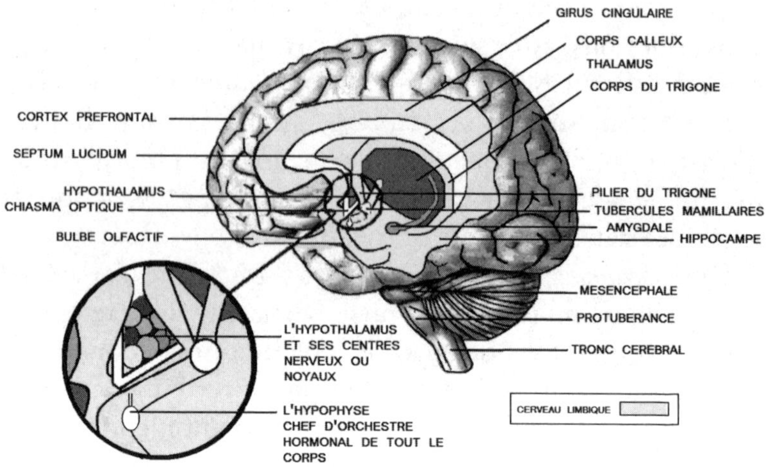

Pour réussir tout cela, le complexe limbique donne la possibilité d'assurer une mémorisation rapide et là aussi presque instinctive des informations jugées utiles pour la mission que l'on s'est donnée, et cela grâce à un degré d'éveil maximum et un contrôle de ses émotions de colère au profit du calme. Bref, il permet d'atteindre ce qu'il est convenu d'appeler l'état d'« excellence » ou de « maîtrise ».

Étant relié à l'hypothalamus, véritable tableau de contrôle de tous les fusibles réglant les fonctions vitales du corps, on imagine facilement que celui ou celle qui pourrait atteindre cet état non seulement gérerait sa vie et ses actes pour son meilleur profit, mais aussi ne connaîtrait aucune perturbation physiologique mettant son équilibre vital en danger puisqu'il est bien connu que cet équilibre vital dépend justement de l'état des émotions.

Voyons maintenant comment tous ces centres se relient entre eux et communiquent par ce que l'on nomme les influx.

Le système limbique est l'endroit du cerveau où se trouvent les centres nerveux rentrant dans l'organisation des conduites, la gestion des pulsions, l'éveil, la régulation des fonctions vitales et le tri des données à mémoriser. Son contrôle permettrait d'atteindre l'excellence, mais tout dépend de celui, l'Ange ou la Bête, qui assure ce contrôle.

Les influx nerveux

L'influx nerveux est une dépolarisation qui commence à un point du nerf et se propage le long de ce nerf. La dépolarisation correspond à une inversion de polarité, c'est-à-dire que la membrane du nerf qui est positive à l'extérieur au repos et négative à l'intérieur inverse un court instant ces charges électriques. Cette inversion déstabilise les zones voisines et la dépolarisation se propage de proche en proche en créant l'influx.

La polarisation comme la dépolarisation dépendent de la concentration de deux sels métalliques que sont le sodium et le potassium, et le niveau d'excitabilité de la fibre nerveuse fera intervenir les concentrations en calcium, magnésium et chlore. Dans le cas d'une stimulation du nerf que nous qualifierons d'expérimentale, l'influx créé part de chaque côté du point de la stimulation qui ainsi s'auto-entretient.

Il faut donc bien comprendre que nous sommes traversés par des milliards de courants électriques qui organisent notre vie végétative, c'est-à-dire, rappelons-le, celle que nous ne commandons pas volontairement. Ces courants électriques organisent notre digestion, notre respiration, nos sécrétions hormonales, notre tonus postural qui nous fait tenir debout de façon automatique et naturelle, notre pas qui donne la cadence de notre marche, etc., sans que jamais nous n'ayons à y réfléchir. Il y a une véritable déconnexion permanente, mais intelligente, en ce sens qu'elle ne crée pas trop de problèmes entre notre cerveau supérieur, où s'ébauche la pensée, et le corps, animé par ces courants.

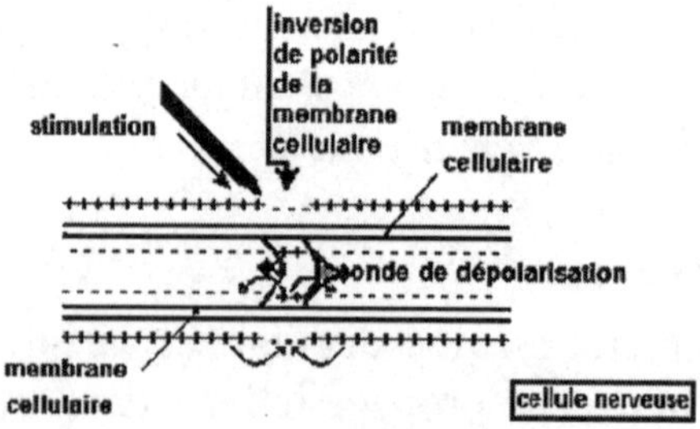

Nous sommes traversés par des milliards d'influx nerveux sans nous en inquiéter. Ils organisent à notre insu notre vie végétative, conditionnant nos attitudes et nos réactions, faisant de nous ce que nous paraissons, mais que nous ne sommes pas en réalité, c'est-à-dire conscients.

Cependant, l'automaticité de ces influx les rend encore plus vulnérables au stress. Celui-ci les perturbera de deux façons différentes.

– Une façon que nous qualifierons de classique : ce sont les centres supérieurs, c'est-à-dire le cerveau qui, troublé par une pensée ou un environnement, traduira cette perturbation sur les centres nerveux inférieurs par l'intermédiaire des influx. C'est la façon la plus commune pour expliquer le stress du corps via le cerveau.
– Mais il existe une autre façon, non reconnue certes, mais logique quand on y réfléchit bien. Les courants nerveux créent des champs électriques et magnétiques. C'est une loi physique incontournable, de plus en plus exploitée dans les explorations modernes médicales, en particulier en neuroradiologie[3]. Ces courants et ces champs pourront donc être influencés directement par l'environnement électromagnétique dans lequel ils se

3. Ainsi, la magnéto-encéphalographie enregistre l'activité magnétique des neurones du cerveau, permettant le dépistage de microlésions de cet organe.

trouvent. Ainsi, les charges électriques des milliards de courants qui nous traversent de la tête aux pieds capteront les autres charges présentes dans le voisinage immédiat, même si celles-ci, aussi faibles soient-elles, viennent d'autres organismes vivants. Cette pollution électromagnétique naturelle passera directement de corps à corps, sans que les consciences en soient vraiment alertées[4].

On nous opposera la faiblesse de ces champs pour lesquels des conditions de laboratoire sont nécessaires et incontournables pour les mesurer. Nous répondrons que l'interférence électromagnétique, quel que soit le règne, animal ou végétal, est une évidence pour tout véritable observateur et qu'elle commence de plus en plus à être admise avec l'intrusion dans notre vie quotidienne de tout ce qui fait la pollution électromagnétique du monde moderne.

Elle existe chez les plantes et l'on verra, par exemple, telle espèce, par ses feuilles ou ses branches, faire périr sans les toucher les feuilles et les branches d'une autre espèce[5]. Elle existe chez les animaux, et une bête en bonne santé dans une communauté dépérira une fois placée dans une autre. C'est aussi l'explication du comportement en groupe de ces mêmes animaux, du pressentiment de catastrophes naturelles, des grandes migrations, ou de comportements isolés comme l'animal perdu qui retrouve son maître.

Même si les preuves irréfutables manquent encore, du fait surtout de la difficulté à réaliser des expérimentations, pourquoi l'homme ferait-il exception à cette règle d'apparence universelle ?

---

4. À ce sujet, la synchronisation des cycles menstruels de femmes obligées de vivre ensemble ou appartenant à la même communauté a donné lieu à de nombreuses études dont les résultats furent souvent contradictoires, mais l'explication pourrait bien en être cette pollution électromagnétique.

5. C'est le cas, par exemple, des feuilles d'acacia au contact des feuilles de bouleau.

Les milliards de courants électriques nerveux qui nous parcourent et nous traversent créent des champs électromagnétiques qui interfèrent d'un individu à un autre, réalisant une véritable pollution électromagnétique à laquelle nous sommes tous confrontés. Cette interférence se fait d'ailleurs aussi bien d'homme à homme que d'homme à plante, de plante à plante, d'homme à animal et d'animal à animal. On peut aussi imaginer les interférences avec les lieux, avec tout ce qui est chargé en fait. Le feng shui ?

« Je suis à fleur de peau ! » : une explication ?

Pour expliquer cette interférence, on évoque classiquement, dans des cas très précis, la place des phéromones, hormones volatiles qui transportent une information entraînant de la part du récepteur une modification de comportement. Mais la phéromone n'est qu'un support de transmission et nous parlons ici de la façon électromagnétique, voire atomique, avec laquelle deux corps s'interfèrent, de leurs échanges vibratoires.

Puisque l'atome est l'oublié traditionnel du vivant dans le raisonnement physiologique, rappelons que, dans le règne minéral, le phénomène d'interférence est permanent. L'oxydoréduction entre deux métaux en est le plus simple exemple. Comme nous venons de l'évoquer dans le paragraphe précédent, toute relation entre deux composants, qu'ils soient inertes ou vivants, passe par une pollution électromagnétique.

Chez l'homme, cette pollution passe de corps à corps directement. Si l'exposition dure longtemps, les effets en seraient d'abord le dysfonctionnement, puis les troubles comportementaux et, pour terminer, la dépression.

L'environnement électrique ou plutôt électrostatique peut être source de perturbations[6]. On commence à prendre

6. La pollution électromagnétique bénéficie toujours d'un débat public et médiatique quant à l'action des téléphones portables sur la santé de leurs utilisateurs. Il en est de même pour les antennes-relais de ces

conscience de ce phénomène dans le cadre de la médecine du travail pour ce qui est des installations radio-émettrices, mais on est encore loin de s'en préoccuper dans le domaine des relations humaines. Pourtant, dans le jargon populaire qui a toujours sa part de bon sens, on dit communément que deux personnes mises en présence ne se supportent pas ou ne peuvent pas se sentir. En fait, leurs charges électriques réciproques parlent à leur place et provoquent ce rejet, charges électriques ou électrostatiques que nous avons tous ressenties un jour sur une poignée de porte par une décharge ou sur un poste de télévision.

« Je suis à fleur de peau » est une autre expression qui traduit bien aussi cette aversion que peut éprouver une personne face à une pollution électrostatique ou électromagnétique ambiante, dont, par méconnaissance du problème, elle attribuera la cause à son état nerveux personnel, ce qui n'est pas faux non plus, les nerfs, comme nous l'avons vu plus haut, étant les conducteurs d'une dépolarisation qui crée l'influx.

> *L'expression électromagnétique d'une personne peut influencer et même perturber le bien-être électromagnétique d'une autre, provoquant dysfonction, puis maladie. Les douleurs au plexus solaire sans raisons médicales en sont très souvent un bon exemple. C'est pour cela que l'on subira à tel endroit une pathologie, alors qu'à un autre endroit, on ne la subira peut-être pas. Nous retrouvons ainsi la notion d'ambiance ou de climat créé par deux personnes mises en présence ou par une assemblée. Reste à savoir qui, de la Bête ou de l'Ange, en détient la véritable paternité. Le tao dirait que, pour ce faire, il faut la réunion des deux. La voie du milieu ne passe-t-elle pas par l'équilibre des contraires ou la maîtrise des opposés[7] ?*

mêmes portables, et ne parlons pas du wi-fi ! Le mérite de ces controverses est déjà de poser enfin le problème des effets de l'électromagnétisme sur la santé dans la vie de tous les jours.

7. Cf. annexe XIV : « Alain Vian ».

Calmer la douleur par la pensée

Les influx corticaux anesthésiants

Voyons maintenant un type très particulier d'influx nerveux, puisque issu du cerveau et, qui plus est, venant de la couche superficielle des hémisphères, la couche noble dite corticale.

Nous avons vu que le corps et le cerveau sont traversés par des milliards d'influx. Cependant, l'activité cérébrale semble très ordonnée et, en tout cas, suivre de grands axes de communication. Ces axes de communication forment la substance blanche, celle des prolongements cellulaires qui, se ramifiant partout, relient tous les centres entre eux, en en traversant certains comme le thalamus dont nous avons déjà parlé.

L'activité électrique du cerveau se caractérise communément par quatre types d'ondes que l'on nomme alpha, bêta, thêta et delta. Elles sont en quelque sorte la résultante de la conduction de centaines de millions de neurones déchargeant de façon synchrone.

Actuellement, les neurophysiologistes s'accordent pour dire que cette activité synchrone se traduit par une onde de trente à quarante hertz de moyenne, balayant le cerveau d'avant en arrière et d'arrière en avant. La magnétoencéphalographie (MEG), méthode extrêmement récente, permet de mesurer cette onde et de dépister des microlésions cérébrales.

C'est dans cette ambiance électromagnétique majeure du cerveau que l'on a individualisé des courants dits corticaux, car naissant dans le cortex cérébral formé par les couches les plus superficielles des hémisphères cérébraux. Ces courants ont la propriété d'anesthésier les zones douloureuses ou des sensations gênantes quand on les dirige dessus par la pensée. Ces courants, appelés aussi corticofuges[8], gagnent

8. Arthur C. Guyton, *Neurosciences*, Padoue, Piccin, 1996, p. 122.

alors ces zones en traversant des centres nerveux appelés noyaux, situés dans la partie inférieure du cerveau et qui présentent la particularité de synthétiser des molécules analgésiques (anesthésiantes) proches chimiquement de la morphine et que, pour cette raison, on nomme opioïdes ou opiacés. À chaque étage de la moelle, des relais nerveux à ces courants anesthésient les sensations douloureuses venant du corps, réalisant ainsi de véritables interrupteurs de la douleur.

> *Les courants corticofuges, issus des cellules les plus superficielles du cerveau, favorisent la synthèse de produits anesthésiants proches de la morphine à différents étages du système nerveux central, dont les étages médullaires par où pénètrent les sensations douloureuses, réalisant à ces niveaux de véritables interruptions de la douleur. À charge de la pensée, à l'origine aussi de ces courants corticofuges, de se servir ou non de ce dispositif!* (Voir dessin page 181.)

Pensée et courants anesthésiants

La pensée orientée vers l'apaisement stimule plutôt les influx sérotoninergiques que ceux nociceptifs véhiculant le message agressif et douloureux. C'est aussi cette propriété des courants corticofuges et anesthésiants qui explique certains pouvoirs dits surnaturels comme la marche sur le feu ou la résistance à la douleur avec en plus une protection antilésionnelle encore mal élucidée. C'est à ce niveau aussi que se définira la voie choisie ou subie, celle de l'Ange ou celle de la Bête.

Le problème posé par ces courants n'est pas tant leurs propriétés que l'on arrive en fait à comprendre que leur origine qui là semble plus complexe. Celle-ci pose la question de la réaction et de l'adaptation chimique du cerveau face à une agression du corps par son environnement. Il existe bien d'autres exemples du même type, y compris dans le règne animal.

Cette auto-anesthésie par la pensée des douleurs que nous qualifierons de fonctionnelles, c'est-à-dire ne correspondant pas à une lésion organique comme un infarctus ou un cancer, mais plutôt à des tensions des tissus viscéraux, nerveux ou musculo-tendineux, devrait être encouragée et enseignée à l'école et dans les entreprises. Cela contribuerait à réduire les prises d'antalgiques pour ces douleurs fonctionnelles. Mais là, nous rêvons, bien sûr !

Les méthodes psychocorporelles de contrôle comme certaines pratiques de yoga ou tout simplement celle développée par le Réflexe d'Aristote que nous allons exposer en seconde partie du livre permettent cet apprentissage.

Par contre, la fâcheuse habitude de consommer à la moindre alerte des antalgiques a pour conséquence d'interdire au corps détectant une douleur de diffuser dessus ces fameux influx corticofuges bourrés de sérotonine ou de produits morphiniques. À la longue, cela peut finir par diminuer le seuil de tolérance à cette douleur et le risque en sera une escalade dans la consommation des antalgiques pour des problèmes que le corps pourrait régler lui-même grâce à ses influx et à ses propres drogues.

L'atrophie des cellules corticales à l'origine de ces courants pourrait même s'expliquer par cette perte de fonction au titre de la loi universelle qui veut que la fonction crée l'organe ou tout au moins l'entretient[9].

---

9. En matière de traitement de la douleur, la tendance actuelle est plutôt, là aussi, la « tolérance zéro ». En fait, il faut une juste mesure. S'il est bien sûr inutile de laisser les malades souffrir, alors qu'ils peuvent être soulagés, il n'est pas prudent non plus de prendre des dérivés morphiniques de façon injustifiée. C'est la porte ouverte à encore plus de douleurs et encore plus de traitements, toujours plus forts ! Au temps de nos grands-parents, les personnes âgées étaient beaucoup plus résistantes que les jeunes de leur époque. Cela venait probablement de leur habitude à diffuser, tout au long de leur vie, une pensée analgésiante sur leurs douleurs qui ainsi étaient de moins en moins fortes, voire

Nous rappellerons que l'atrophie corticale du cerveau est en effet un des premiers signes d'imagerie de sa sénescence avant la démence. Bien sûr, pour éviter cette issue et pour assurer un certain continuum dans la transmission de l'énergie nerveuse, les courants corticofuges utilisent avec une grande souplesse d'autres centres nerveux du cerveau et d'autres neurotransmetteurs, mais, de toute façon, l'utilisation régulière d'antalgiques ou de drogues entraînera à terme l'homme vers une issue sans retour.

Consommer des antalgiques pour le moindre problème ne permet pas au cerveau de calmer les douleurs avec ses propres molécules. Comme tout organe qui ne travaille pas s'atrophie, on peut supposer qu'il en sera de même pour des cellules nerveuses rendues non fonctionnelles par des prises répétitives de médicaments sur une longue période. Comme pour l'exemple pris plus haut à propos de l'effet des neurosédatifs sur les centres de la mémoire, le même raisonnement pourrait se faire à propos de la prise de toutes drogues pour calmer douleur ou stress. À la fin, c'est toujours l'atrophie cérébrale qui guette, avec la Bête en embuscade.

LES PRINCIPAUX NEURO MEDIATEURS

MOLECULES	NEURO TRANSMETTEURS	EFFET POST SYNAPTIQUE
	Acétylcholine	EXCITATEUR - APPRENTISSAGE
ACIDES AMINES	Acide gamma-aminobutyrique (GABA)	INHIBITEUR-MOTEUR-ANXIETE
	Glycine	INHIBITEUR
	Glutamate	LE PLUS COURANT-EXCITATEUR
	Aspartate	EXCITATEUR
AMINES BIOGENES	Dopamine	MOTIVATION - MOUVEMENT
	Noradrénaline	EXCITATEUR- EMOTION-HUMEUR
	Sérotonine	DOULEUR -APPETIT -SERENITE
	Histamine	EXCITATEUR

finissaient par disparaître. Les vieux d'autrefois étaient robustes et ne craignaient pas grand-chose !

Influx nerveux et neuromédiateurs : parfaite synchronisation

Les neurones ne sont pas collés bout à bout, mais leurs terminaisons communiquent par l'intermédiaire de relais chimiques appelés neurotransmetteurs ou neuromédiateurs au niveau de zones relais protégées nommées synapses. C'est dans ces synapses que le neurone d'amont sécrète les neurohormones qui seront captées par le neurone d'aval.

C'est de cette façon que passe l'information entre deux nerfs, entre un nerf et un muscle, entre un nerf et un organe. Au bout du nerf, il y a une sécrétion qui traduit chimiquement l'ordre nerveux. Il faut peut-être ici rappeler que l'influx défini plus haut est une succession de dépolarisations sur toute la longueur du nerf. C'est en fait un codage représenté par des trains d'ondes, des successions de dépolarisations acheminées en fréquences plus ou moins régulières suivant le cas. Ce sont ces fréquences qui permettent la dépolarisation de la membrane terminale du nerf au niveau de la synapse pour que les neurohormones synthétisées par la cellule nerveuse puissent se déverser dans l'espace synaptique et aller ainsi informer l'autre prolongement nerveux de l'autre nerf pour que, à son tour, il se dépolarise et fasse passer le message.

En principe, un type de neurone correspond à un type de neuromédiateur, mais il existe aussi des neurones synthétisant des neurotransmetteurs différents. Pour le moment, on a identifié plus de quarante de ces substances. D'une façon générale, celles-ci sont soit excitatrices, soit inhibitrices, mais il faut aussi compter sur leurs récepteurs qui eux aussi peuvent être inhibiteurs ou excitateurs.

Le mécanisme de ces transmissions est très complexe. Ce qu'il faut retenir, c'est surtout la synchronisation entre le train d'ondes de l'influx nerveux et la sécrétion du neurotransmetteur de la cellule correspondante. Il doit y avoir une parfaite concordance entre les deux phénomènes pour que, au moment où l'influx dépolarise la membrane terminale, il y ait au niveau de la cellule nerveuse la quantité suffisante de neurotransmetteurs pour agir, une fois passé dans la synapse. On peut alors même supposer que de la fréquence de l'influx dépendra la synthèse de tel ou tel neurotransmetteur.

> *Les neurones conduisent l'influx et sécrètent à leurs extrémités des hormones ou neuromédiateurs. La fréquence de l'influx et celle de la synthèse du neuromédiateur doivent être dans une parfaite synchronisation au niveau de la terminaison du nerf pour qu'influx et hormones passent en même temps d'une cellule à l'autre et qu'ainsi puisse se transmettre le message. La synchronisation, c'est l'ordre ; la désynchronisation, le désordre. Dans quel camp mettrez-vous la Bête et de quel côté mettrez-vous l'Ange*[10] *?*

La synchronisation du cortex et ses règles

Il en est autrement avec les influx corticofuges déjà évoqués. Ces influx, rappelons-le, viennent du cortex, c'est-à-dire des couches cellulaires les plus évoluées du cerveau, et font relais, entre autres, dans les noyaux thalamiques et hypothalamiques où se concentrent les molécules opioïdes et les neurotransmetteurs, dont certains participent à la gestion des phénomènes douloureux par leur action sédative. Molécules opioïdes et neurotransmetteurs sont souvent sécrétés par voie réflexe, car ces centres, thalamus et hypothalamus, qui font partie du cerveau primitif, sont les premiers et parfois même les seuls intégrateurs de la sensation douloureuse. Ils réagissent donc pour éteindre la douleur avec des molécules dont certaines comme la dynorphine sont 200 fois plus actives que la morphine quand on les injecte directement en intraveineuses.

10. Cf. annexe XV : « Neurotransmetteurs et tempéraments ».

Cependant, quand les neurones corticaux déchargent leurs influx au niveau des centres thalamique et hypothalamique, ou au niveau de ceux du raphé situés plus bas, ils stimulent de façon intense et appropriée ces centres qui vont donc répercuter à leur tour les ordres par leurs propres voies de stimulation, puis les conduire aux endroits du corps où la douleur s'exprime. C'est à ce moment-là que les neurotransmetteurs rentrent en action en permettant la conduction nerveuse par l'intermédiaire de tous les relais nerveux, comme le feront en dernier les interrupteurs médullaires de la douleur que nous décrirons au chapitre du Réflexe d'Aristote.

Les influx corticaux ne sont donc pas spécifiques d'une fonction, mais présentent comme les centres supérieurs qui les produisent au niveau du cortex la faculté de s'adapter en faisant varier leur fréquence d'influx suivant les zones du corps sur lesquelles ils se projettent. Cette faculté d'adaptation est toute la particularité du cerveau supérieur qui impose ainsi ses règles au cerveau archaïque sous-jacent et dont font partie le thalamus et l'hypothalamus.

> *Les influx corticofuges qui viennent des couches nobles de la matière grise du cerveau imposent leurs règles fréquentielles aux neurotransmetteurs des centres nerveux sous-jacents qui n'ont plus qu'à répercuter ces ordres sur leurs tissus cibles. La prévalence des ordres du cortex sur ceux du cerveau archaïque et surtout leur permanente faculté d'adaptation aux informations venues du corps ne peuvent se faire qu'en situation idéale où l'homme maîtrise encore l'animal qui est en lui, c'est-à-dire son cerveau reptilien.*

Sauf quand tout va mal à cause du stress

L'influx nerveux est donc une onde de dépolarisation qui se déplace le long de voies anatomiques bien définies représentées par les nerfs. Au niveau végétatif, à chaque seconde de notre vie, se déplacent des centaines de millions d'influx sans que nous en ayons la moindre conscience. Toute notre vie intérieure est réglée comme du papier à musique… Quand tout va bien, comme nous venons de le voir ! Mais quand tout va mal, les influx nerveux changent de rythme, c'est-à-dire que les fréquences avec lesquelles ils sont acheminés augmentent considérablement. La synthèse des neuromédiateurs se dérégule. La synchronisation n'existe plus.

Ce qu'il faut comprendre, c'est que l'influx nerveux est avant tout une énergie et le niveau des fréquences de cet influx est à la hauteur du stress que le nerf reçoit en amont. Ceci est bien démontré par les enregistrements électriques qui permettent d'établir la relation entre l'intensité d'un stimulus et le potentiel d'action qu'il engendre sur le nerf. Plus le stimulus est fort, plus les potentiels d'action augmentent en fréquence.

Le plus souvent, on se plaint d'un mal de dos ou d'une douleur sciatique. On accuse la vertèbre, le nerf, la veine, le poumon d'être fragiles, alors que la vraie cause est invisible. Celle-ci ne fait que se matérialiser au niveau des organes du corps. En fait, toute l'énergie contenue dans le stress va se transformer en potentiels électrostatiques nerveux qui, à leur tour, vont stimuler des sécrétions neurohormonales.

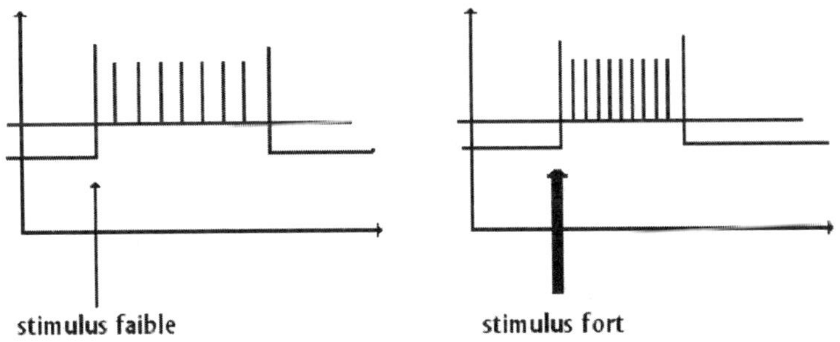

Dans le schéma ci-dessus, on voit le stress matérialisé par la flèche entraîner une succession de potentiels représentés par les traits verticaux. Quand le stress est faible, les potentiels ont une fréquence faible de transmission, alors que lorsque le stress est fort, les potentiels ont une fréquence plus élevée de transmission. Il y a donc excitation nerveuse.

C'est donc à une véritable transformation de l'énergie que nous assistons, celle du stress en courants nerveux dérégulés, celle de ces courants nerveux en synthèse anarchique et anachronique des neurotransmetteurs, celle de ces neurotransmetteurs en tensions et dysfonctionnements de toutes sortes au niveau du corps et enfin celle de ces tensions et dysfonctionnement en lésions ou maladies.

> *La mécanique splendide est désarticulée sous l'action du stress. Tout repose en fait sur une transformation de l'énergie de ce stress en courant électrique, puis en lésions. Plus le stress est fort, plus les stimulations nerveuses augmentent et plus les douleurs et tensions diverses surviennent. L'homme absolu, sous contrôle des centres supérieurs du cerveau, se dérégule à son tour et disparaît pour laisser place à un être fragile et malade, dominé par le stress, dominé par la Bête.*

Alternatives contre le stress

La joie, l'amour, l'espoir, le bonheur

L'acquisition de la mémoire en situation d'agression est rapide, démonstrative, évidente, mais c'est un feu de paille, car bientôt cette mémoire sera détruite par cela même qui l'a construite, c'est-à-dire le stress !

Par contre, la mémoire organisée dans un contexte de satisfaction personnelle et de sérénité est certes moins rapide dans ses effets, mais plus durable et protectrice des centres nerveux.

Cette agression des centres nerveux par le stress a été démontrée par une étude portant sur l'examen du cerveau de religieuses après leur mort et avec leur consentement donné de leur vivant. On a ainsi pu constater que l'absence de lésions dégénératives et d'Alzheimer prédominait chez celles qui présentaient un certain bonheur de vivre durant toute leur existence. Pour le savoir, on étudia non seulement leur cerveau, mais aussi leurs journaux intimes. Les religieuses qui présentaient le moins de lésions neurodégénératives par rapport aux autres étaient celles qui avaient consigné dans ces journaux des réflexions et des pensées positives, employant le plus souvent des mots comme « joie », « amour », « espoir », « bonheur », etc. Nous sommes loin de l'ambiance de l'entreprise !

L'amour, l'espoir, la joie, le bonheur auraient donc un effet démontré contre le vieillissement et la sclérose des centres nerveux. On s'en doutait un peu. Quant aux religieuses prises ici en exemple, il faut dire que la voie de l'Ange leur était peut-être toute tracée !

Mémoire : punition ou récompense ?

Grâce aux travaux d'Eric Richard Kandel, nous savons que des signaux perçus par l'escargot de mer *Aplysia* étaient d'autant mieux mémorisés sur du long terme qu'ils étaient associés à des stimulations nerveuses nocives, c'est-à-dire désagréables ou douloureuses. L'explication venait d'une plus grande libération, dans ces conditions, de sérotonine dans la cellule sensorielle. Ce neurotransmetteur favorisait la transmission de l'influx, mais permettait aussi la production accrue de calcium dans la fibre cellulaire, avec pour conséquence une nouvelle perméabilité des terminaisons nerveuses plus propice à la conservation de traces de mémoire.

Nous avons donc fait remarquer que les tenants du management par le stress s'étaient servis inconsciemment de cette réalité biologique afin d'en appliquer les grands principes dans les gouvernances d'encadrement d'entreprise pour que son personnel y développe ses capacités et exploite au mieux son potentiel mnésique.

Cependant et heureusement pour le personnel d'encadrement, d'autres expériences pratiquées sur des animaux de laboratoire plus évolués que l'escargot de mer montrèrent que, pour mémoriser, il suffisait que les animaux soient soumis indifféremment à une récompense ou à une punition quand ils étaient stimulés. Un apprentissage fait de stimuli sans récompense ni punition ne fait rien mémoriser. L'animal finit même par s'habituer aux stimulations et ensuite les ignore.

L'étude de la physiologie nerveuse permet de comprendre cette dualité.

En effet, le potentiel membranaire de transmission de l'influx, sous l'action conjuguée du calcium et de la sérotonine, caractérise la façon dont le signal sera mémorisé à court, moyen ou long terme, et cela quel que soit le type de stimulation associé, agréable ou désagréable[11]. Dans les ambiances stimulantes agréables, la sérotonine serait même plus importante et donc plus propice à mémoriser les signaux.

> *À résultats biochimiques équivalents dans des processus à la fois de mémorisation et de comportement, il vaudra mieux enregistrer les signaux en les associant à des stimulations agréables, utiles à la santé, plutôt que désagréables, car ces dernières, rappelons-le, se font toujours dans un climat d'hormones pathogènes comme le cortisol et le glutamate dont nous allons parler bientôt.*

Les circuits neurologiques de la récompense

Depuis environ dix ans, les recherches en neurobiologie ont mis en évidence un circuit du renforcement positif et négatif en fonction des stimulations agréables ou désagréables. Pour les renforcements positifs liés à la récompense, les structures nerveuses constituent le faisceau médian du télencéphale (*medial forebrain bundle*). Le faisceau passe à travers l'hypothalamus latéral avec lequel il existe des échanges et reçoit des fibres nerveuses ascendantes et descendantes. Ce système comprend

11. Arthur C. Guyton, *Neurosciences*, Padoue, Piccin, 1996, p. 261.

l'aire segmentale ventrale (VTA), le noyau accumbens, l'hypothalamus latéral, le septum et le cortex préfrontal au-dessus du lobe olfactif. S'y connectent l'amygdale et l'hippocampe.

Toute cette structure est constituée de fibres nerveuses dopaminergiques. Beaucoup d'études ont démontré le rôle central de cette zone (*mesolimbic pathway*) dans la physiologie de la récompense, encore appelée « les circuits de la récompense » (*circuit reward*).

Il existe aussi des structures propres aux renforcements négatifs ou punitions. Médianes et périventriculaires, ces structures sont représentées par la substance grise périaqueducale riche en sérotonine et l'hypothalamus médian.

Des expériences ont démontré que des rats de laboratoire, dont les circuits nerveux de la récompense (*circuit reward*) recevaient des stimulations électriques ou chimiques, mémorisaient mieux les tâches à reproduire sur de plus longues périodes que des animaux récompensés par une alimentation sucrée. La stimulation directe de cette zone cérébrale montre bien son action prépondérante dans le renforcement de la mémoire par la récompense et la place de la dopamine, neurotransmetteur de cette zone, dans cette fonction.

Enfin, il a été démontré que les drogues, l'alcool et la nicotine agissaient sur ces structures, véritables zones des plaisirs et de l'érotisme, et qu'ils étaient bien sûr également intriqués dans cette action aux relais nerveux de la mémoire.

Dans cette architecture complexe à la fois nerveuse et chimique, ne perdons pas de vue la sérotonine, dont la neurophysiologie, souvent paradoxale, est abordée dans l'annexe XV. En effet, cette sérotonine, fortement représentée dans des structures nerveuses de punition comme la substance grise périaqueducale, en même temps qu'elle favorise la relaxation, le repos et le sommeil, conditionne aussi l'action de la dopamine dans le circuit de récompense.

La sérotonine semble donc régler la sortie de la dopamine dans les centres de stimulation de récompenses (RSB).

Cependant, la relation entre sérotonine et dopamine est complexe. Cela est dû à la multitude et à la complexité de fonctionnement des récepteurs de cette neurohormone qui est de temps en temps excitatrice et de temps en temps inhibitrice. La sérotonine module le chemin neurologique de la récompense. Serait-ce le choix entre l'Ange ou la Bête qui ferait cette différence[12] *?*

Les hormones du stress : glutamate, sérotonine, deux neurotransmetteurs pour la mémoire

L'excitation provoquée par le stress entraîne une augmentation des potentiels électriques des fibres nerveuses. Ceux-ci s'accompagnent d'une hyperproduction de neurotransmetteurs, en particulier de l'*acide glutamique* ou *glutamate*. Synthétisé par le neurone, le glutamate s'accumule dans les synapses (jonctions entre les nerfs) pour favoriser le passage de l'influx de nerf en nerf, grâce à l'action du calcium que le neurotransmetteur fait rentrer dans la cellule (toujours le même principe).

Le glutamate joue un rôle fondamental dans les fonctions d'apprentissage et dans celles de mémorisation. En particulier, il se fixe sur les récepteurs de la mémoire à long terme de l'hippocampe (récepteurs LTP), découverts aussi dans d'autres centres du cortex. Plus la fréquence des potentiels électriques liée à l'excitation et donc au stress est élevée, plus il y a d'acide glutamique déversé dans les synapses entre les neurones et plus les récepteurs de la mémoire à long terme sont saturés, créant ainsi les conditions requises pour un enregistrement maximum de signaux.

C'est donc grâce à l'action du glutamate que le fameux stress positif a fait carrière dans les entreprises ! C'est aussi le glutamate que les étudiants en mal de mémoire prennent dans les périodes d'examens.

---

12. Cf. annexe XVI : « La sérotonine : mystérieuse et imprévisible ».

À l'opposé, la sérotonine, neurotransmetteur qui rentre aussi dans les phénomènes de mémorisation avec la dopamine dans les stimulations agréables, ou dans les phénomènes douloureux conditionnés par le stress, fait aussi totalement partie du processus physiologique de la neurotransmission. Cependant, elle est aussi et avant tout l'hormone du bien-être et de la relaxation. Ainsi bloque-t-elle avec les endorphines les messages douloureux ou stressants au niveau du tronc cérébral quand ceux-ci arrivent au cerveau.

C'est pour cela et surtout du fait de sa plasticité chimique (annexe XV) qu'elle permettra aussi la mémorisation des signaux d'autant plus facilement que ceux-ci sont associés à des stimulations agréables ou tout simplement si ces signaux sont vécus dans un contexte se démarquant, au contraire, de tout stress.

> *Une fois la contrainte levée, c'est cette ambiance de bien-être et de détente qui harmonisera les fonctions propices à la cognition et à la mémorisation. En fait, le plaisir de travailler dans la sérénité et celui de réaliser un travail dans lequel on se reconnaît servent à eux seuls de récompense et remplacent avantageusement le stress mis en avant dans tous les domaines. L'Ange plus agréable que la Bête, qui en doutait ?*

Accro au glutamate, accro au stress

Nous savons maintenant que l'hippocampe intervient dans le choix des signaux qu'il retient sur la base d'une récompense ou d'une punition[13]. Cela serait même la principale raison pour laquelle l'hippocampe serait au premier plan dans les phénomènes de stockage. Un signal reçu sans stimulation agréable ou désagréable n'est pas retenu.

Cependant, des personnes qui auront l'habitude d'acquérir et de développer des connaissances nouvelles sous

13. Arthur C. Guyton, *Neurosciences*, Padoue, Piccin, 1996, p. 251.

l'effet du stress, et donc du glutamate, ne chercheront pas à en acquérir d'autres sous l'effet de stimulations agréables.

Pourquoi ?

Des expériences faites sur des animaux de laboratoire ont révélé que la « stimulation des centres de punition inhibe complètement ceux de récompense et de plaisir, mettant en évidence que la punition et la peur ont préséance sur le plaisir et la récompense » dans le cerveau !

Les personnes fonctionnant sous l'emprise de la contrainte, c'est-à-dire du stress, auront en effet programmé neurologiquement le mode de fonctionnement de tout leur cerveau limbique sur la punition ou sur la contrainte, et donc sur le stress, et non sur le plaisir ou la récompense. À partir de là, pour eux, plus rien ne compte, sauf ce stress !

On pourrait même dire que le stress est une forme d'addiction. Quand on est stressé, on en redemande !

C'est tellement vrai que ce besoin de stress fait partie du mode de vie moderne, et on le retrouve dans les œuvres cinématographiques, dans le sport, les jeux télévisuels et même les manèges de fêtes foraines ! Le piège se referme.

En entreprise, seul le rendement va compter et comme celui-ci est habituellement acquis par l'association de conduites stressantes avec celles de l'apprentissage, ce dernier ne passe donc plus que par le stress. Il ne viendra à l'idée de personne de changer de mode d'emploi de ce système, d'autant plus que, comme nous venons de le voir, les centres nerveux du stress et de la peur inhibent dans le cerveau ceux du calme, du plaisir et du bien-être. Le piège est bien conçu !

> *La société moderne tout entière est accroc au stress, car, neurologiquement, ses voies prédominent sur celles du calme et de la sérénité dans le cerveau. Il n'y a donc aucune raison pour que les choses changent. Le système s'est pris au piège tout seul*[14] *!*

---

14. Cf. annexe XVII : « À propos du glutamate ».

Le stress subi jusqu'à l'extrême

Dans la nature, l'animal, pour obtenir un résultat, choisira toujours la voie qui présente le moins de stress possible. L'animal n'est pas pervers. C'est dans des cas exceptionnels, s'il ne peut faire autrement, qu'il prendra des risques pour obtenir nourriture ou récompense. L'homme, dans son milieu originel, ferait de même s'il se trouve dans des conditions naturelles de choix. Le sauvage n'est pas pervers non plus.

Par contre, l'homme d'entreprise n'a pas le choix. Il vit dans le stress de manière quasi permanente.

Force est de constater, comme nous l'avons déjà évoqué plus haut, qu'en reprenant la comparaison entre l'homme d'entreprise et l'animal de laboratoire, il est possible de faire certains rapprochements quand l'un ou l'autre est confronté à des situations extrêmes de stress.

Ainsi, James Bruce Overmier et Martin Seligman ont démontré, à la fin des années soixante du siècle dernier, qu'un animal soumis à des chocs électriques auxquels il ne peut se soustraire finit par tomber dans un état d'apathie et de résignation. C'est ce que les Anglo-Saxons ont nommé le *learned helplessness*, c'est-à-dire la « résignation acquise » ou l'« impuissance apprise ».

Les animaux soumis à ces expériences que nous qualifierons de cruelles finiront par présenter un certain nombre de perturbations :

- une passivité à l'égard de toute stimulation venant de l'extérieur ultérieurement ;
- une perte de motivation et un manque d'agressivité et de compétitivité ;
- une diminution du comportement alimentaire entraînant une perte de poids ;
- une difficulté pour tout nouvel apprentissage, même pour celui pouvant apporter un soulagement dans le cadre de nouvelles décharges électriques.

James Bruce Overmier et Martin Seligman ont bien évidemment effectué un parallèle entre les comportements observés chez l'animal après l'acquisition d'impuissance apprise et la symptomatologie dépressive de l'être humain. La dépression se développerait chez des sujets soumis à des situations négatives inévitables. C'est souvent ce qui se passe en entreprise.

Le directeur général devra subir les assauts et les pressions de son conseil d'administration, sa situation en dépend, le cadre de direction subira les brimades et les vexations de son supérieur direct, le collaborateur et l'assistante de direction subiront les nerfs de leur patron. Tous devront endurer le stress de l'autre, sans aucune possibilité d'évitement, comme le chien qui doit accepter d'être électrocuté, sans possibilité d'échapper à sa torture.

> *Selon James Bruce Overmier et Martin Seligman, la résignation ou l'état d'impuissance appris chez l'animal se rencontrent aussi chez l'être humain quand celui-ci n'a plus le contrôle d'une situation pour laquelle il devient impuissant et ne voit plus aucune solution pour en sortir : c'est l'état dépressif qui concerne beaucoup de cadres, de dirigeants d'entreprise et tous ceux qui travaillent avec eux.*

Un état contre nature

Il n'en reste pas moins que ce fonctionnement contre nature de l'homme dans le cadre de son travail aura pour conséquence de provoquer en lui une biochimie elle aussi antinaturelle, contraire à la santé. Un jeu pervers fait que des conduites physiologiquement toxiques sont supportées pour permettre de vivre ou même de survivre, un peu comme notre animal de laboratoire, obligé de supporter l'électrocution.

Dans la réalité, ces conditions antiphysiologiques provoqueraient la fuite, le changement de direction ou encore la révolte. Aucune n'est possible en entreprise, comme dans la cage du laboratoire. Il n'y a pas d'autre solution que de supporter l'agression permanente et de développer petit à petit une névrose, puis une maladie. Hans Selye qui avait découvert tout cela doit se retourner dans sa tombe !

L'intérêt biologique de l'individu est bafoué, au bénéfice de l'intérêt du groupe, de celui de la société et du rendement.

Contraints de supporter d'être « électrocutés » régulièrement, le dirigeant de société, le cadre, le technicien spécialisé vont recourir à des substituts pour tenir le coup : médicaments, drogues, tabac, alcool. Vous comprenez maintenant pourquoi les caisses d'assurance-maladie se retourneront un jour contre des entreprises que nous avions qualifiées plus haut de « pathogènes » ?

Là encore, on invoquera pour expliquer, voire excuser le stress la nécessité d'atteindre les objectifs pour rester sur le marché et ne pas disparaître, surtout dans l'environnement international actuel, l'obligation d'assurer aux actionnaires des dividendes suffisants pour qu'ils ne placent pas leur argent ailleurs et, bien sûr, les exigences de résultats afin de pouvoir investir sur de nouveaux marchés et développer la recherche.

Nous ne contestons pas ces priorités et elles sont incontournables. Nous prétendons que l'on peut obtenir les mêmes effets avec l'autre fonctionnement du cerveau. Les événements économiques récents montrent que ce management par le stress ne donne aucun résultat. Pire, à terme, il creuse les déficits, ne rapporte rien aux entreprises et, à l'extrême, provoque les krachs boursiers.

> *La situation d'inconscience et d'ignorance dans laquelle se trouve l'homme d'entreprise dans le cadre de son travail le conduit tout d'abord à la névrose, puis à la maladie, car sa physiologie fonctionne en permanence contre nature. La Bête est victorieuse. Elle entraîne ainsi toute la société à la dérive et provoque les tremblements de terre économiques que nous sommes en train de vivre.*

Deux fonctionnements possibles pour le cerveau

Il faut redonner le choix entre les deux voies neurologiques de l'apprentissage et du management. Certaines techniques psychocorporelles (techniques mentales de mise en relation par la pensée des zones du corps qui supportent le stress avec leurs correspondances cérébrales[15]) permettent d'atteindre l'anesthésie des douleurs et des tensions, permettant la relaxation nécessaire à la santé. Nous avons vu aussi que punition ou récompense ont la même valeur dans l'acquisition des conduites et des comportements quand elles sont associées aux signaux d'intégration de ces conduites ou de ces comportements, en sachant que – hélas ! – les punitions ont une prévalence sur les récompenses au niveau du cerveau en réprimant leurs centres.

Si le stress ambiant représente le stimulus désagréable nécessaire à l'apprentissage que le glutamate excitateur favorise, le calme intérieur que procurent les méthodes psychocorporelles (dont le Réflexe d'Aristote fait partie) pourrait représenter à son tour le stimulus agréable rendant possible la mémorisation des signaux avec la sérotonine comme neurotransmetteur.

En bref, nous avons deux voies possibles d'intégration des signaux par le cerveau : une voie calme utilisant la sérotonine et favorisant la santé ou tout au moins le bien-être ; une autre, faite d'excitation, qui fonctionne, entre autres, avec le glutamate favorisant l'apoptose et produisant la maladie.

On peut même se demander si la réflexion ne s'arrête pas là et que, en fait, la vérité serait qu'un homme, une fois stressé, aura tendance à le rester, car plus que les avantages et résultats, voire les récompenses qu'il pourra en tirer, même au détriment de sa santé, c'est surtout la voie de non-retour dans laquelle il s'est engagé qui fera qu'il restera stressé, cette voie prévalant sur celle du calme et de la sérénité, l'autre

15. L'*homonculus* en est la symbolique anatomique la plus répandue.

organisation du cerveau. Inversement, un homme serein, calme, mais entouré d'autres hommes stressés, aura plus de mal à le rester du fait de la prévalence des centres nerveux du stress et de la peur sur ceux du calme et de la sérénité.

Deux modes de fonctionnement du cerveau, deux neuro-transmetteurs, deux comportements, mais, pour l'Ange, un seul chemin possible.

Un choix de société : être ou ne pas être stressé, to be or not to be

Le stress n'est pas la solution pour obtenir des résultats dans les entreprises, car il existe une autre méthode. À partir du moment où deux chemins mènent à Rome, pourquoi choisir le plus dangereux ? Le choix du chemin, dans ce cas, devient délibéré. Comme on peut dire fumer ou ne pas fumer, *to be or not to be*, être stressé ou ne pas être stressé, voilà la question que tout homme aura bientôt le devoir de se poser. Cela va donc être un choix de société et le problème va devenir délibérément politique.

Accepter de continuer le jeu actuel avec son cortège de malheurs, de suicides, de drames familiaux, de maladies, de désordres sociaux et de catastrophes économiques, alors que rien ne le justifie, est un acte irresponsable puisqu'il existe une autre façon de faire, tout aussi efficace, sans les effets dramatiques que nous venons de citer.

La responsabilité juridique des décideurs quels qu'ils soient, politiciens, actionnaires et directeurs généraux, risque un jour ou l'autre d'être posée pour non-assistance à homme au travail en danger.

« To be or not be », être stressé ou ne pas être stressé, voilà la question posée dans ce livre ! Et c'est avant tout celle de toute la société moderne. C'est aussi le choix entre la voie de l'Ange et celle de la Bête.

Seconde partie

LA MÉTHODE ANTI-STRESS : LE RÉFLEXE D'ARISTOTE

Comment utiliser sa pensée pour…
… gérer son stress,
… combattre la douleur,
… rester en bonne santé

Notre peur la plus profonde n'est pas que nous ne soyons pas à la hauteur. Notre peur la plus profonde est que nous sommes puissants au-delà de toute limite.

Nelson MANDELA

L'inconscient du corps

L'hypothèse que l'importance du développement des maladies soit, de nos jours, liée à l'influence du stress devient de plus en plus crédible.

S'il existe de multiples moyens pour gérer le stress, ils n'ont en réalité qu'un effet très limité, car ils ne touchent en rien au cœur du phénomène, au stress lui-même ou à ses effets. D'autre part, il existe bien une forme d'addiction au stress organisée par les circuits nerveux de l'inconscient, et c'est justement parce que l'inconscient commande le processus d'installation du stress et l'entretient dans le corps et le cerveau que tout contrôle de ce stress devient impossible dès lors qu'il s'y trouve. La relaxation ou toutes méthodes s'en approchant, pratiquées les unes comme les autres sur un mode conscient, ne peuvent rien contre le stress, le plus souvent géré sur un mode inconscient.

C'est pourquoi l'efficacité de ce que nous proposons dans ce livre au lecteur, le Réflexe d'Aristote, vient du fait qu'il agit directement sur les effets inconscients du stress, dans le corps et dans le cerveau. Le Réflexe d'Aristote permet de relier le cerveau conscient, qui organise et guide la séance, à l'inconscient matérialisé par les effets du stress sur le corps et que nous nommons les sensations.

Les sensations sont toujours le point de départ des exercices du Réflexe d'Aristote.

Curieusement, c'est après avoir écrit et décrit les principes de la méthode que nous découvrîmes dans *De l'âme*[1]

1. Aristote, *De l'âme*, traduit par J. Tricot, Paris, Librairie philosophique J. Vrin, 2003.

d'Aristote l'importance de ces sensations, non seulement dans la philosophie aristotélicienne, mais aussi dans les débats sémantiques et épistémologiques de l'Antiquité, principalement entre Platon et Aristote. Pour les deux philosophes, la sensation n'est pas la connaissance, mais la concordance de leurs points de vue s'arrête là.

Pour Platon, la connaissance ne peut venir de la sensation qui est inconstante. Platon la délaisse au profit des Idées et des objets abstraits qui ne changent pas et peuvent ainsi servir de références fiables pour comprendre la réalité du monde, permettre les échanges et transmettre les connaissances.

Pour Aristote, la sensation est au contraire à l'origine de la connaissance, autrement dit toute connaissance part de la sensation. La sensation permet la relation à l'environnement et permet l'adaptation par le mouvement. Sensation et mouvement sont deux caractéristiques du vivant, quel que soit le règne.

C'est pour ces raisons – et à la lumière de nos propres travaux et découvertes sur les sensations corporelles provoquées par le stress – que nous nous sommes permis de baptiser notre méthode du nom du père de la logique et de la métaphysique.

Cependant, les sensations utilisées pour l'exercice du Réflexe sont-elles celles dont parle Aristote dans son traité *De l'âme*? Peut-être pas, mais nous nous sommes plu à y croire. Au regard de l'importance de ce concept qui conditionna, durant l'Antiquité, le clivage de la pensée et surtout à cause de l'observation que nous fîmes dans la pratique du lien entre le ressenti corporel et le mouvement, les deux propriétés partagées par tous les êtres vivants et que rapportait déjà Aristote en son temps se distinguent ainsi : « […] l'animé diffère de l'inanimé, semble-t-il, par deux caractères principaux : le mouvement et la sensation[2]. »

---

2. *Ibid.*

Cependant, Aristote décrypte la sensation en distinguant la sensation propre qui se rapporte à l'un des cinq sens et celle commune à tous les sens comme le mouvement lui-même, engendré par la sensation en acte. C'est cette sensation en acte, dont l'origine est l'imagination, qui fut l'élément déterminant pour baptiser notre méthode et surtout se plaire à penser qu'Aristote avait pu lui-même l'utiliser !

Retenons que le stress est un mécanisme nerveux, puissamment installé dans l'inconscient – on pourrait dire imprimé –, et qu'il y reste totalement sous son emprise. Ainsi, vous l'aurez compris, la méthode que nous présentons dans ce livre n'est pas une méthode de relaxation supplémentaire. Le Réflexe d'Aristote a été imaginé, puis élaboré par rapport aux phénomènes naturels et inconscients du corps. Il est basé sur le principe d'analogie et sur celui des rythmes, termes que nous serons bien sûr amenés à expliquer plus loin. Son originalité repose donc sur ces deux principes qui sont au cœur du processus vital.

Précisions sémantiques et historiques

Moins utilisé, mais entendu souvent dans les conversations, le mot « pression », une des traductions françaises du mot *stress*, correspond bien à ce que certaines personnes ressentent presque physiquement en entreprise : une pression !

Cette pression physique nous permettra de mieux comprendre la transition que nous faisons facilement en séance de Réflexe entre le stress, sensation subjective, et la pression physique, non subjective celle-là, que la personne ressent dans son corps.

« Tension », « pression », « étirement » sont des traductions en français du mot anglo-saxon *stress*. Or, curieusement, le stress que nous ressentons dans la vraie vie, que ce soit au travail le plus souvent, mais aussi en dehors du travail, se révèle dans le corps en séance de Réflexe d'Aristote sous la forme d'une pression, d'une tension ou d'un étirement, et ce grâce aux forces psychiques de la pensée.

En effet, la tension, mais surtout la pression sont les sensations le plus souvent ressenties pendant les séances de Réflexe. Il est d'ailleurs tout à fait remarquable de voir qu'inconsciemment, pour exprimer l'agression nerveuse que lui fait subir la vie ou son entourage, l'homme moderne a retranscrit dans le verbe l'exacte traduction de ce qu'il ressent physiquement dans le corps. C'est bien ici la preuve, s'il fallait encore la faire, que le stress est en réalité ressenti directement par le corps sans aucune intégration psychique préalable et que l'on passe, dans ce domaine comme dans d'autres, d'une énergie immatérielle, le stress, à une énergie matérielle, la douleur, la crampe, sans transition pourrait-on dire. Le corps ressent vraiment le stress et l'engramme sous forme de charge dans ses chairs « sans se poser de questions ».

Notre intention est de mettre tout de suite dans le Réflexe d'Aristote une relation directe entre ce qui est exprimé dans les conversations de tous les jours, le stress, et ce qui est ressenti en séance, la pression, le stress et la pression ne faisant qu'un, la seconde n'étant que la continuité ou la transformation du premier au niveau du corps.

Il nous semble donc opportun dans l'explication du Réflexe d'utiliser indistinctement « stress » et « pression », mais principalement « pression » quand nous traiterons des sensations corporelles de stress en cours de séance.

Enfin, détail important, nous avons écrit, tout au long de ce livre, le Réflexe avec un « R » majuscule pour le différencier des réflexes en général qui n'ont rien à voir avec notre méthode.

Pensée et maîtrise des rythmes : le Réflexe neuropléthysmique

Avant de choisir le nom d'Aristote pour définir notre méthode, nous l'avions baptisée Réflexe neuropléthysmique, terme compliqué, nous en convenons, mais qui traduit bien et son mécanisme intime, et son but recherché. Voici donc la définition du Réflexe neuropléthysmique et son explication. Nous en viendrons ensuite à Aristote.

Le Réflexe neuropléthysmique est une méthode naturelle qui permet de mettre en relation chez l'homme le système nerveux conscient et le système nerveux végétatif.

Le Réflexe neuropléthysmique intègre deux qualités fondamentales inhérentes à la nature humaine : la pensée (ou plutôt ses composantes : les quatre forces) et la maîtrise des rythmes.

Pour cela :

– il utilise conjointement et au même moment les propriétés physiologiques du corps et les fonctions psychiques que sont la concentration, l'imagination, la visualisation et la mémoire (les quatre forces), dans le but de rétablir la circulation naturelle de l'énergie ;
– il utilise des rythmes ou des mouvements imaginés, ressentis ou visualisés à partir de sensations corporelles, douloureuses ou non, présentes ou mémorisées, connues ou inconnues, en les faisant disparaître ou en les transformant.

Enfin, le Réflexe associe à cette disparition ou à cette transformation l'acquisition ou l'amélioration des dites fonctions psychiques ainsi que le développement de toutes les facultés mentales en général, et cela à cause de son effet sérotoninergique, c'est-à-dire favorisant l'action de la sérotonine au niveau du cerveau et du corps.

L'acquisition et l'amélioration de ces fonctions psychiques et de ces facultés mentales permettent de tendre vers l'état d'excellence. Rappelons quand même que le travail peut être long et que l'excellence est un état idéal vers lequel on doit tendre sans pour autant savoir si on l'atteindra un jour.

Le principe d'une telle méthode n'est donc pas récent puisque les écoles de toutes les civilisations, depuis la Grèce jusqu'à l'Orient, en passant par l'Inde, font encore référence à de telles pratiques. Cela leur a d'ailleurs parfaitement réussi compte tenu de l'héritage culturel et intellectuel que ces époques lointaines nous ont laissé.

Le Réflexe neuropléthysmique est à la fois inné et acquis :

- inné parce qu'il a comme point de départ une sensation auto-entretenue quelque part dans le corps (d'où le nom « Réflexe ») ;
- acquis parce que l'entraînement a pour but d'amplifier cette sensation et de la faire passer sous le contrôle de la volonté.

On doit d'abord apprendre à le découvrir, puis apprendre à l'entretenir et ensuite le faire grandir pour l'utiliser à tout moment. Il permet de s'opposer aux effets négatifs du stress qui est permanent dans notre vie moderne et qui s'exerce sur nous de façon constante et le plus souvent inconsciemment. Pour cette raison, son enseignement que nous proposons devrait faire l'objet de séminaires d'entreprise, lieu où le stress s'exerce de façon permanente et importante aujourd'hui.

Avec le temps, par la pratique, le Réflexe se fera presque naturellement, sans y penser. C'est un peu comme le piano : pour bien jouer, il faut faire des gammes et encore des gammes, toute sa vie. Ensuite, un virtuose joue sans effort, mais jamais sans une constante discipline.

Que veut dire neuropléthysmique ? « Neuropléthysmique » vient de *neuro*, car nous utilisons le système nerveux pour sentir ou ressentir les sensations du corps. Or, le Réflexe neuropléthysmique prend bien son origine dans les sensations du corps que nous qualifierons de naturelles et de quotidiennes. « Pléthysmique » vient du grec *plêthusmos* qui veut dire « multiplication », « accroissement ». Ce terme est déjà connu en médecine pour qualifier certaines explorations dynamiques pulmonaires ou sanguines. On parle alors de courbes pléthysmographiques « débit volume » dans l'étude des capacités pulmonaires ou vasculaires.

Le Réflexe neuropléthysmique est une méthode naturelle qui utilise les sensations corporelles en les modifiant, puis en les amplifiant sous la forme de rythmes. On utilise pour cela les propriétés du système nerveux, et principalement deux fonctions psychiques qui sont la concentration et l'imagination auxquelles on peut ajouter la volonté et accessoirement la visualisation.

Si c'est grâce aux propriétés du système nerveux que la transformation de la sensation en rythme peut se faire, en l'occurrence à partir des interrupteurs de la douleur (que nous détaillerons plus loin), l'extension de ce rythme et son exploitation dépendent ensuite de la disparition des tensions musculaires et de la circulation de l'eau corporelle. Celle-ci se fait sentir par un mouvement ou un battement, différent, bien sûr, de celui du cœur et qu'il faut apprendre à reconnaître. Ce battement est personnel, car il correspond à l'écho que fait la pensée sur le réseau électromagnétique, constitué par la circulation de cette eau, molécule dont nous évoquerons dans la suite du livre (p. 190) le caractère hautement vibrationnel et qui représente 65 % du poids du corps.

Les effets du Réflexe neuropléthysmique

Au niveau du cerveau, par l'intermédiaire de l'hypothalamus, véritable boîte noire du corps tout entier, le Réflexe neuropléthysmique, rebaptisé Réflexe d'Aristote, permet la stimulation des centres impliqués dans le tri et la mémorisation des faits récents, de ceux concernés par la motivation et la faculté de s'adapter aux situations nouvelles dans un contexte rapidement évolutif. Enfin, il assure le contrôle des émotions et les prises de décisions.

Au niveau du corps, par cette même action conjuguée de la pensée et de la maîtrise des rythmes, il permet des améliorations parfois immédiates sur les douleurs, les angoisses et autres somatisations.

C'est justement cette facilité d'utilisation, presque instinctive, même dans la rue pour une personne entraînée, qui nous a incités à le nommer « Réflexe ».

Au niveau du comportement enfin, il peut favoriser des prises de conscience qui souvent transforment positivement la vision des choses et l'appréciation que l'on a de soi-même, d'autrui ou des événements. D'abord progressif, cet effet, une fois enclenché, se fait sentir comme un mécanisme quasi auto-entretenu.

Sur le stress

Le management par le stress met les hommes et les femmes dans une situation proche de celle de la lutte pour la vie ou de l'état sauvage. Il utilise tous les bas états de l'être, c'est-à-dire la peur, la colère, l'agressivité, l'envie pour obtenir le dépassement de soi. Cette voie est mauvaise, car les effets sur la santé sont très négatifs.

L'entraînement par le Réflexe neuropléthysmique place au contraire les hommes et les femmes, face aux instincts primaires, dans un état de calme et de neutralité.

Cet état leur permet un meilleur contrôle d'eux-mêmes et de leur environnement. Il leur permet ainsi d'imposer leur choix non par la violence et l'agressivité, mais tout simplement par le côté noble de leur personnalité, celui qui s'appuie sur des énergies non plus animales, mais humaines.

À la lecture du traité *De l'âme* d'Aristote

Tout ce qui a été écrit ici est le fruit de notre expérience personnelle. Nous n'avons jamais lu ni parcouru de livres ou de traités sur la question avant et pendant nos recherches.

C'est d'ailleurs comme cela qu'il faut procéder. Quel que soit le travail à accomplir, le faire avec sa conscience, en toute honnêteté et seul. Puis, une fois qu'il est terminé, s'informer sur ce que les autres ont écrit. Quand on prend connaissance que certains sont arrivés au même résultat que vous et parfois il y a très longtemps, on ressent une fierté bien plus importante que celle que l'on pourrait éprouver pour la prétendue paternité dudit résultat, et cela pour deux raisons :

- la première est la satisfaction personnelle éprouvée face à ces témoignages concordants avec le vôtre sous les yeux de l'histoire. Cela rassure toujours sur la qualité de sa réactivité personnelle et sur sa capacité à raisonner, à l'état brut pourrait-on dire, devant tout phénomène supposé nouveau ;
- la deuxième repose sur un sentiment encore plus indicible, celui d'appartenir à un club qui défierait les âges et qui regrouperait en son sein tous ceux qui savent rester dans l'axe, et ce quels que soient les époques et les événements. C'est ce que nous ressentîmes en tombant par hasard sur la lecture du traité *De l'âme* d'Aristote.

Dans la troisième partie du livre III du traité *De l'âme*, Aristote affirme que :

> *L'imagination, en effet, est quelque chose de distinct à la fois de la sensation et de la pensée, bien qu'elle ne puisse exister sans la sensation et que, sans elle, il n'y ait pas non plus de croyance*[3].

Ainsi, Aristote dissocie l'imagination de la pensée, et ces deux forces psychiques de la sensation. Voici donc les protagonistes placés un peu comme dans notre méthode. Remarquons qu'Aristote semble lier intrinsèquement l'imagination à la sensation, et comme plus loin il fait de la

---

3. Aristote, *De l'âme*, traduit par J. Tricot, Paris, Librairie philosophique J. Vrin, 2003, p. 165, 167-168.

première une composante de la pensée, cela ramènera le lecteur à la relation que nous faisons nous-mêmes dans ce livre entre la pensée et le corps, lieu privilégié des sensations :

> *Pour en revenir à la pensée, puisqu'elle est autre chose que la sensation et qu'elle semble comprendre d'une part l'imagination et, d'autre part, la croyance, nous devrons, après avoir déterminé la nature de l'imagination, traiter, de même, de la croyance*[4].

Plus loin, Aristote affirme : « Que l'imagination ne soit pas la sensation, cela est évident », et il ajoute : « En voici les raisons. » Tout d'abord, il définit cette sensation comme étant « puissance ou acte, par exemple vue ou vision », mais il ajoute : « par contre, il peut y avoir image en l'absence de l'une ou de l'autre », c'est-à-dire en l'absence de la sensation en puissance ou de la sensation en acte : « Telles sont les images qu'on aperçoit pendant le sommeil. » Plus loin, il écrit : « De plus, les sensations sont toujours vraies, tandis que les images sont la plupart du temps fausses[5]. »

Nous retrouvons ici les bonnes raisons de ne pas exploiter pendant le Réflexe les images survenant en visualisation, sauf si elles correspondent à une sensation en acte, car souvent ces images ne nécessitent ni sensation, ni imagination, ni concentration pour exister. Elles se forment spontanément, pour leur propre compte pourrait-on dire, sans effort, ce qui n'est pas le but recherché dans le Réflexe d'Aristote.

> *L'imagination serait donc bien une force psychique faisant partie de la pensée, mais différente d'elle, permettant de relier l'intellect à la sensation, distincte des deux, mais les réunissant par le canal ou maillage de la pensée que nous avons déjà qualifiée d'universelle.*

---

4. *Ibid.*
5. *Ibid.*

Le Réflexe neuropléthysmique et le Réflexe d'Aristote

Comme le précise Laurent Cournarie :

> *Le chapitre III [du traité* De l'âme*] passe pour le traité aristotélicien de l'imagination. Mais c'est surtout le premier traité sur l'imagination de l'histoire de la philosophie, ce qui suffit à en souligner l'importance. Pour la première fois, l'imagination est reconnue et étudiée dans sa nature et dans sa fonction. Entre sensation et pensée intellectuelle, impliquée dans le désir et la locomotion, elle se présente comme la faculté qui unifie les pouvoirs de l'âme et même articule la relation âme-corps. La définition qui conclut le chapitre – « la* phantasia *[imagination chez Aristote] se définira comme un mouvement produit par la sensation en acte » – anticipe la longue tradition empiriste de l'imagination comme perception affaiblie*[6].

Nous retiendrons de cette courte réflexion sur le traité *De l'âme* d'Aristote que l'imagination (*phantasia*), la sensation et la pensée sont non seulement distinctes, mais qu'en plus l'imagination est le lien entre la sensation et la « pensée-intellect ». L'imagination est non seulement une composante de la pensée, mais elle assure le lien entre cette pensée quand elle est dans le cerveau, c'est-à-dire la pensée-intellect, et la sensation du corps. Ceci est très important à comprendre, car la pensée-intellect s'oppose à la pensée scientifique pure qui refuse la sensation pour ne conserver que la preuve mesurable.

Enfin, l'imagination ou *phantasia*, en plus de servir de lien entre le corps et l'intellect, peut aussi se définir comme un mouvement produit par la sensation en acte.

C'est exactement ce que nous avons mis au point pendant dix-sept ans dans le Réflexe neuropléthysmique : une méthode qui fait intervenir, au niveau d'une sensation, un mouvement animé par l'imagination, raccordant ainsi le

---

6. Laurent Cournarie, *L'imagination*, Paris, Armand Colin, 2006, p. 146.

corps à l'intellect, mouvement qui peut ensuite évoluer et progresser. Nous avons donc choisi de nommer le Réflexe neuropléthysmique « Réflexe d'Aristote » du fait de la similitude entre sa technique pour le pratiquer et la théorie que nous attribuons au célèbre philosophe à propos de l'imagination et de la sensation.

Ce qui a provoqué l'émergence de l'homme ou plutôt celle de son intelligence, ce ne sont pas les chromosomes, car ceux-ci, en fait, se retrouvent partout dans le vivant et nous connaissons notre proximité à ce sujet avec le chimpanzé ou même le porc ! Non, ce qui favorisa l'émergence de l'intelligence chez l'homme, ce fut la relation intime, pour ne pas dire intimiste, qui se produisit, puis se renouvela sans cesse, entre l'intellect et la sensation, et ce par la grâce ou l'action de l'imagination. C'est ce que nous avançons ici.

Maintenant que nous avons resitué notre sujet, nous allons découvrir à travers l'explication que nous donnons des forces psychiques qui constituent le Réflexe d'Aristote que ce dernier est bien dans l'axe d'évolution de la pensée, dans lequel celle-ci a dû toujours se trouver depuis les origines. Plus qu'un simple et magistral exercice de rhétorique, le traité *De l'âme* d'Aristote, tout au moins dans son passage sur l'imagination, ne fait ni plus ni moins qu'expliquer comment, en utilisant cette imagination, l'intellect manipule la sensation et évolue à son tour.

La théorie du Réflexe d'Aristote

**C'est par l'inconscient que le corps se bloque.
Ce sera par l'inconscient qu'il sera débloqué aussi !**

Conscience, sensations et forces psychiques

L'homme et l'animal ont tendance à modifier leur comportement en fonction des sensations issues de leur système nerveux végétatif, support de leur inconscient. Pour l'animal, cela sera d'autant plus vrai et plus facile qu'il sera au bas de l'échelle évolutive, car chez lui, l'inconscient prend toute la place du relationnel. Ce qui n'est bien sûr pas le cas chez l'homme, confronté au paradoxe d'être en fait conscient de son inconscience. L'animal ne vit pas ce drame.

Cependant, de par son extraordinaire cerveau, l'homme, à la différence de l'animal, possède les capacités pour influencer son système nerveux végétatif et le mettre sous contrôle de sa volonté. Pour cela, l'homme possède des fonctions cérébrales que nous qualifierons de psychiques et de supérieures, car elles semblent bien être liées au développement du cerveau de façon inhérente et indicible.

Ces fonctions psychiques sont connues, mais trop souvent ignorées, pour ne pas dire méprisées. Nous en citerons trois qui nous semblent particulièrement importantes, car elles participent aussi à la réalisation du Réflexe d'Aristote. Ce sont l'imagination, la concentration et la volonté. Ces trois fonctions sont propres à l'homme et celui-ci peut s'en servir un peu comme des outils pour rentrer en contact avec son inconscient.

Ces outils que nous pourrions aussi appeler des « forces », car nous verrons en étudiant le Réflexe d'Aristote qu'ils ont réellement une action sur le corps comme l'auraient de véritables forces, sont ce qui fait la grande différence entre l'homme et les animaux et qui explique que, malgré son infériorité sur tous les plans, physique et végétatif, l'homme ait pu quand même dominer le reste du monde.

En effet, ce n'est certes pas de la génétique que provient cette différence entre l'homme et les animaux. Prenons l'exemple du chimpanzé, animal très proche de l'homme anthropologiquement et génétiquement[1], avec 99 % du matériel chromosomique en commun : que ce soit sur le plan de la ressemblance physique ou sur celui de la conscience, on ne peut que constater l'abîme qui sépare les deux « cousins ». Et que dire du porc dont la proximité génétique avec l'homme atteint 99,5 % !

C'est bien par ses fonctions psychiques que l'homme a pu arriver à la place qu'il occupe aujourd'hui. C'est par ces forces qu'il a pu et su inventer, fabriquer, s'adapter, transformer, prévoir, bâtir, entreprendre, apprendre, transmettre, choisir, progresser, se défendre, se soigner et se protéger. Mais c'est aussi par ces forces psychiques qu'il a pu, par le passé, contrôler son inconscient, habitudes oubliées depuis longtemps du fait des conditions de vie et de l'avènement, certes lent et progressif, mais incontournable, de la science.

Le développement et l'utilisation de ces forces psychiques sont le meilleur moyen pour percevoir les sensations « fines »

---

1. Cette théorie de la proximité génétique entre l'homme et le chimpanzé a cependant été relativisée par l'étude parue dans *Nature* le 27 mai 2004 et qui rapportait les travaux de Wanatabe *et al.* démontrant que 83 % des gènes du chromosome 22 du chimpanzé étaient différents de ceux du chromosome équivalent chez l'homme, le fameux chromosome 21.

du corps et peut-être les manipuler. Mais quelles sont-elles ces sensations fines et, tout d'abord, qu'entend-on par là ?

> *Ce n'est pas la génétique qui fait la différence entre l'homme et l'animal, mais les fonctions psychiques de l'homme dont l'animal est totalement dépourvu. Ces fonctions qui sont l'imagination, la concentration et la volonté ont permis à l'homme son développement hors du commun et la possibilité de ressentir et de manipuler les sensations fines du corps pour ainsi rentrer en contact avec l'inconscient.*

Sensations fines ou grossières et niveau de conscience

Le réflexe d'Aristote part de la sensation fine que nous devons apprendre à percevoir. Qu'entend-on par sensation fine ? Par souci de clarté, nous devons définir le terme de sensation « fine » chez l'homme. Les sensations fines sont ces sensations qui nécessitent un effort ou une attention particulière pour les percevoir. Elles ne se ressentent généralement pas spontanément. Parmi ces sensations, celles venant du système musculaire sont particulièrement intéressantes, car elles permettent assez facilement de pratiquer le Réflexe d'Aristote.

Si vous vous concentrez sur une partie de votre corps – une cuisse, le dos, la zone lombaire, le pied droit –, vous allez sentir, une courte fraction de seconde, une très légère tension. C'est un exemple de sensation fine. Plus facilement, une fois étendu confortablement et en fixant votre concentration sur tout votre corps, vous percevrez là aussi des sensations, douloureuses ou non, gênantes parfois, un peu comme une pression à un endroit du corps. Ce sont aussi des tensions musculaires qui n'intéressent que quelques fibres, mais que l'attention recrute un court instant, alors qu'elles seraient passées inaperçues dans d'autres circonstances. Ce sont là aussi des sensations fines.

Les fibres musculaires ont en effet cette propriété de se contracter selon deux modes particuliers faisant là encore intervenir, selon les circonstances, deux systèmes nerveux : le volontaire et l'autonome. Quand il s'agit du système nerveux volontaire, nous assistons aux contractions propres aux mouvements, qu'ils soient réflexes ou non. Quand il s'agit du système nerveux autonome, une tension musculaire, qui peut n'intéresser alors que quelques fibres, parfois un segment de muscle, est en correspondance avec des événements physiologiques profonds souvent viscéraux. Le muscle ou plutôt ses fibres deviennent une sorte de révélateur extérieur à ces événements profonds par l'intermédiaire du système nerveux autonome.

Nous verrons cela plus en détail lors de l'étude du Réflexe d'Aristote. La tension musculaire qui s'exprime alors et que perçoit la conscience sous l'influence d'une concentration mobilisée pour la circonstance est bien là aussi une sensation fine.

Le tonus postural

D'une façon générale, nous ne sentons pas nos muscles, sauf quand ils nous font mal. On a alors une crampe, une entorse ou une maladie rhumatismale. Pourtant, tout le système musculaire est en constante activité, ne serait-ce que pour assurer le tonus postural, cet état de tension permanente de 80 à 90 % des muscles du corps permettant la station érigée propre à l'être humain. Debout, nous oscillons en permanence pour ne pas tomber, mais nous ne le sentons pas.

Nous l'aurons donc compris, ce qui va distinguer une sensation « grossière » d'une sensation « fine » sera le niveau de conscience avec laquelle l'homme appréhendera ladite sensation et non la sensation elle-même. Une sensation fine demandera pour être perçue un niveau de conscience élevée, alors qu'une sensation grossière sera perçue par des sens que nous qualifierons d'« ordinaires ».

Qu'entend-on par niveau de conscience « élevée » chez un homme ? On entend par niveau de conscience élevée chez un homme un état d'être qui permet à cet homme de ressentir et d'utiliser en toute conscience[2] des sensations lui appartenant ou ne lui appartenant pas et qu'il n'aurait pas pu détecter s'il n'avait pas été dans cet état. Cet état peut donc évidemment être inné, mais il est le plus souvent acquis et, dans ce cas, cette acquisition se fait par un travail faisant intervenir les fonctions psychiques comme la concentration et l'imagination.

Le travail pourra se faire sur différents types de supports, mais pour ce qui nous concerne, c'est-à-dire pour la réalisation du Réflexe d'Aristote, c'est le corps humain qui ici nous servira de référence.

Une sensation grossière comparée à une sensation fine sera donc la sensation qui ne demande aucun travail psychique pour la ressentir, voire sera ressentie plus ou moins inconsciemment, comme cela se fait la plupart du temps avec les cinq sens qui nous font parvenir des informations quotidiennes auxquelles nous n'attachons presque plus d'attention. Utilisés ainsi, nos cinq sens deviennent des sens ordinaires, c'est-à-dire des sens sur lesquels ne se portent ni attention, ni concentration, ni imagination.

> *La façon de percevoir une sensation venant de soi-même ou de l'environnement dépend de son état de conscience. C'est cet état de conscience qui déterminera si la sensation ressentie est fine ou grossière. Cet état de conscience élevée sera le résultat d'un travail exercé par les fonctions psychiques du cerveau sur*

2. Certaines drogues conduisent à des états modifiés de conscience, dont le but est justement de ressentir les sensations différemment. De nos jours, ces états obtenus sous drogues ne peuvent évidemment pas être comparés à des niveaux élevés de conscience obtenus par un travail psychique sur soi-même. En effet, dans le cas d'une personne sous l'emprise d'une drogue, celle-ci perd ses moyens, alors que celle ayant acquis une sensibilité différente par ses seules fonctions psychiques non seulement garde ses moyens, mais les contrôle et les potentialise parfois.

le corps ou sur tout autre support. Sur le corps, ce sont surtout les sensations musculaires qui pourront faire l'objet de ce travail par l'intermédiaire de l'imagination et de la concentration.

Conscience humaine et conscience animale

Un autre angle pour définir la sensation fine nous permettra de mieux positionner et mieux ressentir cette sensation à la base du Réflexe d'Aristote. Autrement dit, quelle différence pourrait-on faire entre nos sensations rendues fines par un travail psychique et les sensations fines ressenties par les animaux, en particulier certains organismes unicellulaires ?

Les organismes peu évolués uni- ou pluricellulaires ont en effet cette capacité de réagir, voire de communiquer avec des stimuli situés dans des champs de fréquences souvent non accessibles spontanément à l'homme et que, pour l'occasion, on pourrait aussi qualifier de « fins ».

Mais, dans ce cas, c'est bien le stimulus extérieur qui est faible ou infrasensible, et non la façon d'apprécier la sensation par l'organisme lui-même ou plus généralement par l'animal. En effet, celui-ci ne cherchera jamais à modifier, à faire évoluer ou à se servir de la sensation dans un autre but que celui pour lequel la sensation existe déjà ou pour lequel la fonction de l'animal a l'habitude de réagir. Si jamais il devait le faire, cela serait dans le cadre d'un processus d'apprentissage pavlovien et donc dans une démarche complètement guidée par l'homme à travers l'inconscient de l'animal. Chez l'organisme uni- ou pluricellulaire et par extension chez tous les animaux, la sensation est perçue et subie. C'est le système nerveux végétatif qui établit de façon réflexe un relationnel avec la sensation. C'est une « forme de conscience », mais ce n'est pas « la conscience ». Chez l'homme, la sensation fine est ressentie, voire créée par ses fonctions psychiques et potentialisée par ces mêmes fonctions.

Il y a donc deux types de conscience : celle des animaux et celle de l'homme. Celle des animaux, et cela d'autant plus qu'ils sont primitifs, pourrait se définir comme une « conscience de », « conscience de ceci, de cela, de telle fréquence, de tel danger, etc. », c'est-à-dire une façon de réagir de type réflexe pour une fonction de cet animal à une stimulation ou une modification de l'ambiance ou de l'environnement. La « conscience de » d'un animal ou d'un organisme primitif uni- ou pluricellulaire serait donc l'état qui permettrait à cet animal ou à cet organisme de connaître ou de reconnaître des informations à partir de sensations, celles qui l'entourent comme celles qui l'animent. Bien sûr, certains pourraient prétexter qu'il puisse y avoir adaptation à la sensation et donc voir par là un des nombreux chemins explicatifs de l'évolution des espèces[3]. Admettons, mais, dans ce cas, la voie de cette adaptation sera toujours à sens unique, celui dans le sens de la stimulation vers l'animal. Ce dernier ne peut rien. Prisonnier d'un système nerveux et taclé par un stimulus, il évolue peut-être entre chromosomes et environnement, mais son univers est en réalité très limité et, de toute façon, son évolution sera brève, car difficile, voire impossible à assumer.

Pour l'homme, nous l'avons dit, l'inconscient domine le plus souvent et le règne des pulsions gouvernées par le cerveau animal, archaïque, est présent chez lui comme il l'est chez la bête. La différence vient du fait que l'homme peut y mettre fin et reprendre le contrôle de son inconscient s'il le souhaite, et ce à tout moment. Les fonctions psychiques du cerveau sont alors ses meilleurs outils pour y arriver. Autrement dit, l'animal subit bien son environnement, alors que si l'homme le subit également, il peut en revanche le

3. Si la sensation fine pouvait être considérée comme facteur d'évolution, principalement chez l'animal primitif, unicellulaire, il n'en demeure pas moins que cette sensation serait toujours subie.

dominer tant qu'il admet un travail sur lui-même pour favoriser l'émergence d'une conscience que nous avons nommée « élevée ».

> *L'homme moderne et l'animal vivent tous les deux dans l'inconscient, l'animal à 100 %, l'homme moderne à 90 %. La différence entre l'homme et l'animal vient du fait que l'homme peut, s'il le veut, s'éveiller en travaillant sur sa conscience à l'aide de ses forces psychiques ; l'animal ne le peut pas, car il n'est qu'inconscience. L'animal subit son environnement ou s'y adapte, mais ne le domine pas. L'homme le peut.*

Trois types de sensibilité fine

– La sensibilité extéroceptive qui correspond au toucher et comprend la douleur, le froid, le chaud, la pression, les vibrations, les étirements du système pileux, etc.
– La sensibilité proprioceptive qui enregistre les tensions dans les muscles, les tendons, les ligaments, les aponévroses des os, les capsules articulaires. Elle contrôle entre autres le tonus postural.
– La sensibilité intéroceptive qui correspond aux viscères et fait partie du système nerveux sympathique.

Toutes ces sensibilités utilisent des voies nerveuses partant de capteurs situés dans les tissus et remontent dans la moelle jusqu'au cerveau ou au cervelet. Certaines voies nerveuses sont plus rapides que d'autres, mais toutes passent par les centres thalamiques, sauf celles se terminant au cervelet et qui transportent les signaux du tonus musculaire.

Dans le Réflexe d'Aristote, ce sont surtout les capteurs nerveux situés dans les tendons, les muscles et les ligaments qui enregistrent les tensions des membres, des articulations, des tissus musculaires et qui sont responsables des sensations. Ces sensations seront d'autant plus fines que le sujet qui les ressent aura développé un certain niveau de conscience en pratiquant souvent le Réflexe d'Aristote.

L'intérêt de la douleur : rythmes et circuits nerveux

Douleur mécanique, inflammatoire et Réflexe d'Aristote

La douleur est une sensation désagréable qui provoque généralement de la part du corps qui la ressent une réaction de défense ou de retrait. La réaction utilise un circuit nerveux qu'il est convenu d'appeler l'arc réflexe. Ce circuit emprunte successivement un neurone sensitif et un neurone moteur pendant que la sensation est transmise au cerveau par des nerfs qui y remontent l'information le long de la moelle épinière. La douleur a une composante neurophysiologique et une composante sociale. Regardons de plus près pour les qualifier.

La composante neurophysiologique

Quand vous vous faites mal en vous pinçant un doigt, ce sont des capteurs nerveux particuliers dits de pression, ou mécanorécepteurs, situés dans la peau ou à la surface des muscles et des articulations, qui intègrent la stimulation douloureuse. Ce sont des nerfs spécialisés dans la conduction de celle-ci qui la prennent en charge et la conduisent en premier lieu dans la moelle où des relais nerveux la dirigent ensuite vers le cerveau, dans les centres de la douleur. Il s'agit là d'une douleur de type réflexe, que nous qualifierons de physiologique, car elle ne met pas en danger l'intégrité tissulaire de la zone concernée. Il s'agit le plus souvent d'une douleur mécanique.

Par contre, si une pathologie ou une maladie provoque une douleur qui risque de léser organes et tissus environnants, ce sera plutôt la composante biochimique qui expliquera le phénomène. Celui-ci est alors très compliqué et met en cause des réactions et des corps chimiques qui provoquent des réactions inflammatoires et des modifications de structures des tissus concernés. La douleur est alors de type inflammatoire.

Dans le premier cas, on pourra exercer dessus le Réflexe d'Aristote ; dans le second, il vaudra mieux s'abstenir.

La composante sociale

Évoquons maintenant la composante sociale. Nous ne sommes pas tous égaux devant la douleur et certains d'entre nous la supportent moins bien que d'autres en raison d'un seuil plus bas à partir duquel cette douleur s'exprime chez eux. Il y a d'abord une origine génétique à cela : ainsi, les personnes dont la constitution nerveuse est très prononcée auront un rapport plus difficile à la douleur. Mais l'éducation prend un caractère déterminant sur le comportement individuel face à la douleur. Ainsi, dans le Nord de l'Alaska ou dans les steppes de l'Asie, une blessure par une arme de chasse ou un outil sera vécue avec plus de sérénité que la même blessure survenant à quelqu'un dans un quartier d'une grande ville moderne. On traitera l'affaire avec distance, si ce n'est avec mépris, dans le Nord de l'Alaska. On appellera le Samu ou les pompiers dans la ville.

Enfin, nous ajouterons que la tendance actuelle qui est de ne supporter aucune douleur et de prendre ou de faire prendre des antalgiques à la moindre migraine ou au moindre rhumatisme ne peut que faire diminuer le seuil de tolérance à la douleur dans les années qui viennent et rendre encore plus délicate sa gestion au quotidien.

La composante physiologique de la douleur est maintenant assez bien connue et a permis de déboucher sur la synthèse de nombreuses molécules antalgiques. Or, on abuse des antalgiques au moindre problème. Cela rend la composante sociale de la douleur encore plus importante et contribue ainsi à créer une véritable hystérie de la douleur dans les sociétés modernes.

Les influx nerveux anesthésiants et le Réflexe d'Aristote

Intérêt des interrupteurs de la douleur ou *gate controls* dans le Réflexe d'Aristote : les neurotransmetteurs de la sédation

L'intérêt, pour le corps, des courants ou influx nerveux anesthésiants est prouvé. Sans vouloir développer à l'excès cette connaissance primordiale pour la recherche et la lutte contre le stress et ses douleurs, nous sommes obligés d'en rappeler quand même les grands principes puisque le Réflexe d'Aristote utilise ces courants dans sa pratique.

Au niveau des zones corticales du cerveau naissent des courants nerveux qui diffusent loin de leurs origines vers l'intérieur du corps, en passant par la moelle et son système nerveux. D'après Arthur C. Guyton[4], ces courants qu'il nomme « corticofuges » peuvent anesthésier les zones douloureuses. Il est donc fort probable que ce soit cela qui se passe avec le Réflexe d'Aristote (cf. schéma, page 181). Dans cette hypothèse, nous en avons déduit que la pensée pouvait anesthésier. Ces courants traversent en effet le cerveau en faisant relais dans les noyaux paraventriculaires et plus généralement dans les parties du cerveau riches en neurotransmetteurs. Ils font ainsi relais dans les noyaux thalamiques et dans l'hypothalamus, mais aussi dans la substance réticulée au niveau de la substance périaqueducale et des noyaux du raphé, puis plus bas dans la corne postérieure de la moelle à chaque étage vertébral.

Les neurotransmetteurs de ces zones sont principalement les amines avec la bien connue sérotonine (cible de tous les antidépresseurs chimiques actuels) et les neuropeptides opioïdes comme les enképhalines, les endorphines et les dynorphines (puissance : deux cents fois la morphine).

4. Arthur C. Guyton, *Neurosciences*, Padoue, Piccin, 1996, p. 122.

N'oublions pas non plus le glutamate présent dans tous les neurones du cerveau avec sa potentielle toxicité en provoquant l'entrée et la concentration du calcium dans les cellules.

À chaque niveau vertébral où sortent les nerfs de la motricité et rentrent ceux de la sensibilité, les interrupteurs de la douleur ou *gate controls* se situent sur la corne postérieure de la moelle. Ces interrupteurs portent en effet bien leur nom puisqu'ils sont capables de faciliter le passage de la douleur quand celle-ci remonte aux centres cérébraux pour les informer ou, au contraire, peuvent anesthésier cette même douleur quand se projettent à leur niveau les neurotransmetteurs de la sédation dont nous venons de parler, c'est-à-dire la sérotonine et les opiacés.

On pourrait se demander ce qui va favoriser un sens plutôt qu'un autre. Est-ce le passage en force de la douleur qui remonte vers le cerveau, utile pour alerter celui-ci, ou le blocage de cette douleur au niveau des *gate controls* par les neurotransmetteurs, qui descendent à leur niveau via les courants corticofuges ?

Là encore, les raisons seront multiples pour favoriser l'une ou l'autre de ces deux dynamiques biochimiques, mais il faut bien comprendre qu'habituellement il n'y aura pas d'action de la part des courants corticofuges depuis le cerveau sur les centres douloureux sans une information préalable. On pourra donc dire que la première voie sera celle de l'urgence, de l'excitation, de l'information, de la douleur donc. Et pour cela, la substance P et le glutamate en seront les deux neurotransmetteurs et les *gate controls* ouvriront alors le passage. En réponse à cette information, les courants issus des zones corticales du cerveau, courants dits « corticofuges » traversant les différents noyaux cérébraux, se chargeront de molécules sédatives, amines et opioïdes pour éteindre la sensation de douleur au niveau de la moelle et au niveau de ses zones périphériques de projection. Le mécanisme agit lui aussi un peu comme un réflexe et c'est dans ce schéma réactif d'aller et retour entre sensation douloureuse et courants anesthésiants que s'inscrit le Réflexe d'Aristote. Réflexe comme la sensation et sa réponse. Mais ce qu'il faut aussi comprendre ici, c'est l'importance psychologique du seuil de la douleur pour un individu donné et sa réponse toujours personnalisée et adaptée à cette douleur[5].

Entre douleur et sensation d'un côté, anesthésie et sédation de l'autre, les protagonistes sérotonine et glutamate sont en place pour soit fermer, soit ouvrir au niveau de la moelle les interrupteurs de la douleur sur lesquels s'exercent depuis les couches corticales de l'encéphale les courants nerveux issus des cellules nobles du cerveau. Le résultat de cette action réflexe en sera l'intégration et la réponse toujours personnalisée de chacun d'entre nous à sa propre douleur.

Sérotonine ou glutamate, le Réflexe d'Aristote favorise le choix

Voici donc le dilemme sur le plan neurologique. Il pourrait se situer au niveau des interrupteurs. Anesthésie ou douleur, calme ou excitation, sérénité ou stress, sérotonine et glutamate feraient donc la différence. Mais ces deux-là ne sont que des agents de transmission, des messagers, certes des messagers « engagés » par leur configuration moléculaire, mais des messagers quand même. Ce qui fera la différence viendra comme d'habitude des extrêmes :

- d'un côté, la sensation, ou plutôt la façon de ressentir ; de l'autre, la réponse à cette sensation ;
- d'un côté le seuil de la douleur ; de l'autre, la façon de la contrer.

Soit les *gate controls* seront largement ouverts et la douleur dominera, mettant en scène divers systèmes d'urgences (pompiers et Samu), soit ce seront les courants corticofuges qui, fermant ces mêmes interrupteurs, ne laisseront passer ni

5. Cf. annexe XVIII : « La substance P ».

agression ni douleur, pouvant aller même dans ce cas jusqu'à interdire toute lésion.

Si les neurotransmetteurs permettent donc le sens prioritaire de la sensation, ou de l'absence de sensation, la commande de cette décision revient au final à la pensée ou plutôt à ses composants comme la concentration via les courants corticofuges. C'est en effet la pensée, mais surtout son niveau d'entraînement face aux sensations hostiles, qui déterminerait l'ouverture ou la fermeture des interrupteurs de la douleur. Cette pensée prendrait-elle source dans les zones corticales du cerveau, région noble de l'organe, ou bien ne ferait-elle que s'en servir en favorisant la diffusion des courants corticofuges ?

À chaque étage de la moelle, les interrupteurs de la douleur

Informés par les deutoneurones sensitifs qui remontent les signaux douloureux par la moelle jusqu'au cortex cérébral en passant par les centres thalamiques (fibres spino-thalamiques), les influx corticaux ou corticofuges vont, en réponse, activer les centres nerveux sous-jacents : thalamus, substance grise périaqueducale, noyaux du raphé. Dans ces centres se trouvent des neurones qui synthétisent des substances analgésiantes comme les enképhalines et la sérotonine. Leurs fibres descendent dans la moelle épinière à l'intérieur de la substance réticulée où se trouvent les centres. Celles qui partent de la substance grise périaqueducale sécrètent des enképhalines et celles qui quittent, plus bas, les noyaux du raphé, de la sérotonine. À chaque niveau médullaire, là où pénètrent des nerfs rachidiens porteurs de signaux douloureux venant de la périphérie, les fibres à sérotonine viennent leur opposer leurs terminaisons. À ce niveau, des neurones intermédiaires vont répercuter les ordres anesthésiants sur les terminaisons des fibres sensitives afférentes, réalisant ainsi de véritables interrupteurs de la douleur prêts à fonctionner selon les informations reçues des centres supérieurs. Il en sera ainsi pour toutes sensations désagréables venant de la peau ou des muscles. Il en sera de même au niveau des fibres nerveuses d'origine viscérale qui, au contact de ces mêmes synapses, à un autre endroit du segment médullaire, verront annuler leurs messages douloureux qui étaient, eux aussi, destinés à remonter jusqu'aux centres intégrateurs du cerveau.

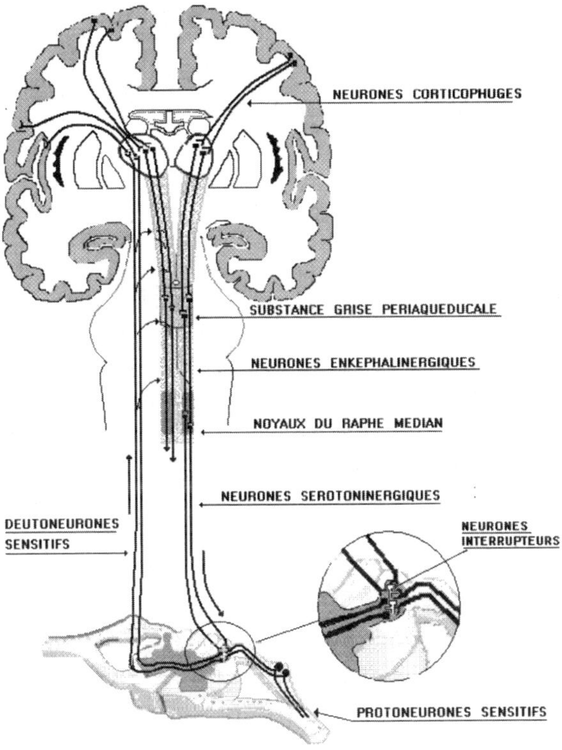

Schéma des interrupteurs de la douleur

Autosuggestion et pouvoir placebo: l'explication par les endomorphines

Les émotions influencent la perception de la douleur. La perception de la douleur dépend aussi bien du contexte dans lequel survient une blessure que des expériences culturelles et sociales de l'individu. Les systèmes descendants modulent la transmission des messages nociceptifs ascendants. Ces systèmes modulateurs ont leur origine dans le cortex somesthésique, la substance grise périaqueducale (SGPA) du mésencéphale. Les projections descendantes venant de la SGPA activent les neurones sérotoninergiques du noyau du raphé, puis les neurones enképhalinergiques de la corne postérieure de la moelle épinière. La substance grise périaqueducale contient une forte concentration de neuropeptides opioïdes et des neurones se projetant sur des régions qui contrôlent la transmission de la douleur. Le contrôle de la douleur s'effectue par l'intermédiaire de morphines endogènes (ou endomorphines) que sont les endorphines et les enképhalines. Endorphine et enképhaline sont des substances apparentées aux opioïdes que l'on trouve dans le cerveau, agissant comme des neurotransmetteurs et qui sont associées aux voies de la douleur et du plaisir. L'effet placebo est basé sur le conditionnement et la suggestion. La suggestion renforce le conditionnement. L'organisme produit l'effet placebo en augmentant la production d'endorphines. Lorsque vous vous êtes fait soigner plusieurs fois, vous avez enregistré l'association entre le médecin, le traitement et la disparition de la douleur. Une telle association crée un conditionnement psychologique et le renforcement de connexions neuronales, directement entre le contexte médical et la guérison.

Dr Jean VALAT.
Université de Montpellier 2, module de psychophysiologie-physiologie sensorielle : somesthésie.

Ni l'un ni l'autre serions-nous tentés de répondre, car vu la définition holistique de la pensée de nos jours, les courants corticofuges en feraient partie, tout comme les activités des cellules corticales à l'origine de ces courants. Là encore, il existe d'une part un mécanisme adaptatif à la sensation, que cette sensation soit douloureuse ou non, et, d'autre part, une capacité à vouloir s'y adapter ou non. Le premier est purement chimique, animal, archaïque, disons « adaptogène » ; la seconde dépend des fonctions psychiques propres à l'homme.

Les méthodes méditatives ou tout simplement celle développée par le Réflexe d'Aristote permettent de prendre conscience de cette fonction et de la développer.

Ici encore, nous avons l'occasion de rappeler l'erreur de notre société moderne de vouloir lutter contre toutes les douleurs à tout prix. Il est évident que pour des douleurs fonctionnelles, c'est-à-dire ne correspondant pas à une lésion d'organe, il vaut mieux essayer d'en venir à bout par des méthodes les plus naturelles qui soient, le Réflexe d'Aristote en faisant partie. Cela évitera qu'à la longue le seuil de la douleur ne diminue chez ceux qui depuis toujours ont eu recours à des médicaments pour le moindre mal de tête, créant ainsi les conditions requises à l'escalade chimique pour des douleurs toujours moins supportables. Nous avions même évoqué que l'atrophie des cellules corticales à l'origine de ces courants pourrait s'expliquer au titre de la loi universelle qui veut que la fonction crée l'organe ou tout au moins l'entretient. Toute action chimique, que ce soit par des drogues autorisées comme les médicaments ou interdites comme les stupéfiants, ne peut qu'entraîner des effets délétères sur le fonctionnement du cerveau au titre de la loi du choc en retour.

Les interrupteurs de la douleur sont une chose et les neurotransmetteurs responsables de leur fonctionnement en sont une autre, mais le principal reste le déterminisme de la pensée et son orientation. Se sevrer du principe cognitif de la nociception devrait être le propre de chaque homme et la quête indirecte de sa liberté vis-à-vis de la matière. Cependant, si la douleur légère ou fonctionnelle devrait être combattue par les armes naturelles du cerveau, il en va évidemment tout autrement pour les douleurs graves ou sévères qui devront bénéficier des progrès de la science et de tout l'arsenal médicamenteux que notre médecine moderne possède.

Tout n'est que rythme

Hypothalamus et cervelet, les douleurs fonctionnelles

L'hypothalamus que nous avons déjà décrit comme la boîte noire entre deux mondes, le conscient et l'inconscient, participe aussi à la suppression de la douleur. Ce détail est important pour le Réflexe d'Aristote. Autour de lui se trouve le système limbique qui comprend le gyrus cingulaire, les corps mamillaires, le gyrus de l'hippocampe, l'amygdale et le septum. Tous ces centres sont impliqués dans les mécanismes et les processus de mémorisation, d'éveil et d'adaptation aux situations nouvelles. Ils sont tous plus ou moins responsables des comportements de colère, de calme, mais favorisent aussi les sentiments de punition, de récompense et de bien-être. L'hypothalamus a des faisceaux de communication avec tous les niveaux de ce système limbique. De plus, il envoie des signaux neurohormonaux dans toutes les directions, vers le tronc cérébral et la protubérance, vers le diencéphale et le télencéphale, vers l'hypophyse antérieure et postérieure. Il est en contact avec tout et il intègre tout. C'est pour cette raison que nous l'avons nommé la « boîte noire » du cerveau. De son équilibre vont dépendre tous les autres équilibres du corps : hormonal, postural, comportemental et viscéral. Non seulement toutes les informations passent pratiquement par lui, mais de lui dépend toute la vie végétative et relationnelle du sujet. C'est pour cette raison que l'hypothalamus est aussi au centre du Réflexe d'Aristote, méthode éducative psychocorporelle visant à garder le contrôle des sensations corporelles dont la douleur fait partie.

Les douleurs fonctionnelles qui sont celles qui nous intéressent ici viennent le plus souvent des blocages neuromusculaires qui ont toujours une particularité et une origine réflexe. Cette origine réflexe vient du cervelet, le second automate du cerveau après le système limbique. C'est le système limbique qui, dans l'inconscient, installe les blocages douloureux faisant suite au stress et aux agressions corporelles de toutes sortes et c'est le cervelet qui organise ces blocages et les maintient de façon quasi inébranlable et parfois à vie.

Lorsque les fibres sensitives remontent les informations vers les centres nerveux supérieurs, elles envoient aussi au passage des ramifications au cervelet et il en est de même pour les fibres motrices quand elles descendent. De plus, le cervelet est lui aussi relié au thalamus et à l'hypothalamus ainsi qu'à la substance réticulée. Il participe par là à toutes les régulations inconscientes de la posture, du tonus et des réflexes neuromusculaires auto-entretenues.

C'est par l'inconscient que le corps se bloque, ce sera par l'inconscient qu'il sera débloqué aussi !

En même temps qu'il initie un rythme binaire « éteint/allumé » au niveau de la sensation, le Réflexe d'Aristote par l'hypothalamus met en relation les deux systèmes nerveux du corps humain, le conscient et l'inconscient, et travaille ainsi à la « déprogrammation » des blocages installés et entretenus par le cervelet et donc sur la douleur.

Les automates du cerveau

L'*hypothalamus*, partie intégrante du système limbique, est le centre d'intégration et de mise en relation de toutes les sensations conscientes, mais surtout inconscientes du corps. Le *cervelet* organise l'automaticité de nombreux réflexes inconscients corporels comme la marche ou la posture, mais pérennise aussi les blocages neuromusculaires douloureux provoqués par le stress ou de mauvaises habitudes. Le Réflexe d'Aristote utilise l'hypothalamus pour mettre en relation système nerveux conscient et système nerveux inconscient et ainsi tenter de débloquer les réflexes posturaux douloureux entretenus par le cervelet, le second automate du cerveau.

Petit rappel de « neuro »

Quand on ressent une douleur ou une sensation sur une partie A du corps, que se passe-t-il ?
Au point A, des capteurs nerveux de pression, de chaleur ou d'irritation intègrent la sensation ou la douleur, puis des influx sensitifs nocicepteurs conduisent son information jusqu'à la moelle. À son niveau, l'information reçue par le nerf sensitif passe sur un plan segmentaire et va entraîner par l'intermédiaire du nerf moteur un réflexe rapide de retrait ou de défense en fonction

de la stimulation ressentie au point A. C'est l'arc réflexe que l'on apprend en SVT à l'école. Au même moment, l'information issue du neurone sensitif venant du point A et arrivant à la moelle va, en même temps qu'elle provoque le réflexe de retrait, remonter aux centres nerveux supérieurs, c'est-à-dire au cerveau, pour l'informer de ce qui se passe en A. Les nerfs qui véhiculent cette information vers le cerveau sont regroupés en faisceaux et passent par le thalamus, avant d'aller impressionner le cortex de l'hémisphère droit ou gauche. Pour cette raison, on les appelle les faisceaux spino-thalamiques (*spino* voulant dire « moelle »).

En même temps qu'ils remontent, les faisceaux spino-thalamiques envoient des ramifications à une colonne de tissu nerveux située au centre du cône médullaire à la hauteur du tronc cérébral, de la protubérance et du mésencéphale et qui se nomme la substance réticulée. Cette substance réticulée possède ses propres voies nerveuses qui rejoignent tous les niveaux médullaires, mais elle possède aussi les centres riches en sérotonine dont nous avons déjà parlé et qui sont les noyaux hypothalamiques périventriculaires du mésencéphale, la substance grise périaqueducale, les noyaux du raphé magnus au niveau de la protubérance.

Il ne faut pas oublier le cervelet, organe de l'équilibre, de la posture et de l'automaticité. Lui aussi est alerté et intègre l'information grâce aux voies spino-cérébelleuses et cunéo-cérébelleuses.

Le cortex cérébral, informé par les signaux de douleur ou de chaleur venus depuis le point A, va activer en retour des influx corticaux ou influx corticofuges qui vont stimuler la production de sérotonine au niveau des centres de la substance réticulée et ainsi éteindre les sensations douloureuses montantes, reçues par les ramifications venant des faisceaux spino-thalamiques. Dans ces voies nerveuses descendantes à partir de la substance périaqueducale ou à partir du raphé, certaines iront jusqu'aux relais sensitifs de la moelle pour activer les fameux « interrupteurs de la douleur » et favoriser là encore la synthèse et la sécrétion de substances analgésiantes.

Pendant ce temps, les voies descendantes issues du cervelet harmonisent les influx moteurs entrant dans l'équilibre, la posture et l'automaticité.

Pour ceux que le sujet intéresse, nous les renvoyons à la lecture du livre de neuroscience de Guyton, dont nous avons choisi un extrait à propos de ces courants anesthésiants.

Ainsi, les terminaisons de nombreuses fibres situées dans les noyaux du raphé médian libèrent de l'enképhaline. Les fibres prenant origine dans ce noyau, mais se terminant dans la corne dorsale de la moelle épinière, sécrètent de la sérotonine. Cette dernière agit de nouveau sur un autre ensemble de neurones locaux au niveau de la moelle qui semble sécréter de l'enképhaline. Cela provoquerait l'inhibition présynaptique des fibres nociceptives (de la douleur) à la fois de type C et de type A (delta) qui pénètrent dans la moelle et ont leur synapse dans la corne dorsale, nos interrupteurs de la douleur!

Arthur C. Guyton, *Neurosciences*,
Padoue, Piccin, 1996, p. 128.

Rythme et gate controls

Tout le système nerveux, depuis la nature même des influx jusqu'aux interrupteurs de la douleur au niveau médullaire, en passant par les synthèses des neurotransmetteurs, est basé sur la transmission des rythmes qui codifient ainsi les informations véhiculées de cellule à cellule.

Les *gate controls* sont-ils des éléments déterminants dans la régulation de ces rythmes sous l'ordonnance suprême d'une pensée redevenue souveraine? La pensée organise-t-elle la tendance des interrupteurs? Sont-ils surtout ouverts à la douleur ou plutôt anesthésiants et fermés à celle-ci? En fait, ce choix n'en est pas un, car vécu le plus souvent inconsciemment, son expression rythmique, lovée tel un serpent au niveau des interrupteurs, est également inconnue de celui ou de celle qui pourtant ressent la sensation. Nous sommes prisonniers de nos rythmes et naissons avec un capital vibratoire de la douleur, individuel et personnel, qui se traduit par une grande inégalité entre nous la concernant. Notre travail va donc consister à lutter contre cette douleur tout au long de notre vie.

L'interrupteur de la douleur étant ouvert ou fermé – sous-entendu ouvert ou fermé à la douleur –, c'est bien la pensée, notre pensée qui devra effectuer ce choix. En favorisant la délivrance, à ce niveau de la moelle, des courants corticofuges associés à une synthèse neuronale de neurotransmetteurs sédatifs, elle fera, si on lui en laisse le temps, disparaître cette douleur.

Tout est donc bien une affaire de fréquences et l'anesthésie des influx douloureux centripètes par les courants corticofuges et leurs neurotransmetteurs au niveau des interrupteurs de la douleur participe à la formation du rythme « allumé/éteint » au niveau des *gate controls*, tel le bit informatique, entrée binaire qui ne peut être que 0 ou 1. Ce rythme, créé par l'action combinée des composants de la pensée et de la sensation, se résume donc à faire passer un message nerveux ou à l'interrompre.

C'est exactement ce que nous proposons comme hypothèse pour expliquer ce qui se produit en séance de Réflexe d'Aristote. La combinaison de l'action de la pensée d'une part et des circuits neurophysiologiques de la douleur sur laquelle cette pensée s'exerce d'autre part favorise la création de rythmes corporels comparables au langage utilisé en informatique : « ouvert/fermé », « allumé/éteint », « 0/1 ». En s'exerçant par ces rythmes au niveau des *gate controls*, les forces de la pensée finissent par orienter ces derniers vers la fermeture à la douleur ou à la sensation désagréable. Ce travail est donc la base du Réflexe d'Aristote.

Les courants corticofuges issus des zones nobles du cerveau participeraient à l'action des composants de la pensée en anesthésiant la douleur au niveau des « gate controls ». Cela se ferait en réactivant le rythme binaire « fermé/ouvert » qui s'y trouverait naturellement lové. Ensuite, le travail consisterait, en utilisant ce rythme, à l'orienter vers la fermeture des interrupteurs pour ne plus sentir la douleur. C'est tout le travail du Réflexe d'Aristote qui se fait à la fois sur un mode conscient et inconscient : conscient par la volonté qui s'y exerce et la sensation à traiter, mais inconscient aussi, car le travail rythmique au niveau médullaire appartient à l'inconscient et se fait donc tout seul, une fois le mécanisme enclenché.

Stress, douleurs et Réflexe d'Aristote

Le stress responsable de tensions et donc de douleurs s'oppose au calme nécessaire pour les faire disparaître. La sédation de la tension ou de la douleur d'une zone du corps, obtenue par le Réflexe d'Aristote, intéressera en fait tout le système nerveux. En conséquence, les noyaux hypothalamiques qui avaient intégré cette douleur ou ce blocage (consciemment ou inconsciemment) se trouveront eux aussi sous influence de cette amélioration et la répercuteront sur les centres situés à proximité au niveau du système limbique. C'est ce retour au calme ressenti par l'hypothalamus et le système limbique qui donnera l'impression de bien-être une fois les effets du stress sur le corps, puis dans le cerveau, supprimés. Cette remise à niveau du système limbique sur des états plus compatibles avec la sérénité aura des répercussions considérables, si cette sérénité est conservée, sur l'état général du sujet, sur sa façon d'être, voire sur sa vie si cette sérénité perdure.

Rappelons en effet que le système limbique est responsable des états d'adaptation aux situations nouvelles, de l'intégration des nouveaux signaux, de la concentration et de la motivation qui déterminent les actions. L'hippocampe, qui fait partie du système limbique, mémorise ce qui est prioritaire, permettant ainsi la consolidation des souvenirs à court et à moyen terme.

Le stress provoque donc bien dans un premier temps des tensions physiques et des douleurs corporelles à celui qui en est victime, puis, dans un second temps, une excitation des centres nerveux du cerveau, entraînant des troubles du comportement se traduisant dans la vie par la perte de ses moyens et des difficultés pour atteindre ses objectifs. À partir de là, nous comprendrons mieux toute l'importance et les enjeux que pose le risque de conserver des tensions corporelles d'une part, associées à des tensions psychiques d'autre part.

Le Réflexe d'Aristote, par ses vertus apaisantes, permettra le déblocage des énergies coincées dans le corps, créant en même temps la disparition du stress dans les centres nerveux supérieurs, dont le système limbique et l'hippocampe, et la possibilité de retrouver une meilleure gestion des émotions pour ainsi mieux développer ses facultés.

C'est le corps qui gêne le cerveau, et non l'inverse. Douleurs et blocages musculaires parasitent le fonctionnement des centres nerveux qui leur correspondent. Améliorer ces douleurs et lever ces blocages redonnent au cerveau ses capacités et favorisent le développement de l'excellence.

L'eau, le muscle et toujours les rythmes

Le rôle de l'eau qui représente environ 60 % du poids corporel est considérable. En plus de favoriser les échanges et les réactions biochimiques, l'eau, qu'elle vienne de la production cellulaire ou de la consommation alimentaire, circule dans le corps avec un certain rythme. Celui de la molécule d'eau est conditionné par les vibrations de la liaison covalente H-O et celles des liaisons hydrogènes. Nous apprendrons à reconnaître ce rythme en séance de Réflexe d'Aristote.

Dans le cas de douleurs provoquées par des crampes musculaires, l'eau ne circule plus, ce qui provoque des micro-œdèmes. C'est parce que l'eau possède l'énergie propice aux réactions chimiques que le corps cherche à la retenir là où il en a besoin, comme dans le cas d'une crampe ou de tout traumatisme. D'une façon générale, il vaut mieux respecter les œdèmes quand cela est possible, car l'eau ainsi retenue assure le bon déroulement des réactions chimiques propices à la guérison de la lésion qui provoque cet œdème.

D'où vient donc cette eau ? Elle vient du muscle. Le muscle a, dans sa mécanique, deux fonctions. Il exécute les ordres que lui envoient les nerfs pour les mouvements, les réflexes et la posture et, en même temps, comme tout tissu du corps, il synthétise de l'eau.

Au repos, le muscle a une fréquence de « contraction/relaxation » de 10 hertz. Elle passe à 20-25 hertz à l'effort. Quand il y aura souffrance musculaire, quelle qu'en soit la raison, les fréquences de « contraction/relaxation » seront encore plus importantes, allant jusqu'au blocage et jusqu'à la crampe. Le muscle augmentera alors sa production d'eau pour résoudre le problème, créant ainsi l'œdème tant redouté.

Nous avons donc ici trois protagonistes qui rentrent dans la réalisation du Réflexe d'Aristote et qui le font par leurs rythmes. Le premier protagoniste est le nerf et nous avons déjà évoqué ses diverses fréquences de conduction en relation avec les sensations douloureuses, plus ou moins en accord avec la synthèse de ses neurotransmetteurs et les *gate controls*. Le second protagoniste est le muscle qui subit la fréquence nerveuse, parfois jusqu'à la crampe, et convertit sa souffrance en eau. L'eau est au muscle ce que le neurotransmetteur est au nerf, l'expression d'un stress qui se terminera tôt ou tard en douleur. Enfin, le troisième protagoniste est l'eau qui possède un battement propre en accord avec sa structure moléculaire, en particulier sa liaison hydrogène. On ressent très nettement ce battement dans le corps humain comme dans tous les corps vivants constitués par l'eau. C'est ce battement que certaines écoles d'ostéopathie appellent le « mouvement respiratoire primaire ».

Les protagonistes en présence pour la réalisation du Réflexe d'Aristote sont le nerf, le muscle et l'eau : le nerf avec son cortège de fréquences qui s'adaptent selon les besoins et les stress enregistrés ; le muscle qui transforme la fréquence nerveuse en mouvement, créant par la même occasion sensations et douleurs ; l'eau dont l'inondation du corps permet de répercuter dans ses plus petits espaces la fréquence originelle.

La molécule d'eau et la spectroscopie vibrationnelle

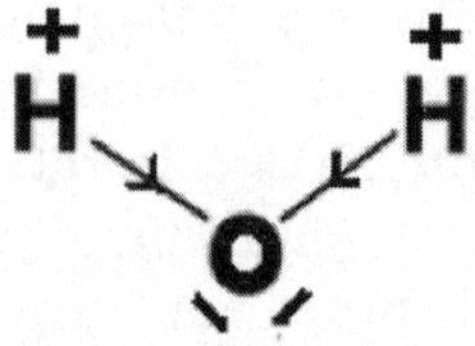

La molécule d'eau est une molécule orientée formant un dipôle avec un oxygène chargé négativement, très électrophile, et deux atomes d'hydrogène chargés positivement. Elle possède deux types de liaisons: deux liaisons covalentes entre les atomes d'hydrogène et l'atome d'oxygène et des liaisons électriques, encore appelées liaisons hydrogènes, entre les deux atomes d'hydrogène chargés positivement d'une molécule d'eau et l'atome d'oxygène chargé négativement d'une autre molécule d'eau. La liaison entre un atome d'hydrogène et un atome d'oxygène vibre autour d'une position d'équilibre, un peu comme un ressort que nous avons représenté dans le schéma ci-dessous, entre chaque atome d'hydrogène et d'oxygène. Cette liaison oscille avec une période caractéristique qui définit la liaison en spectroscopie et qui dépend des masses atomiques et de la force de la liaison covalente qui unit les deux atomes. La molécule d'eau est donc une molécule polyatomique qui peut être assimilée à un système de trois masses reliées entre elles par des « ressorts », créant ainsi une vibration pour chaque liaison. Ces vibrations d'élongation ou *stretching* peuvent pour une molécule, à partir de trois atomes comme la molécule d'eau, être symétriques ou antisymétriques.

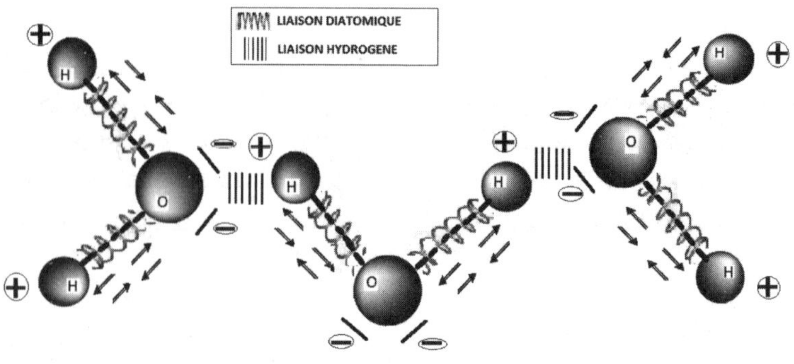

On imaginerait donc difficilement que, dans certains états modifiés de conscience ou tout simplement dans le cadre du développement d'une sensibilité fine, la vibration de 65 % de notre poids corporel puisse passer inaperçue !

Rythmes et Réflexe d'Aristote : nos hypothèses

Principe de résonance électromagnétique des courants nerveux entre eux

Il existe donc un dénominateur commun entre tous les intervenants du Réflexe, et ce dénominateur est le rythme. Même si celui-ci change suivant les tissus rencontrés, sa constance réside dans sa faculté de transmettre d'un tissu à l'autre le même message.

De par la plasticité du cerveau et du système nerveux tout entier, les influx corticaux auraient-ils la faculté d'adapter leur fréquence en fonction des tissus sur lesquels ils se projettent (principe de résonance électromagnétique des courants nerveux entre eux) ?

Cette action se répercuterait-elle alors sur les neuromédiateurs ? En réduisant la fréquence des potentiels, on diminuerait les neuro-excitateurs et l'on augmenterait ceux qui provoquent une sédation comme la sérotonine.

Au niveau cérébral, le Réflexe d'Aristote favoriserait la production des courants corticofuges, générateurs de sérotonine sur plusieurs niveaux du système nerveux central. Ce faisant, il activerait au niveau médullaire, suivant un rythme binaire « ouvert/fermé », l'action des interrupteurs de la douleur dans la corne postérieure de la moelle, en favorisant leurs stimulations par les influx sérotoninergiques, permettant ainsi la sédation.

Cela expliquerait pourquoi, en séance de Réflexe d'Aristote, le sujet finira toujours par se placer sur des fréquences nerveuses de repos et, par là même, décontractera ses muscles qui sont dans le prolongement des nerfs. L'économie des neuromédiateurs s'en trouvera donc améliorée, les contractures céderont et les douleurs aussi. En se relaxant, les muscles consommeront moins d'énergie, ce qui fait qu'ils produiront aussi moins d'eau, génératrice d'œdèmes.

Ce faisant, les douleurs qui venaient des tensions musculaires et des compressions par ces œdèmes s'apaisent, voire disparaissent, aidées en cela par une production accrue de neuromédiateurs anesthésiants comme les enképhalines et la sérotonine.

Le cervelet auquel est connecté, par le système nerveux végétatif, le muscle sur lequel travaille le Réflexe d'Aristote va lui aussi intégrer ce rythme de repos et le répercuter sur tous les autres muscles du tonus postural. En se décontractant, ceux-ci vont faire disparaître toutes les autres douleurs qui se trouvaient entretenues automatiquement auparavant.

La douleur étant souvent l'expression d'une tension musculaire, même faible, le Réflexe d'Aristote aura pour vocation de ramener l'état du muscle au plus proche de sa fréquence de repos, c'est-à-dire dix cycles par seconde. La décontraction musculaire globale permettra à l'eau de mieux circuler. Comme nous le verrons plus loin, c'est sur ce réseau aqueux que la pensée pourrait se projeter, permettant ainsi aux rythmes « éteint/allumé » des « gate controls » issus de la sensation nerveuse originelle de se généraliser à tout le corps.

La pensée : « je pense avec mes muscles »

Entre corps et cerveau

On ignore tout de la pensée. Le dictionnaire Larousse l'attribue uniquement à l'être humain. Sa définition laisse à penser – c'est le cas de le dire – qu'elle a son siège dans le cerveau. Il est vrai que les techniques modernes d'imagerie mentale pourraient le faire croire en montrant des zones de cet organe s'activer en situation d'effort cérébral ou d'émotion. Le Larousse ne citant pas les animaux, qui possèdent pourtant un cerveau, ses auteurs ne savent donc pas si ceux-ci pensent.

Pourtant, le « je pense donc je suis » de Descartes associe la pensée à la conscience d'exister, d'être. Mais si le fait de penser prouve que l'on existe, l'inverse est-il vrai ? En fait, exister ne prouve pas que l'on pense. Un malade plongé dans le coma ne pense plus. Il existe, mais son cerveau ne montre plus de signes de travail ou de réflexion. Ne pensant plus, il n'a donc aucune conscience de sa propre existence selon la définition laconique de Descartes.

La pensée nécessite bien un cerveau qui fonctionne, mais la conscience d'être appartient au corps tout entier.

On prête à Einstein la phrase « je pense avec mes muscles ». Vraie ou non, cette formule pose bien le problème qui nous occupe. Si le fait de penser avec mon cerveau prouve bien que j'existe, exister alimente aussi ma pensée. Si je suis paralysé des jambes et si mon cerveau est sain, je suis bien conscient de mon handicap. Ce sera la même chose s'il me manque un bras. Le manque ne supprime pas la conscience ni la pensée de ce qui manque. Ce concept a reçu l'appellation de schéma corporel, c'est-à-dire l'idée que nous nous faisons de nous-mêmes par rapport à une certaine normalité.

Ce raisonnement nous permet même d'avancer que le corps peut se passer de la pensée, mais la pensée ne peut se passer du corps qui agit comme un support, que celui-ci fonctionne ou non d'ailleurs.

Le clin d'œil d'Einstein n'est donc pas faux. Le muscle à lui seul ne peut penser, mais pas de pensée non plus sans le muscle ou plutôt sans sa conscience d'être. C'est aussi ce que dit Aristote quand il fait de la sensation un préalable à l'intelligence : « Il n'y a rien dans l'intelligence qui n'ait d'abord été dans les sens. » Pour Aristote, « la sensation est intelligence[6] ».

6. Aristote, *Éthique à Nicomaque*, traduit par J. Tricot, Paris, Vrin, 1972.

La partie de tennis

Si le Réflexe d'Aristote était une partie de tennis avec le « cerveau-intellect » et le « corps-sensations » comme joueurs, la balle représenterait l'information échangée et la trajectoire sur laquelle elle se déplace, la pensée. Les deux protagonistes se renverraient cette balle sans savoir qui des deux le premier l'a lancée, et la « pensée-support » serait ce fil directeur qui, servant de lien entre eux, se fonderait dans l'immense réseau d'une pensée que nous pourrions qualifier d'universelle.

Cette notion rejoint un peu celle qu'utilisaient les peuples dits « primitifs » à ce sujet et qui considéraient que le lieu de la pensée n'était pas le cerveau, mais le ventre, le cœur ou toute autre partie du corps. En fait, certaines pensées primitives méconnaissent même le corps en tant qu'individualité et le considèrent comme faisant partie de la nature, au même titre que les arbres ou les animaux. On retrouve encore aujourd'hui dans certaines tribus africaines ou d'Amérique du Sud cette notion de continuité du vivant à travers laquelle l'homme se sent parfaitement en harmonie. Il fait alors partie de cette chaîne de la vie qu'il est donc primordial de ne pas interrompre dans l'intérêt général[7].

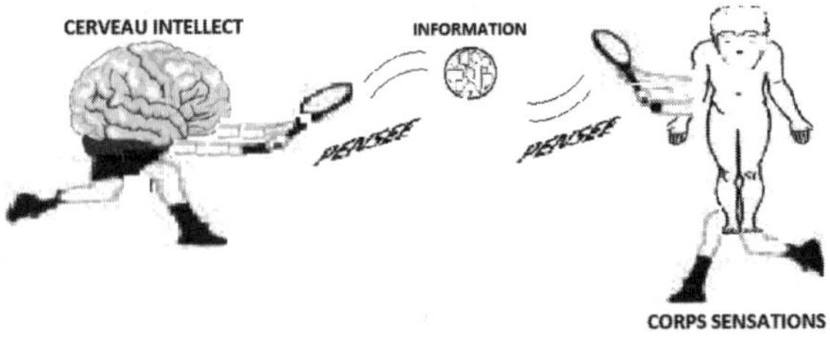

7. Dans certaines tribus d'Amérique du Sud, les femmes peuvent par exemple être amenées à donner le sein à des petits cochons qui n'ont plus de mère, car, dans la pensée collective du groupe, le cochon, au même titre que tous les animaux, fait partie de la chaîne de la vie.

Cette pensée, intrinsèquement écologique, devrait être à méditer à notre époque de pollution et de destruction inconsidérée de la nature.

C'est donc par son caractère holistique que la pensée nous permet la révélation de tensions parfois cachées, ignorées ou ressenties autrement à travers le corps. Cette prise de conscience à la fois mentale et physique des tensions corporelles est à la base de la pratique du Réflexe d'Aristote, car nous ressentons en effet le plus souvent inconsciemment nos tensions, celles-ci étant comme étouffées.

C'est pourquoi on demandera toujours en début de séance du Réflexe d'Aristote de penser à son corps afin de sentir son état du moment, les tensions de zones particulières. On sollicite ainsi la pensée par l'intermédiaire des forces qui s'y exercent et que nous allons maintenant détailler.

La pensée utilise le corps tout entier comme support. Elle sert elle-même de support à d'autres forces psychiques qui s'exercent ainsi sur le corps à travers elle. La pensée individuelle fait partie d'un vaste réseau : la pensée collective ou universelle dans laquelle baigne tout le vivant.

Les quatre forces de la pensée : l'imagination, la concentration, la visualisation et la volonté

Si la pensée reste invisible, son action est pourtant physique, comme en témoignent ses effets sur le corps. C'est pour cela que l'on dit aussi qu'elle crée. Par le biais de l'inconscient, sa « route buissonnière », la pensée peut transformer des tissus sains en maladie, c'est-à-dire modifier la matière cellulaire, voire la créer comme dans le cas de cancers dont l'origine psychosomatique pour certains, comme celui du sein, est de plus en plus acceptée.

Dans ce travail sur le corps, la pensée reste au service des quatre forces psychiques que sont l'*imagination*, la *concentration*, la *visualisation* et la *volonté.* Ainsi, la plupart de nos comportements dépendent de ces quatre forces incluses dans la pensée.

Reprenons notre image de pensée collective, universelle. La pensée peut ainsi être considérée comme un immense filet jeté dans l'espace, pénétrant et mouvant, allant bien au-delà du corps. Le corps s'y trouverait emprisonné et la pensée de chacun d'entre nous en ferait partie.

Ce filet est comparable à un immense réseau électromagnétique dans lequel se déplacent au gré des nœuds et des blocages que sont les douleurs et les sensations, mais aussi les impressions environnementales, l'imagination, la concentration, la visualisation et la volonté. Les mailles de ce filet, à géométrie variable, se fonderaient dans l'autre canevas électromagnétique que représente l'eau contenue dans le corps (60 % du poids corporel) et dans lequel circule l'énergie vitale, le *qi* des Asiatiques ou le *prāna* des hindous. Les quatre forces psychiques iraient et agiraient, au gré des aimantations situées dans ces deux réseaux, c'est-à-dire les déséquilibres électromagnétiques corporels (tensions, équilibres ou déséquilibres biomécaniques, phénomènes physiologiques de la biostasie et de l'homéostasie), mais également les tensions et déséquilibres ressentis à l'extérieur du corps et qui rompent l'harmonie que tout être vivant devrait entretenir avec son environnement et qu'idéalement l'homme recherche aussi (le feng shui).

Le rôle de ces quatre forces est donc en priorité de soulager l'homme de ses maux, mais aussi, une fois leur mécanique lancée par des exercices comme celui du Réflexe d'Aristote, de libérer son inconscient des chaînes qui l'attire vers le bas.

Paradoxalement, ce sera alors le corps qui viendra au secours du corps. Le combat de la pensée est à ce prix et celui de la survivance de l'humanité aussi. Détaillons maintenant les quatre forces psychiques que sont l'imagination, la concentration, la visualisation et la volonté. Nous étudierons ensuite leur rôle respectif dans la pratique du Réflexe d'Aristote.

La pensée universelle, celle qui est là et partout, peut être considérée comme un vaste filet électromagnétique dont fait partie chaque pensée individuelle et dans lequel corps et intellect partagent les informations au sujet des blocages, des tensions ou des relaxations, que ceux-ci appartiennent au corps et au cerveau ou non. Le réseau de la pensée, tel un filet dans lequel l'homme paraît flotter, pourrait rappeler le réseau moderne du Net qui est aussi un filet et dans lequel, telles des mouches dans une toile d'araignée, les hommes sont en train de se faire prendre. N'est-ce pas là aussi une forme de pensée collective?

L'imagination : la **phantasia** *d'Aristote*

L'imagination est une force de création. À considérer qu'il existe, contrairement à ce qu'avance le Larousse, une forme de pensée chez l'animal, on peut avancer l'idée qu'elle soit, chez lui, dénuée d'imagination. L'imagination est le propre de l'homme, car l'animal ne crée pas. L'animal ne fait que ce pour quoi il est programmé, il copie ou reproduit.

L'imagination souffre de la connotation infligée par l'imaginaire qui, dans le langage populaire, définit tout ce qui n'est pas réel. Pour le monde moderne et surtout occidental, si l'imaginaire n'est pas réel, il est donc inexistant. Pourtant, l'imagination est la grande force réalisatrice de la pensée. Non seulement l'imagination est bien réelle, mais elle prouve à chaque instant, à travers les réalisations humaines, son principe existentiel et son impact sur notre état ou notre vie de tous les jours.

Toutes les découvertes humaines, des plus simples aux plus révolutionnaires, dépendent de l'imagination. Ainsi, Newton démontra par le raisonnement mathématique la théorie de la gravitation que son imagination lui avait fait découvrir auparavant. Il en est ainsi de la plupart des grandes découvertes.

On parle de « pensée collective », de « pensée de gauche, de droite », de « pensée contemporaine ». L'imagination, quant à elle, est toujours individuelle, personnelle, unique, non reproductive. On peut ruminer une pensée, la penser et y repenser, l'imagination ne peut se vivre deux fois, c'est un acte isolé, une naissance qui en conséquence ne retourne jamais en arrière. Tout cela revient à rappeler le caractère collectif de la pensée du fait du réseau ou du filet qu'elle représente comme nous l'avons évoqué plus haut et le caractère individuel quasiment isolé d'une de ses composantes : l'imagination.

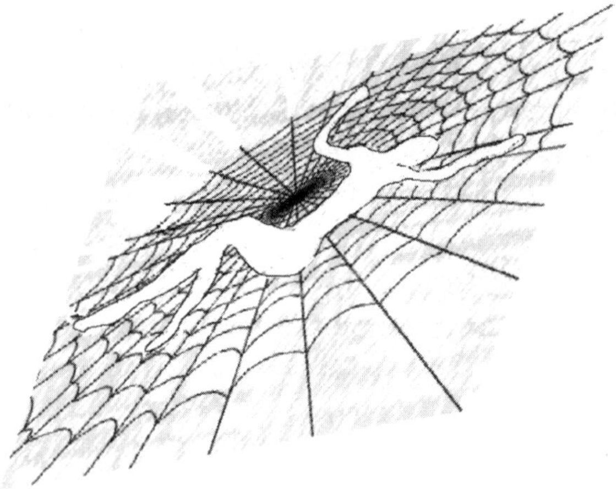

La pensée est « dans l'air », l'imagination est « dans le cerveau »

Si la pensée est bien ce réseau électromagnétique « dans l'air » dont nous avons parlé et dans lequel l'homme paraît flotter, l'imagination, bien que partie intégrante de la pensée, est avant tout une propriété du cerveau, en ce sens qu'elle appartient d'abord à un homme ou à une femme avant d'appartenir au réseau. L'imagination, partie intégrante de la pensée, y puiserait seulement sa substance, mais pas ses actes créatifs issus d'autres sphères encore plus subtiles, un peu comme la plante qui puiserait dans la terre les éléments nécessaires à sa croissance, mais dont les fleurs ne pourraient s'ouvrir qu'à l'exposition du soleil. Cette comparaison de la pensée avec un réseau, une toile, permet de dire qu'elle est, dans un certain espace-temps, un outil de communication pour tout le genre humain, mais aussi pour tout ce qui vit, c'est-à-dire le groupe animalier et probablement aussi les végétaux qui, bien que dépourvus de pensée, sont néanmoins réceptifs à son énergie. Tout le monde connaît la « main verte ».

Si à ce réseau que constitue la pensée correspond une certaine spatio-temporalité, l'imagination est, au contraire, infinie et intemporelle. Elle caractérise, nous l'avons dit, avant tout la création qui ne s'inscrit pas dans le temps, mais se trouve plutôt liée à la notion d'espace. L'imaginatif est un créateur, un être essentiellement dispersé et donc à l'aise dans l'espace, mais maîtrisant moins bien le temps.

Une force de transformation à utiliser dans le processus du Réflexe d'Aristote

L'imagination est une force créatrice, mais c'est aussi une force de transformation. C'est en effet cette force qui, par le réseau de la pensée, permet de transformer un état en un autre, de faire d'un muscle tendu un muscle relaxé, d'améliorer une digestion, de combattre une constipation, un eczéma ou une envie de fumer.

Nous sommes ici en plein dans l'explication qu'en donne Aristote, c'est-à-dire l'imagination ou la *phantasia* qui se définit « comme un mouvement produit par la sensation en acte[8] » ou encore la sensation sur laquelle s'exerce l'imagina-

8. Aristote, *De l'âme*, traduit par J. Tricot, Paris, Librairie philosophique J. Vrin, 2003.

tion pour produire le mouvement, mais pas n'importe quel mouvement : celui de la transformation ou de la création.

En séance de Réflexe, nous verrons que justement l'absence d'imagination chez une personne se détecte par la difficulté à modifier les sensations de son corps. Il faut parfois des mois de pratique du Réflexe à certains pour arriver à enfin trouver, au plus profond d'eux-mêmes, de simples sensations.

Ces personnes auront déjà beaucoup de mal au niveau de leur corps à ressentir la moindre sensation, mais elles auront encore plus de mal à transformer cette sensation en mouvement, comme celui d'une pression, la fameuse sensation en acte d'Aristote !

Dans ce cas précis, le mental opère et s'oppose fortement à l'imagination, voire la bloque.

Cela signifie en général des réflexes de blocage inscrits au plus profond du subconscient de la personne qui se refuse ainsi toute possibilité de créativité. C'est ce qui nous fait dire que cette imagination est vraiment une force personnelle et évolutive, car si penser ne demande pas d'effort particulier, imaginer en demande beaucoup quand cette fonction n'est pas naturellement développée.

L'imagination n'est pas l'imaginaire, c'est au contraire la réalité en gestation. C'est aussi le propre de l'homme. L'imagination est une force quasi magique qui en plus de favoriser la création de matière en permet aussi la transformation. Cela est surtout sensible dans le vivant où les tissus biologiques (muscles, viscères, peau, etc.) montrent en permanence leurs transformations sous l'action de l'imagination.

La concentration

La concentration est la force psychique qui maintient ou concentre la pensée, force physique également, dans la même direction pendant un temps donné.

La concentration, vecteur de la pensée, est une force, comme nous l'avons dit, qui est liée au temps. Elle est liée à lui intrinsèquement, à tel point que l'on peut presque la voir dans l'attitude au travail de certains ou dans la durée qu'ils mettront pour telle ou telle réalisation. Quelqu'un de dispersé, donc imaginatif, a moins facilement de concentration ; quelqu'un dont la concentration est instinctive exprime son imagination plus difficilement.

On l'appelle aussi « attention ». Elle évite quasi naturellement la dispersion d'une personne à travers la pensée et permet d'exercer au mieux l'imagination pour ceux qui la possèdent et qui peuvent ainsi l'exercer sur un point, une fois celui-ci repéré.

La concentration est une énergie nerveuse qui peut être fatigante pour certains, mais ne poser aucun problème à d'autres. Des personnes prédisposées s'en servent avec éclat dans leur travail. Elle est alors chez elles si puissante qu'elle donne à leur pensée un pouvoir de pénétration d'une grande efficacité.

Chez ces personnes en séance de Réflexe, cette seule force suffit à venir à bout en quelques secondes d'une douleur fonctionnelle de stress (non provoquée par une maladie) qui revient pourtant dès que la concentration s'en éloigne. Mais en recommençant son travail au même endroit, la concentration supprime à chaque fois la douleur et peut ainsi en venir à bout en se portant dessus autant de fois qu'il le faut.

Cette anesthésie, rappelons-le, est liée aux courants corticofuges, générateurs de molécules opiacées et analgésiantes (antidouleur).

Il existe même des patients qui ne se servent jamais de leur imagination, car la concentration de leur pensée est chez eux si forte qu'elle suffit à obtenir les résultats recherchés. Il faut donc bien connaître le pouvoir phénoménal de cette force psychique qui constitue le deuxième pilier du Réflexe d'Aristote, le premier étant l'imagination.

Intérêt pratique du Réflexe d'Aristote sur la concentration

Le Réflexe d'Aristote est un moyen relativement pratique pour tester, puis exercer sa concentration.

Certaines personnes ont du mal à se fixer sur le corps pour la raison très simple qu'ils n'en ont aucune habitude, tant la société moderne distrait la concentration vers de multiples pôles de diversion, aussi inutiles les uns que les autres pour le bien-être personnel. En effet, la concentration n'a plus le temps de s'exercer sur le corps, car elle saute, on pourrait dire qu'elle zappe, de leurre en leurre, d'attirance en attirance, de distraction en distraction.

D'autres, en séance, sauront très vite se concentrer sur un point de leur corps, car la force est là, intacte, utilisée par ailleurs dans la vie quotidienne. Il s'agit donc seulement de la réorienter.

Ainsi, une personne de nature déjà dispersée ne pourra exercer sa concentration sur elle-même pour la simple raison que cette concentration se trouve en même temps dans mille endroits différents. Une autre, dont la concentration reste entière, ne pourra pas non plus l'utiliser pour elle-même, car toute cette concentration est déviée vers un autre centre d'intérêt perturbateur qui pourra être le travail, l'argent, le jeu, les courses… La liste est inépuisable !

Enfin, il faut savoir que certains médicaments agissent comme de véritables anesthésiants et rendent le travail de concentration très difficile. Chez certains, la vie moderne a ainsi affaibli cette force par l'incitation permanente à la dispersion. Pour d'autres, elle n'a fait que la dévier vers des centres d'intérêt souvent incompatibles avec la santé, car générateurs de stress. D'où l'importance de méthodes comme le Réflexe d'Aristote pour exercer cette concentration comme pour exercer les deux autres forces que nous allons traiter maintenant.

S'exercer régulièrement avec le Réflexe d'Aristote permettra de renforcer sa concentration, voire de la développer. En focalisant sa pensée sur un point de son corps, une personne en séance de Réflexe maintiendra la pensée, ou force nerveuse, concentrée sur ce point corporel pour que l'imagination puisse travailler sur ce point et ainsi le transformer.

La visualisation

Si la physiologie de la vision est encore incomplètement expliquée, en particulier dans sa partie occipitale au sujet de l'intégration des signaux et de leur transformation en images, celle de la visualisation l'est encore moins.

En séance de Réflexe d'Aristote, une personne sur quatre environ voit spontanément des images. Quand nous disons voir des images, il s'agit vraiment de voir et non d'imaginer telle ou telle représentation. L'auteur de ces lignes ne possédant pas cette faculté, il est donc amené à en parler à travers les expériences des autres.

Chez ces personnes, en effet, le fait de fermer les yeux et de se concentrer, même légèrement, permet d'obtenir la visualisation d'images ou d'objets.

Dans le cadre du Réflexe, images et objets se regroupent autour de thèmes principalement en rapport avec les phénomènes d'écoulement, de mouvement ou de glissement le long d'axes ou de tracés apparemment prédéfinis sur le corps ou à travers lui.

En effet, si l'on demande à un participant au Réflexe ce qu'il voit en fermant les yeux, il s'agit souvent d'éléments longs ou ovoïdes, pour ne pas dire ronds, qui se déplacent en suivant des lignes de force tracées ou matérialisées sur son corps. Ces lignes suivent souvent les axes anatomiques, les membres, le tronc, la colonne vertébrale, mais peuvent être aussi des voies plus subtiles comme celles des méridiens d'acupuncture.

Il semble cependant que l'effort à fournir pour obtenir ce résultat soit peu important ou du moins beaucoup moins important que dans le cas de l'imagination ou de la visualisation, à disposition égale des participants pour chacune de ces forces de la pensée.

En effet, la visualisation ne demande pas vraiment d'imagination, les images s'imposant le plus souvent à la personne, les yeux fermés. Elle ne demande pas non plus de concentration ou très peu. Or, le Réflexe est avant tout un travail intense et compliqué du psychisme sur le physique, et c'est à travers ce travail qu'une progression, voire une transformation de la personne à travers sa mentalité est possible. D'après notre expérience, la visualisation demande apparemment moins d'effort pour mobilier la pensée que l'imagination ou la concentration. Nous préférons donc ne pas utiliser en première intention la visualisation dans le Réflexe.

Dans la mesure où la visualisation est quand même utilisée pleinement pour effectuer le Réflexe d'Aristote, il ne faut pas prendre les images comme elles viennent, mais s'en servir par un réel travail psychique :

- ne pas se contenter, par exemple, de voir « rouler une boule » sur son ventre, mais se servir de son mouvement pour se dégager des tensions qui s'y trouvent ;
- tenter ensuite de créer un rythme à partir de son mouvement qui aidera à la détente et au soulagement ;
- décrire un « trait lumineux » qui descend sur la colonne vertébrale n'est pas suffisant, il faut y associer par l'imagination un rythme de progression pour faire descendre ou remonter un trait lumineux.

La visualisation et les hormones du temps : le troisième œil

La visualisation est-elle un corollaire de l'imagination, remplaçant celle-ci dans le lien subtil qu'elle réalise entre l'intellect et la sensation ? En est-elle au contraire distincte et s'exprime-t-elle dans une autre dimension ?

En effet, certaines personnes ne peuvent visualiser et imaginer en même temps. Elles sont comme prisonnières de leurs apparitions d'images qui semblent suivre des trajets prédéfinis en elles. D'autres arrivent à composer avec elles, l'imagination aidant à s'en servir pour débloquer les nœuds du corps.

Il faut rappeler que l'imagination met en cause des phénomènes intéressant plutôt l'espace, alors que la visualisation plus contingentée dans ce domaine est liée au temps et à sa mesure.

En effet, la première fonction de la visualisation, même si elle se fait les yeux fermés, est de reproduire des images qui dans la réalité sont le reflet de la lumière. Le photon, la plus petite quantité de cette lumière, est, par sa nature quantique, associé au temps. La visualisation, en référence au photon, aura comme lui, avec le temps, la même relation.

Une fois dans l'organisme, l'énergie issue de la lumière imprime au corps tout entier la marque du temps en régulant la sécrétion d'hormones, en particulier celles de sérotonine et de mélatonine.

La mélatonine est synthétisée par l'épiphyse qui possède une structure comparable à la rétine. Pour cette raison, elle a été souvent appelée le troisième œil. La mélatonine est produite à partir de la sérotonine, hormone que nous connaissons déjà et qui est très présente dans plusieurs endroits du cerveau, dont l'hypothalamus. Ces deux hormones, bien que très proches chimiquement, sont fonctionnellement différentes. Lorsque la lumière baisse, la concentration en sérotonine baisse aussi, transformée en mélatonine dont la concentration augmente alors.

La mélatonine est donc l'hormone du sommeil et de la nuit dont elle règle le rythme par rapport au jour. Cette fonction la relie par conséquent au temps et, avec lui, à tout ce qui concerne les phénomènes de la vision et de la visualisation.

La visualisation des idées

Enfin, les images perçues en séance de Réflexe sont souvent directement en relation avec des marqueurs chronologiques de la vie qui rappellent le temps qui passe. Ce seront par exemple, en fermant les yeux, le soir après son travail, ces images de vacances, moments propices au changement de rythme et, pour cette raison, bien liées au temps. Au lieu de penser à des souvenirs agréables pour se détendre, la personne visualisera plutôt ses idées.

Cette détente que provoque la visualisation, au même titre que n'importe quelle autre technique de relaxation, prouve que le phénomène touche dans le cerveau les centres impliqués dans la production de la sérotonine.

En effet, certaines fibres visuelles font relais dans les noyaux suprachiasmatiques de l'hypothalamus, centre bien connu pour la prévalence, à son niveau, de la sérotonine.

On pourra donc assimiler la visualisation à une forme d'idée, mais une idée qui s'impose sans réfléchir, qui se voit et à laquelle seulement certains d'entre nous ont accès. Curieusement d'ailleurs, ceux-là se souviennent toujours de leurs rêves et, qui plus est, les vivent en couleurs. Il y a donc une participation de la mémoire dans la visualisation, un peu comme si le sujet puisait ses images dans une banque de données.

Dans le cas de la visualisation en pratique de Réflexe d'Aristote, la personne part toujours d'un point de sensation ou de douleur du corps, mais au lieu d'y ressentir un mouvement à son niveau, elle y associe une image d'emblée. C'est, comme nous l'avons dit, souvent une boule qui glisse sur un axe, mais ça peut être aussi de l'eau qui coule, ou bien un volcan qui s'ouvre et se fend, ou encore une route qui défile, etc. Il y a toujours dans la visualisation associée au Réflexe la notion de mouvement, de quelque chose qui suit un tracé.

Ce qui est gênant, c'est que cette visualisation donne souvent l'impression de se faire toute seule, sans effort. Nous avons déjà évoqué ce problème.

Bien sûr, c'est toujours le déplacement de l'énergie qui est matérialisé et l'on peut en effet supposer que si, d'habitude, elle prend la forme d'une sensation, ici elle s'exprimera par une image. Mais nous pensons que la sensation physique faite de la perception d'un mouvement est plus dans l'esprit du Réflexe d'Aristote que ne l'est la visualisation, sauf si l'image en question est parfaitement maîtrisée dans ses déplacements et peut alors, sous le contrôle de la volonté, débloquer les zones de tension ou calmer des douleurs liées au stress.

Nous sommes loin des techniques passives de relaxation qui pourtant utilisent aussi la visualisation.

La visualisation : une force psychique à part entière

La visualisation est-elle alors une forme de pensée particulière en ce sens où les images construites se déplacent un peu comme sur un réseau à travers le corps ? Et ce réseau pourrait-il être celui, électromagnétique, de la pensée à travers le corps ? Cela est en effet envisageable, mais à la différence que si la pensée est assimilable à un réseau ou à un outil de communication au service de l'imagination, entre autres, la visualisation, elle, ne semble au service d'aucune autre fonction psychique. Elle n'est donc pas non plus une forme de pensée, mais emprunterait aussi, comme les autres fonctions, le réseau de la pensée pour se déplacer.

Quant aux images formées, elles sont probablement issues, comme nous l'avons déjà noté plus haut, des banques de données du cerveau. Elles pourraient aussi appartenir à d'autres référentiels, comme c'est peut-être le cas dans les NDE intéressant des aveugles de naissance. Cela donnerait crédit pour placer la visualisation dans un inconscient non encore accessible à la raison, l'assimilant alors à une force psychique à part entière (annexe XIX).

La visualisation est une force psychique à part entière. Elle fait référence au temps, et les images fabriquées à partir de la lumière également. Celles perçues au cours de la visualisation peuvent être assimilées à des idées que l'on voit. La détente provoquée en cours de séance par certaines fibres nerveuses passant par le chiasma optique riche en sérotonine permet de mieux manipuler les images. En ce sens et malgré la détente induite, le Réflexe d'Aristote ne peut être assimilé à une séance de relaxation, car le patient reste très actif durant toute la séance et en sort même souvent fatigué.

La volonté

La volonté est une composante de la pensée au service d'un but.

Lorsque les saumons remontent les torrents et sautent les barrages successivement pour aller frayer dans les eaux de rivières où ils sont nés, ce n'est pas la volonté qui les guide, mais l'instinct. Lorsque Guillaumet s'écrase avec son *Potez 25* dans la cordillère des Andes en 1937, c'est la volonté qui le fait marcher dans le froid et la neige pendant une semaine. Retenons sa phrase célèbre adressée à Saint-Exupéry venu l'accueillir : « Ce que j'ai fait, je te le jure, aucune bête ne l'aurait fait. »

La volonté est, elle aussi, une composante de la pensée qui, dans le Réflexe comme dans la vie courante, dirige la concentration au service d'une action et d'un but à atteindre.

Elle rentre en compétition avec la « viscéralité » qui peut orienter l'action vers des fins radicalement différentes, voire contraires. Dans la vie courante, c'est souvent la viscéralité qui prime, alors que, dans le Réflexe comme dans d'autres pratiques cognitives, c'est la volonté. Nous allons essayer de nous expliquer.

Dans la vie quotidienne, la volonté ne s'exerce pratiquement pas et laisse la place aux forces végétatives (viscérales) beaucoup moins fatigantes, parce qu'instinctives et toujours promptes à s'exprimer. C'est en effet notre vie viscérale qui tous les jours dirige nos pas : si nous traversons la rue pour acheter à la boulangère un pain au chocolat, c'est plutôt notre estomac que notre volonté qui nous guide. Cela peut aussi être la boulangère ou le boulanger. Les exemples de ce type sont légion et les extrêmes en sont toutes les sortes d'addiction.

Comment fonctionne la volonté en s'opposant aux forces viscérales : la question des addictions

En séance de Réflexe d'Aristote, notre viscéralité perd sa prédominance – on pourrait dire « naturelle » –, et c'est la volonté qui reprend la main.

Voici le mécanisme que nous proposons.

La *volonté* utilise la concentration pour orienter la *pensée* vers des sensations corporelles, qui correspondent en fait à l'expression des *forces viscérales*. Par ce stratagème, la volonté va à l'encontre des forces viscérales par l'intermédiaire de ses relais qui sont douleurs ou blocages musculaires puisque l'un comme l'autre sont justement les modes d'expression de cette *viscéralité*.

Rappelons ici que le système neurovégétatif relie muscle, peau et organes viscéraux en permanence et que la douleur de l'un peut se révéler à travers l'état des autres. C'est même cette réalité anatomique et physiologique qui explique l'action de l'acupuncture.

Pour réussir contre ces forces, la volonté, par le canal de la *pensée*, utilise la *concentration* comme verre grossissant. Cette *concentration* non seulement oriente et maintient la *pensée* comme un véritable rayon laser sur les sensations corporelles, donc *viscérales*, mais démultiplie dessus les pouvoirs de la *volonté*. C'est ce qui explique que certaines personnes arrivent à anesthésier certaines douleurs liées au stress en quelques minutes, rien qu'en y pensant. À ce moment peut entrer en jeu l'*imagination*, dont les caractéristiques et les qualités dépendront de la lutte d'influence entre *volonté* et *viscéralité*.

Les deux pôles de la création : le substantiel et l'essentiel

On peut dire aussi que l'*imagination* est le reflet de cette prépondérance d'expression entre ces deux forces, *viscéralité* ou *volonté*, chez un individu donné.

L'*imagination* aboutit à la *création*. Celle-ci puise ses sources soit dans des sensations purement matérielles à travers les *viscères*, ou plutôt leurs correspondances cérébrales ou pôle *substantiel* de l'homme, soit dans des sensations *immatérielles* à travers les mêmes *zones du cerveau*, mais cette fois sur leur autre versant, celui du pôle *essentiel* de l'homme.

« Prendre un dernier verre pour se donner du courage » est une expression qui évoque bien l'interdépendance entre le ventre et le cerveau, dans lequel le centre de cette interdépendance serait l'insula. Ceux qui utilisent le pôle essentiel pour leur création n'ont pas besoin de cette forme d'addiction, alors que les autres, ceux du pôle substantiel, en sont dépendants !

C'est ce qui explique la diversité créative et qu'il existe une création venant de la *matière*, donc de la *viscéralité*, de la *substance*, et une autre venant de la *volonté*, c'est-à-dire de l'*immatérialité*, de l'*essence*.

Suivant les hommes et les époques, ce sera plutôt l'une que l'autre qui s'exprimera. De nos jours ne s'exprime ou plutôt ne peut s'exprimer que la création venant du pôle substantiel dont le ventre et le sexe sont les principaux supports. C'est un passage obligatoire et nécessaire pour revenir, un jour, à une époque de création influencée cette fois par le pôle essentiel de l'homme, autrement dit l'esprit. Ceux de notre génération ne le verront probablement pas et il se passera encore plusieurs dizaines d'années avant son retour, car telle est la loi intraitable des cycles humains et de tout ce qui s'y rapporte.

En effet, l'homme, habitant de la Terre, est emporté au même titre que sa planète par les rythmes intersidéraux et ne peut donc prétendre à autre chose que de subir leurs influences. Conditionné par la loi des rythmes et celle du choc en retour, l'expérience du passé nous apprend qu'après la pluie vient souvent le beau temps, qu'après la destruction peut se faire la construction et qu'il en est de même pour la création humaine qui veut qu'après l'influence du corps revienne l'inspiration issue de l'esprit. Quant aux correspondances cérébrales chez l'homme des pôles essentiels (l'esprit) et substantiels (le corps) auxquels nous nous référons, il ne s'agit pas de zones anatomiques du cerveau, mais d'une façon de voir et d'interpréter, par le cerveau quand même, idées et sentiments à travers l'acte créatif.

Nous sommes bien sûr ici, pour ce qui concerne l'imagination, dans une extension de la pensée d'Aristote. Dans le traité *De l'âme*, le philosophe parle bien de ce lien que l'imagination observe entre l'intellect et la sensation, sans qualifier véritablement l'un et l'autre, mais en précisant quand même que l'imagination est ce qui transforme la sensation en acte. *Pas d'intellect sans sensation et pas de sensation maîtrisée par l'imagination sans l'intellect.* Reste à savoir de quel pôle, essentiel ou substantiel, intellect ou sensation, vient la production issue de cette subtile alchimie.

Si, comme nous l'avons suggéré, la production de notre époque est déjà, depuis plusieurs siècles, issue de la matière, de la substance et au service de celle-ci, il paraît évident qu'au temps d'Aristote et jusqu'à une période avancée du Moyen Âge, la production issue de l'imagination fut surtout issue de l'intellect, par lequel seule la volonté peut s'exprimer.

Addiction : comment exercer la volonté pour s'en sortir ?

De nos jours, la défaillance totale de la volonté se voit essentiellement dans les comportements d'addiction, comme ceux dépendant du tabac, de l'alcool, de la drogue, des jeux, du sexe, de certains aliments, etc. Il est donc normal qu'à une époque où trône le règne de la substance (de la matière), nous ayons tous ces comportements d'addiction, qui ne peuvent connaître que croissance et amplification.

Dans l'alcoolisme, par exemple, la volonté sera d'abord défaillante uniquement pour la boisson, les autres comportements de la vie sociale du sujet ne semblant pas touchés. Puis, avec le temps, le manque de volonté pour l'alcool les contaminera eux aussi. Il s'ensuivra maladies et prostration. Il est donc important de renforcer sa volonté et, pour cela, il existe quantité de moyens. Nous en proposerons un qui peut valoir pour toutes les addictions, en sachant que certaines sont plus difficiles à combattre que d'autres. Il n'y a pas de véritables règles et tout dépendra des circonstances, de la personne et des raisons pour lesquelles on entreprend la quête.

La méthode que nous proposons concerne essentiellement le tabac et l'alcool.

Il ne faut jamais interdire (sauf s'il y a danger imminent ou si le contexte familial, médical ou social ne s'y prête pas), car l'interdiction engendre la frustration, qui alors appelle à nouveau la consommation pour retrouver l'impression du plaisir qui rassure et calme le stress engendré par le manque.

1. Il faut au contraire consommer en s'autocritiquant et en accusant le produit de l'addiction de tous les maux de la terre et des siens en particulier.
2. Il faut consommer en diminuant d'abord les doses du tiers, puis de la moitié. Cette diminution des doses contribue à abaisser progressivement les seuils de dépendance.
3. Il faut en arriver à pouvoir allumer une cigarette et sitôt la jeter, se verser un verre d'alcool et ne pas tout boire, etc.

Cet autocontrôle réalise sur le plan cérébral, avec le temps, une véritable déprogrammation des circuits neurologiques responsables de l'addiction. Il doit être, bien sûr, associé à la pratique du Réflexe d'Aristote, qui de son côté développe la volonté, et surveillé par un médecin si des traitements sont associés à cette accoutumance. Tout cela peut être très long : il n'y a pas de miracle, c'est un combat à mener contre le mal – et le mal est puissant –, mais il ne faut pas baisser les bras et poursuivre l'action jusqu'à son terme, car c'est la santé et la vie de chacun d'entre nous qui en dépendent.

Venir à bout des conduites viscérales : peur ou volonté ?

C'est un sentiment qui représente aussi la confrontation entre la volonté et le viscéral. En effet, ne dit-on pas « avoir la peur au ventre » ?

À notre époque, les conduites viscérales, qu'elles soient d'ordre sexuel, alimentaire, alcoolique, tabagique, ludique, se font toujours sous l'emprise du stress. Or, le stress s'accompagne toujours d'un sentiment plus ou moins exacerbé de peur qui, sur le plan neurologique, intéresse le système limbique dont l'hypothalamus fait partie.

Le système limbique est le siège des émotions et l'hypothalamus en son centre est celui des pulsions et des comportements. Quand le premier s'active, le deuxième lui emboîte toujours le pas. On boit, on fume, on copule, on mange, on agresse, on fuit par excitation de l'hypothalamus pour avant tout calmer les angoisses ressenties au niveau limbique.

La volonté, en s'opposant aux effets viscéraux du stress, s'oppose de fait aux conduites d'addiction provoquées aussi par lui. Elle s'oppose par conséquent à la peur qui est, de par son origine, toujours viscérale, mais plus ou moins forte. L'action qui consiste pour un individu à surmonter brutalement sa peur par la volonté s'appelle le courage, mais nous n'aborderons pas ici cette qualité humaine, bien qu'il faille souvent un très grand courage pour se rendre le matin à son travail pour subir le stress !

Dans la vie courante, la volonté s'oppose à la viscéralité ; dans la pratique du Réflexe d'Aristote aussi ! Le but de l'imagination est la création, mais celle-ci dépendra de la prépondérance de deux autres forces l'une sur l'autre : la volonté et la viscéralité. Substantielle ou essentielle, voilà les deux origines de la création pour laquelle œuvre, avec l'aide de la concentration, sur le réseau de la pensée, l'imagination de l'homme. Là où la volonté s'installera, la peur viscérale aura tendance à disparaître.

La pratique du Réflexe d'Aristote

Précautions d'usage

Les règles pour bien pratiquer

Le Réflexe d'Aristote est avant tout un outil par lequel la volonté consciente exerce son action sur le corps, en particulier sur le corps inconscient.

Cet outil est proposé pour gérer le stress, que cela se fasse dans le cadre de stages d'entreprise ou en cabinet de psychothérapeute.

L'imagination est le moteur du Réflexe d'Aristote et ses effets sont bien réels. Cela démontre bien que l'imagination n'a rien à voir avec l'imaginaire. C'est aussi pour cette raison qu'elle fut pendant longtemps, au Moyen Âge et dans les époques anciennes, considérée comme une science et non un divertissement de la pensée, comme c'est le cas aujourd'hui.

Il existe des règles pour bien pratiquer. Pour cette raison, tout début de cure ne doit jamais se faire sans un diagnostic préalable et un avis médical. Il faut en effet s'assurer que sensations, symptômes et douleurs ressenties sont bien en rapport avec le stress et non l'expression d'une quelconque maladie.

Pratiqué avec l'aide d'un psychothérapeute, le Réflexe ne doit être pratiqué qu'après l'avis d'un médecin. Il est en effet important qu'avant tout soient éliminées chez celui qui le pratique toutes contre-indications médicales à la réalisation du Réflexe d'Aristote. Il est conseillé également que le psychothérapeute ait suivi une formation sur le Réflexe pour bien le conduire ensuite.

Dans le cadre de l'exercice en entreprise, il faut savoir bien définir les objectifs et répondre aux attentes. Le bilan de santé est de toute façon là aussi conseillé, et le suivi des séances peut se faire en collaboration avec les médecins du travail.

Le Réflexe d'Aristote est un outil très opératif pour gérer les effets du stress sur le corps. Effectué par des psychothérapeutes, sous surveillance médicale, il peut intervenir aussi en complément de certains traitements médicamenteux dans des cas bien définis.

À qui s'adresse le Réflexe d'Aristote ?

Le Réflexe d'Aristote est une méthode simple, naturelle et sans danger quand elle est pratiquée correctement. Il demande cependant, comme toute méthode, un enseignement, un entraînement et un suivi.

Il peut être ensuite pratiqué sans assistance, une fois les notions de base bien comprises et les principales résistances rencontrées vaincues, et s'il n'existe pas de contre-indications médicales à sa pratique.

Le présent ouvrage s'adresse d'abord aux psychothérapeutes pour qu'ils intègrent, s'ils le désirent, cette méthode dans leur pratique quotidienne. Mais le Réflexe d'Aristote se veut avant tout une méthode de prévention pour garder sa santé en se préservant du stress. Il s'adresse donc à toute personne stressée, en particulier dans le monde du travail où le stress s'exerce pleinement, il pourrait être proposé aux cadres de direction et aux chefs d'entreprise.

Le Réflexe d'Aristote leur permettra, en plus de les soulager des contraintes inhérentes au travail, d'optimiser ou de renforcer leurs compétences et d'atteindre, s'ils s'exercent suffisamment et régulièrement, ce qu'il a été convenu d'appeler l'« excellence managériale ».

L'*excellence* est, rappelons-le, cette faculté que possède au fond de lui tout homme et qui, s'il arrive à la manipuler ou tout simplement à l'exercer, peut l'aider à maîtriser les événements de la vie, à trouver les ressources nécessaires dans les épreuves, à prendre les justes décisions. Le Réflexe s'adresse aussi à tous ceux qui veulent s'affranchir de leur stress, de leurs tensions physiques ou psychiques en les apprivoisant. S'ils pratiquent déjà un yoga ou une méthode dite « cognitive et comportementale », cet ouvrage leur permettra de s'initier assez facilement à notre méthode.

Pour les néophytes en la matière, il leur donnera un avant-goût des possibilités de leur cerveau et de sa puissance. Ils pourront alors découvrir en suivant nos conseils, sous la surveillance d'un psychothérapeute, les bienfaits de la pratique du Réflexe pour préserver leur santé et éprouveront le besoin, du moins nous l'espérons, de le pratiquer régulièrement toute leur vie.

Le Réflexe d'Aristote s'adresse aux psychothérapeutes pour leur pratique ainsi qu'à toute personne stressée désirant s'affranchir de son stress ou le prévenir pour rétablir ou conserver la santé.

Le point de départ du Réflexe sur le corps

Le point de départ du Réflexe est presque toujours une sensation musculaire de type microcontracture qui passe parfois inaperçue, prise pour autre chose ou que l'on néglige par méconnaissance ou manque de temps. Une simple démangeaison à fleur de peau peut suffire à faire démarrer un Réflexe.

Mais il s'agit le plus souvent de douleurs musculaires connues et déjà bien installées.

En fait, toute sensation douloureuse ou tout simplement gênante, tout inconfort corporel, toutes manifestations dites « nerveuses », habituelles ou non, peuvent être le point de départ du Réflexe.

L'organisation du système nerveux est ainsi faite que, par l'intermédiaire des interconnexions entre le neurovégétatif et le système nerveux conscient, chaque point viscéral et chaque organe ont une correspondance cutanée et musculaire, et réciproquement. C'est en partie par cette structure interrelationnelle que s'expliquent les effets de l'acupuncture ou de la réflexothérapie.

Ce phénomène est suffisamment important pour que nous le répétions ici, car sa compréhension explique aussi une bonne partie de la symptomatologie médicale. Une douleur intestinale ou gynécologique, par exemple, se fera surtout sentir par sa composante musculaire plutôt que par l'organe lui-même, qui souvent n'est pas accessible à la conscience, que ce soit chez l'homme et même chez l'animal[1].

Le mécanisme intime de la sensation

Le principe

Il s'agit de percevoir le mécanisme intime d'une sensation physique corporelle. Ce mécanisme intime, révélé par un phénomène oscillatoire ou rotatoire, constitue la partie initiale du Réflexe, son démarrage.

Mettre en évidence ce rythme est primordial. Ce rythme va devoir ensuite aller croissant (le *plêthusmos* du Réflexe neuropléthysmique) dans l'espace corporel.

---

1. Les vétérinaires savent bien que pour opérer un animal – pratiquer une césarienne à une vache par exemple –, il suffit d'anesthésier le cuir et les couches musculaires de la paroi abdominale pour que la bête ne sente plus rien. C'est aussi pour cette raison qu'il ne faut jamais traiter une douleur sans un diagnostic préalable, car des anesthésies de surface peuvent masquer une pathologie aiguë profonde. L'exemple classique de la crise d'appendicite calmée par une réflexothérapie (une mésothérapie faite inopinément) peut aboutir à un drame et la laisser évoluer en péritonite. Avant tout traitement d'une douleur, quelle qu'elle soit, il doit y avoir eu diagnostic et visite chez un médecin.

La règle

Le rythme doit demeurer sous contrôle de la volonté.

Il ne faut jamais se laisser emporter ni par la sensation, quel que soit son mode d'expression, ni par son rythme.

C'est en effet la pensée du sujet qui doit imposer, par concentration et par imagination, un rythme pendulaire ou circulaire, et ce rythme doit toujours partir de la sensation, comme s'il y avait été préalablement imprimé. Cela est très important et nous y reviendrons au dernier chapitre portant sur la séance du Réflexe.

Ce mécanisme intime agit à la fois comme un démarreur et un réservoir d'énergie qui va, au cours du phénomène, s'amplifier, puis se transformer en mouvement dans tout le corps.

Mise en garde

Cependant, si beaucoup de personnes pratiquant le Réflexe ressentent en effet ce fameux mouvement oscillant ou rotatoire, avec plus ou moins de difficultés au début de l'apprentissage, d'autres choisissent instinctivement de visualiser l'énergie. Certaines personnes voient en effet sans effort objets ou images se promener sur leur corps en début de séance.

Cependant, d'une façon générale, nous n'encourageons pas la visualisation dans la pratique du Réflexe.

Pourquoi ?

Nous considérons en effet comme une facilité cette faculté de voir chez certains, et cela ne favorise donc pas du tout le travail de concentration et encore moins celui de l'imagination. Or, tout le bénéfice du Réflexe d'Aristote repose sur ces deux fonctions, car c'est par l'acquisition d'une imagination et d'une concentration renforcée que non seulement les douleurs, les sensations déplaisantes disparaissent, ainsi que le stress qui les avait provoquées, mais aussi que l'intellect peut évoluer[2].

2. Aujourd'hui, l'image présente dans toute la société prend largement la place de l'imagination et de la concentration, en particulier chez les

Le Réflexe débute par la mise en évidence, au niveau d'une sensation ou d'une douleur, d'un rythme, et cela grâce à l'action conjointe de l'imagination et de la concentration. Ces deux fonctions psychiques sont à privilégier sur toute autre, car, faisant appel à la volonté, elles permettent à la fois de lutter contre le stress et de faire progresser l'intellect.

Mise en pratique et premiers repères

Le Réflexe d'Aristote utilise la sensation physique et corporelle comme point de départ à son travail. On recherche prioritairement la gêne ou la douleur provoquées par le stress en condition habituelle.

Attention! Il faut bien sûr s'assurer toujours que la douleur est bien liée au stress et non à une lésion organique qui, elle, doit faire l'objet d'un traitement médical.

Dans la pratique du Réflexe d'Aristote, on cherchera donc à obtenir la sédation de cette douleur liée au stress ou l'on cherchera la levée de blocages le plus souvent musculaires, également provoqués par le même stress.

- Pour commencer, il faut, nous l'avons dit, créer un rythme obtenu à partir de la sensation.
- On utilise pour cela les vertus du système nerveux.

Démonstration

On choisit un point A sur le corps (*concentration de la pensée*), par exemple cutané, qui servira de point de départ au Réflexe.

---

enfants. On peut donc s'attendre à une involution de leur intellect par rapport à celui de leurs parents dans les années futures. Mais c'est peut-être aussi le but recherché...

Cette sensation est le plus souvent une microcontracture musculaire ressentie comme une gêne ou une douleur.

On compare la douleur ou la gêne du point A à une sensation physique (*imagination*), par exemple une pression (d'où la relation avec le stress, la « pression » étant une des traductions possibles de *stress*).

Par convention, nous dirons de la sensation A qu'elle est « allumée » puisqu'elle est ressentie.

Mais pour créer un rythme, il faut au moins deux temps ou deux états.

Pour la sensation, c'est pareil, il faudra, pour faire un rythme, qu'elle s'« allume » et s'« éteigne » alternativement.

Pour « éteindre » la sensation, le Réflexe d'Aristote va stimuler les centres nerveux connus pour produire des substances analgésiantes ou anesthésiantes. Ceux-ci vont donc « éteindre » la sensation A.

Mais comme la sensation A vient à se faire sentir à nouveau, tout naturellement pourrait-on dire qu'elle se « rallume ». Il faudra tout de suite imaginer, par le Réflexe d'Aristote, qu'elle « s'éteigne » à nouveau et ainsi de suite pour que se crée ce que nous avons convenu d'appeler le fameux *rythme intime de la sensation* : « allumée/éteinte ». C'est facile ! Nous reverrons tout cela à la fin du livre dans le chapitre réservé à la séance.

On peut aussi remplacer la sensation « allumée/éteinte » par la sensation « plus de pression/moins de pression », c'est-à-dire qu'à partir de la microcontracture ressentie comme une pression par l'imagination, cette même imagination augmente et diminue la pression pour là encore créer un rythme qui permettra de diminuer la douleur ou de décontracter la zone.

Selon la force que le Réflexe d'Aristote imprime aux influx corticaux antidouleur venant du cerveau et dirigés sur la zone A, la sensation venant de la zone A sera ressentie « éteinte » (pas de douleur) ou « allumée » (persistance d'une douleur), ou encore « plus de pression » = allumée et « moins de pression » = éteinte. De cette variation naissent le rythme du Réflexe d'Aristote et le mécanisme intime de la sensation. La pression ressentie en A étant le résultat du stress et celui-ci se traduisant au sens propre comme au sens figuré par « pression », celle du corps est bien celle qu'il faut traiter, et traiter la pression du corps revient bien à traiter aussi le stress.

En entreprise ou en cabinet de psychothérapie

Il faudra de toute façon que la personne qui consulte connaisse bien son état de santé au moment de commencer les séances et que le psychothérapeute qui la prend en charge demande une fiche médicale au médecin traitant.

En entreprise, le médecin du travail pourra prendre en charge ce bilan ainsi que la surveillance des séances de Réflexe, et surtout évaluer leurs bienfaits comme nous le verrons au chapitre sur la séance de Réflexe d'Aristote.

Attention! Toute maladie grave non stabilisée est une contre-indication à la pratique du Réflexe. Tout accident médical ou chirurgical récent et important est une contre-indication à la pratique du Réflexe.

Une fois la maladie stabilisée par un traitement, on peut commencer la pratique du Réflexe, à condition de rester sous la surveillance de son médecin.

La séance étant décrite en détail au dernier chapitre, nous ne dirons ici que quelques mots sur sa pratique qui sera la même en cabinet de psychothérapie ou en entreprise.

Au début de la séance, le thérapeute recherchera avec le patient une douleur, une gêne ou une sensation à type de pression sur le corps.

Il s'agit de la *sensation de démarrage* (pression) ou de la *douleur de démarrage*. Ces *sensations de démarrage* ou ces *douleurs de démarrage* seront choisies comme révélatrices ou symptomatiques du stress à gérer. Nous en reparlerons au chapitre sur la séance de Réflexe.

Les « clignotants » du stress

Ces douleurs ou ces « sensations-pressions » seront donc choisies d'un commun accord entre le psychothérapeute et le patient en cabinet et entre l'intervenant en entreprise (que nous appellerons consultant) et le cadre ou le collaborateur. Elles deviendront ainsi les *clignotants* du stress et serviront à suivre l'évolution et l'efficacité de la cure de Réflexe sur l'état du patient en cabinet ou du dirigeant et de ses collaborateurs en entreprise.

Il existe des contre-indications médicales à la pratique du Réflexe qui devront être évaluées par un médecin. Les sensations, gênes ou douleurs provoquées sur le corps par le stress et à partir desquelles un Réflexe peut démarrer sont appelées les « clignotants » du stress. Leur disparition du corps témoigne de l'efficacité du Réflexe d'Aristote.

Conditions pour la pratique du Réflexe d'Aristote

L'espace et le temps sont indispensables

Même si, par la suite, on pourra pratiquer dans n'importe quelle situation et dans n'importe quel endroit le travail du Réflexe, celui-ci sera toujours plus opératif s'il est effectué dans les conditions que nous allons indiquer.

Il faut se mettre le plus possible au calme. Le cabinet du psychothérapeute est le mieux adapté.

Dans le cas des entreprises, il faut là aussi choisir des endroits à l'écart de toutes perturbations bruyantes et veiller à ce que le cadre ou le dirigeant qui s'exerce au Réflexe ne soit pas dérangé. Se mettre là aussi au calme, sans emploi du temps serré ni de servitude au même moment ou de rendez-vous dans l'heure qui suit, bref essayer de libérer l'espace-temps qui entoure la séance.

Il faut être le plus à l'aise possible. Pas de ceinture serrée, pas de baleine de soutien-gorge rentrant dans les chairs, pas de lunettes non plus, pas de chaussures, pas de gaines évidemment ni de col de chemise étrangleur. Il faut être le plus à l'aise possible. Par la suite, quand le Réflexe sera bien maîtrisé, vous n'aurez plus à vous occuper de votre tenue vestimentaire, et les habits serrés ou trop apprêtés pourront même vous servir à la pratique du Réflexe.

La position du corps

La position allongée sur le dos est la plus confortable pour pratiquer le Réflexe, car c'est celle qui délivre le plus des contraintes de la pesanteur.

Cependant, les deux autres positions, assise et debout, sont également possibles.

La position assise ne nécessite pas une attitude particulière. Il suffit d'être là aussi bien installé. En fait, le confort de la position est surtout important quand on s'initie à la méthode, mais une fois sa technique bien acquise, il peut être pratiqué dans n'importe quelle situation. Ajoutons que l'appui-tête est un élément à ne pas négliger quand on débute. Il vaudra mieux pour cela prendre un fauteuil sur lequel tête et dos reposent plutôt qu'une chaise où la tête n'est pas tenue et subit les contraintes du vide autour d'elle.

La position debout, quant à elle, permet l'étude des tensions du corps soumis aux jeux de l'équilibre et l'étude des déformations provoquées par la marche et le côté dominant (droitier, gaucher).

De multiples pratiques ancestrales introduites ensuite en Europe, comme le Kundalinī yoga et plus récemment le tai-chi-chuan, ont certainement véhiculé autrefois le message que veut ici faire passer à travers ce livre le Réflexe d'Aristote.

La position du corps est importante lors de l'apprentissage du Réflexe, mais celui-ci une fois maîtrisé, la place du corps dans l'espace importera peu et le Réflexe pourra se pratiquer en toutes circonstances.

Le Réflexe d'Aristote chez le psychothérapeute

Principe intangible

Le Réflexe d'Aristote est avant tout une méthode de gestion du stress et c'est à ce titre uniquement qu'il peut venir en aide pour accompagner un traitement dans certains problèmes de santé liés au stress. Le Réflexe d'Aristote ne pourra donc jamais être utilisé comme moyen de traitement et il ne se fera qu'après bilan, ou diagnostic, et sous contrôle médical.

Pourquoi ?

Quand votre concentration se fixe sur une douleur de votre corps, elle crée un lien entre votre cerveau et cette douleur (cf. « La partie de tennis »). Si cette douleur est une simple tension musculaire ou tendineuse, dans les 48 heures qui suivent la séance, tout rentre dans l'ordre, même si une réaction douloureuse est toujours possible dans les deux jours qui suivent la séance.

Par contre, si votre pensée se fixe sur une douleur correspondant au symptôme d'une maladie ou sur une douleur provoquée par une lésion, votre pensée potentialisée par la force de votre concentration trouve sur cette « douleur-maladie » ou sur cette « douleur-lésion » un rythme grâce à votre imagination (c'est le principe même du Réflexe d'Aristote). Vous rentrez en phase par ce rythme avec le symptôme ou avec la lésion et vous risquez de les potentialiser et peut-être de les aggraver. C'est un peu le même principe que la troupe de soldats qui marche au pas sur un pont et qui peut, par le rythme de la marche, faire écrouler le pont.

Vous pourriez donc aggraver le symptôme ou faire grossir la lésion. Dans ce cas, il n'y aura pas d'amélioration, même après 48 heures.

Il est donc déconseillé de libérer des rythmes sur des lésions au risque de provoquer leur évolution ou sur les symptômes d'une maladie au risque de la voir se manifester à nouveau.

Par contre, toutes les autres méthodes cinesthésiques qui utilisent des sensations corporelles indépendantes des symptômes de la maladie ou qui ne rentrent pas dans les rythmes d'une lésion sont possibles en accompagnement d'un traitement et sous surveillance médicale.

Il en est ainsi pour toutes les méthodes de relaxation à condition, là aussi, qu'un diagnostic, bien évidemment, ait été effectué avant de commencer les séances.

Les contre-indications au Réflexe

Attention! Nous indiquerons en fin d'ouvrage, au chapitre consacré à la séance, toutes les contre-indications au Réflexe. Cependant, nous préférons insister dès maintenant sur les plus importantes en raison du nombre de personnes qu'elles sont supposées concerner.

Le Réflexe d'Aristote ne doit pas être pratiqué chez des cardiaques ou des asthmatiques, même réputés anciens ou guéris. Le risque est en effet de réveiller les symptômes enfouis depuis longtemps et de provoquer une nouvelle crise ou une nouvelle douleur. C'est l'effet « mémoire du corps ».

Il ne doit pas être exercé non plus chez les dépressifs graves, névroses, délires ou schizophrénie. Il ne doit jamais être utilisé sur des maladies graves en évolution, cancers, infections, tuberculose, sida.

Les cas où le Réflexe peut être pratiqué sans risques

Nous l'avons dit et le répétons, le Réflexe n'est donc pas un traitement, mais beaucoup de traitements peuvent avoir par contre besoin du Réflexe afin de mieux contrôler la part du stress qui affecte la santé, provoquant *symptômes et douleurs fonctionnels.*

Ce sera le cas des douleurs d'arthrose en dehors des poussées – cou, dos, hanches, épaules –, de certains rhumatismes, des troubles du sommeil et de tous ceux liés à l'anxiété, de la spasmophilie, de certains eczémas, de maux de tête déjà explorés et sans origine trouvée, de certaines névralgies, des douleurs de règles, des troubles liés à la ménopause, des addictions comme le tabac ou l'alcool, des douleurs d'estomac ou coliques fonctionnelles déjà explorées, etc.

Dans tous ces cas très précis de désordres fonctionnels, le Réflexe d'Aristote permet presque toujours une amélioration, parfois une disparition des troubles et souvent une diminution des prises médicamenteuses devenues inutiles (après accord du médecin traitant) et qui pourraient devenir à terme plus ou moins iatrogènes, c'est-à-dire toxiques pour l'organisme.

Un exemple : les maux de tête

Ainsi, si nous prenons l'exemple des maux de tête reconnus comme fonctionnels, après avoir fait l'objet d'explorations médicales, déclarées toutes négatives, les séances de Réflexe, d'abord en cabinet, puis éventuellement au domicile et faites par le patient lui-même quand la douleur survient, permettront une diminution notable des prises d'antalgiques. C'est le cas des maux de tête provoqués par la raideur des muscles de la nuque et qui remontent « en casque » sur le dessus de la tête. En décontractant ces muscles par le Réflexe, on diminuera la douleur et la prise intempestive d'antalgiques.

Il en sera de même pour tout autre type de douleur, mais aussi pour tous les troubles énumérés ci-dessus.

Attention ! Le fonctionnel ne veut cependant pas dire bénin. En effet, tout trouble fonctionnel peut évoluer vers l'organicité et la maladie. Aussi, même devant des symptômes bénins, la surveillance médicale reste indispensable. C'est pour cette raison que le Réflexe doit s'opérer après avis favorable du médecin.

Thérapies cognitives et comportementales

Actuellement, de plus en plus de thérapeutes s'intéressent aux thérapies cognitives et comportementales. Il faut souhaiter qu'ils soient de plus en plus nombreux encore, car il y a beaucoup de patients qui relèvent de ces méthodes et du Réflexe d'Aristote en particulier. L'intérêt en est double :

- tout d'abord pour le patient qui ainsi prendra moins de médicaments ou les prendra moins longtemps et apprendra ensuite à mieux contrôler ses douleurs, réalisant en quelque sorte une véritable auto-éducation pour sa santé ;
- pour la société ensuite, les assurances-maladie et les mutuelles qui ainsi feront de substantielles économies sur les remboursements, ce qui pourrait à terme faire baisser les prélèvements sociaux ou les cotisations aux assurances, ou du moins limiter leur progression… Mais il faut dire que dans ce domaine, d'autres paramètres économiques indépendants de la santé interviennent – hélas ! – dans le mauvais sens[3] !

Pour commencer, le Réflexe d'Aristote se fera avec un psychothérapeute qui demandera de la part du patient un certificat de non-contre-indications médicales à sa pratique. Les indications de choix du Réflexe sont bien sûr tous les désordres fonctionnels du corps, une fois explorés médicalement afin d'éliminer toutes causes réellement lésionnelles à ces désordres. Cependant, même le fonctionnel peut un jour se transformer en maladie, d'où la nécessité d'une surveillance médicale du Réflexe.

Le Réflexe d'Aristote utilise aussi les voies du système nerveux végétatif : l'effet « mémoire du corps »

Nous rappelons que le système nerveux végétatif met en relation tous les tissus du corps. Peau, glandes et viscères se trouvent ainsi reliés par l'intermédiaire des ganglions sympathiques (rameaux communicants blancs, rameaux communicants gris, nerfs splanchniques et nerfs viscéraux) de la chaîne latéro-vertébrale. Quant aux muscles (posturaux

3. Cf. annexe : « Relation entre prise d'antalgiques excessive et fertilité masculine ».

ou de parois), leur système nerveux interfère au niveau intramédullaire avec les voies du système végétatif (cordon intermediolateralis de la corne latérale, voies ascendantes spino-réticulaires, voies descendantes réticulo-spinales).

Mais le système nerveux végétatif, c'est aussi le subconscient et l'inconscient, c'est-à-dire le diencéphale, et les couches sous-corticales du cerveau auxquelles le système nerveux végétatif est relié par d'innombrables relais nerveux synaptiques.

On comprendra facilement que, le Réflexe d'Aristote ayant une action élective sur les muscles striés squelettiques, ceux-ci, en reproduisant contractions et vibrations en cours de séance, pourraient se connecter à une forme de mémoire corporelle par ce même système nerveux végétatif. Celui-ci risquera alors d'activer tous les autres tissus qui dépendent de lui, comme le cœur, les poumons ou n'importe quel autre organe. C'est dans ce contexte que l'on pourrait voir ressortir des symptômes d'une ancienne maladie sans que cela corresponde à une quelconque nouvelle poussée... mais, pour le patient, le résultat serait le même !

Cette notion de « mémoire tissulaire », bien que non officiellement reconnue, l'est pourtant des praticiens qui utilisent le système nerveux végétatif, acupuncteurs et homéopathes, qui savent s'en méfier et l'utilisent à bon escient.

Voilà pourquoi le Réflexe d'Aristote doit être sous contrôle médical, car il convient de bien connaître le fonctionnement du corps humain et d'avoir appris à diagnostiquer et à surveiller les maladies.

Le Réflexe d'Aristote utilise le système nerveux végétatif parasympathique et sympathique pour s'exercer. Celui-ci, connecté aux centres nerveux supérieurs de l'inconscient et du subconscient, peut donc faire ressortir des informations anciennes qui s'y trouvent enregistrées comme les symptômes de vieilles maladies. Il s'agit d'un véritable effet « mémoire du corps ».

Le Réflexe d'Aristote et le « drame existentiel »

Il n'est un secret pour personne que nous projetons inconsciemment nos émotions dans notre corps à longueur de temps. Ces émotions sont parfois vécues consciemment, et la relation retrouvée entre les causes et leurs effets rassure en quelque sorte. Nos maux sont alors estampillés d'une « raison valable ».

Cependant, ce n'est pas toujours ainsi et même nous pourrions dire que, la plupart du temps, c'est tout le contraire qui se passe. Nous souffrons, nous angoissons, nous sommes mal dans notre peau, nous sommes tendus, nous n'arrivons pas à dormir, nous avons des conduites aberrantes, des addictions, et cela sans avoir retrouvé de véritables causes. Les cibles de ces tensions, de ces projections morbides sont les organes, la peau et les muscles. Ce sont souvent ces derniers que nous ressentons le plus, car nos viscères sont inaccessibles spontanément à nos sens. Quant à la peau, on entend souvent parler d'eczéma, de plaques, de rougeurs et autres éruptions énigmatiques et variées.

Comme nous ne savons pas contrôler le système nerveux végétatif, celui-ci réagit un peu comme il veut face au stress qu'il reçoit. Les effets seront d'autant plus catastrophiques qu'ils passeront le plus souvent au début totalement inaperçus.

Nous supportons stoïquement et parfois même ne sentons rien. C'est après de longs mois, voire de longues années de tensions inconscientes ou endormies par les médicaments que les blocages apparaissent sous la forme de crampes musculaires tout d'abord, puis, plus tard, de maladies.

Durant ces différentes périodes, de l'installation silencieuse à la maladie criante, l'état psychique du patient évolue en passant par des phases d'angoisse ou de mal-être, dont l'importance dépendra de la plus ou moins grande possibilité de connaître les origines de ces angoisses ou de ce mal-être.

On parle alors de « drame existentiel », à l'origine le plus souvent des démarches psychothérapeutiques, la personne cherchant alors à comprendre les raisons de ses souffrances ou de ses comportements.

Comme il existe une correspondance entre chaque partie du corps et du cerveau et que cette correspondance par la voie de la pensée s'exprime au moyen d'images et de symboles dépendant le plus souvent des émotions, des contraintes et des peurs, il suffira, pour chacun des points du corps traités par le Réflexe d'Aristote, de demander au patient à quel souvenir, événement ou personnage de sa vie il pense au même moment. Très souvent, ce souvenir, cet événement ou ce personnage seront impliqués en partie ou en totalité dans le blocage corporel sur lequel le Réflexe d'Aristote travaille.

Corps et symbolisme

Aidé par son psychothérapeute, le patient recherchera donc sur son corps sensations ou douleurs. Une fois trouvées et tout en les traitant par la concentration et l'imagination comme il l'aura appris, il leur associera une signification symbolique ou réelle puisée dans les événements de sa vie. Cela peut venir du premier coup lors de la première séance ou faire l'objet d'un cheminement plus important et demander d'y revenir plusieurs fois. Mais si le symbole ou l'événement correspondent bien au problème rencontré, leur simple évocation suffira déjà à en atténuer les effets, voire à les faire disparaître totalement.

Cartographie corporelle des émotions et « géographie sensitive »

De ce type de démarche que certains compareront à des méthodes psychocorporelles et analytiques, on a pu tirer une véritable cartographie symbolique où les zones du corps deviennent des lieux de matérialisation entre les émotions et leurs traductions somatiques.

Nos études personnelles viennent confirmer cette « géographie sensitive » mise en avant par d'autres auteurs ou praticiens avant nous.

- Les douleurs de la colonne vertébrale sont toujours associées aux problèmes d'argent. Celles du cou seront plutôt en rapport avec les dettes, d'où l'expression « se sentir pris à la gorge », celles du dos trahiront des factures impayées et celles des lombaires, un compte en banque à découvert ou tout événement malheureux remettant en cause les fondements mêmes de sa famille ou de son entreprise.
- Tout le monde connaît la relation entre les pathologies de la gorge et les déficits d'expression ou bien celle entre les crises de foie et certaines contrariétés « mal digérées ».
- Les problèmes articulaires sont aussi évocateurs de conflits. Ceux de l'épaule révèlent un trouble mettant en cause le moi profond, c'est-à-dire un sentiment fort où l'honneur et l'identité du sujet sont engagés ; ceux des genoux évoquent plutôt un problème d'équilibre, alors que ceux de la cheville trahissent tout ce qui touche à la stabilité ; enfin, les pathologies des hanches traduisent une déstabilisation importante liée aux enfants.
- L'atteinte des plexus concerne l'état des sentiments ; le thoracique, l'affectif ; le solaire, la contrariété ; le mésentérique, la colère qui accompagne souvent la crise hémorroïdaire ; le sacré et le honteux, les manifestations liées à la sexualité, la fécondité et la génitalité, trois fonctions intriquées elles aussi dans les phénomènes et les manifestations liés au pouvoir, à l'argent et à la matérialité. Ces projections sont tellement précises que souvent leur simple manifestation révèle le sentiment que celui-ci soit connu ou inconnu du sujet.

Tout ce que le Réflexe d'Aristote permettra de révéler par la parole ou par les sens aidera aux prises de conscience libératrices, en particulier quand les pensées s'associent dans la même unité de temps aux sensations.

La connaissance de soi

La connaissance de soi pourra d'ailleurs être le but recherché à travers les douleurs, les pathologies et les émotions qui leur sont attachées. Souvent, ces manifestations demeureront les seules aspérités à partir desquelles le patient pourra s'accrocher pour commencer la quête de son âme et ainsi comprendre ce qui lui arrive ou ce qu'il doit changer dans sa vie pour ne plus souffrir.

À cette démarche vers la connaissance de soi, la séance apportera souvent sa contribution dans le développement personnel.

En effet, pour pratiquer le Réflexe, il faut de la volonté, de la concentration et de l'imagination. Ces trois composantes de la pensée ne sont pas systématiquement au rendez-vous chez tout le monde.

Il sera alors surprenant de découvrir pendant votre séance de Réflexe que vous avez peu d'imagination, que vous ne savez pas garder une concentration ou que votre volonté est défaillante. Vous réaliserez ensuite les conséquences de chacun de ces manquements ou de ces faiblesses dans votre vie quotidienne, puis vous les exploiterez au mieux pour préserver votre santé ou pour la rétablir.

En effet, la pensée étant le moteur de nos comportements et ceux-ci les causes le plus souvent de nos tourments, la séance de Réflexe vous révélera ce qui rend votre pensée fragile et menace alors votre conduite, puis votre équilibre physiologique.

La vie avec ses incidents et ses accidents ne sera plus une fatalité, mais une aventure à comprendre et à exploiter pour aller vers un mieux-être et une satisfaction pleine et entière du corps et de l'esprit.

« Et toi, qui es-tu ? » demandait l'oracle du temple de Delphes à celui qui cherchait la vérité. Si tu veux connaître la vérité, commence par connaître la tienne. Combien d'entre nous, de nos jours, se posent cette question ?

Apprendre à mieux se connaître, voilà à quoi peut aussi servir le Réflexe d'Aristote dans sa composante psychologique de développement personnel.

Une méthode unique

Comme nous l'avons déjà signalé, notre méthode s'est bâtie au fil du temps. D'abord vécue et expérimentée sur nous-mêmes, puis en groupe, nous avons attendu vingt et un ans pour en rédiger son contenu. Lorsque l'on se trouve dans une telle démarche d'allure empirique, il vaut mieux la tenir jusqu'au bout et quand on pense en avoir fait le tour, alors on peut vérifier si d'autres en ont parlé avant.

Le Réflexe d'Aristote est une méthode unique en son genre qui met en interaction le corps et le cerveau au moyen des rythmes puisés dans l'énergie corporelle. Très souvent, au cours de conférences ou d'exposés, on nous demande si le Réflexe d'Aristote est une forme de relaxation ou s'il s'apparente à la sophrologie ou à toute autre pratique de ce genre.

Nous répondons à chaque fois non, car, contrairement à toutes ces écoles, le Réflexe d'Aristote impose toujours la même méthodologie pendant les séances. Bien que faisant appel à l'imagination, il n'y a, paradoxalement, dans le Réflexe, aucune place pour l'improvisation, en ce sens que la méthode est toujours la même. De plus, le Réflexe d'Aristote commande aux sensations du corps, ce que s'interdisent les autres pratiques psychocorporelles par ailleurs évoquées. Nous le verrons quand nous décrirons le déroulement d'une séance.

Cependant, il faut bien admettre qu'il existe depuis la nuit des temps un tronc commun fait de méthodes et de pratiques dont le yoga, la gymnastique chinoise et la méditation furent le trépied fondateur. Dans les domaines de l'esprit et des connaissances de la pensée, les hommes des anciens temps nous furent bien supérieurs. Soyons humbles envers ceux qui nous ont tout légué dans ces domaines.

De nombreuses méthodes actuelles, cognitives et comportementales utilisent la suggestion, l'autosuggestion ou la visualisation comme moyen inducteur. Beaucoup de ces méthodes visent à plonger les participants dans des états modifiés de conscience afin de mieux travailler sur leur sensibilité en général. Aucune méthode connue actuellement n'utilise la manipulation des énergies comme le fait le Réflexe d'Aristote. C'est pour cette raison qu'il ne doit pas être utilisé chez des personnes malades et que, pour le pratiquer, psychologues et psychothérapeutes doivent s'en assurer en se mettant en relation avec le médecin du patient ou en demandant un certificat.

Suggestion et autosuggestion

La suggestion est une technique d'induction qui consiste à diffuser des symboles auditifs ou visuels. On demande alors à la personne de penser à de l'eau qui coule, de croire qu'elle est au bord de la mer, qu'elle assiste à un coucher de soleil, qu'elle entend le vent dans les arbres, etc. Dans tous les cas, on demande de mémoriser un référentiel connu, pour ne pas dire reconnu socialement, induisant le calme. Certains en ont même fait commerce en vendant des cassettes audio que l'on peut donc tranquillement écouter chez soi, assorties d'une musique ou d'un fond sonore fait de bruits naturels (cours d'eau, vagues, vents, chants d'oiseaux, bruits de la campagne, etc.) qui sont censés apporter l'apaisement.

L'autosuggestion est dérivée de la précédente puisque, dans ce cas, on demande au patient de penser à une situation reposante qu'il connaît ou qui lui est propre et qui supprime chez lui les effets du stress. Il choisit donc lui-même la situation et les critères qui lui conviendront le mieux pour cela. Il pensera par exemple qu'il se trouve au bord d'un étang, le sien, celui de sa campagne et qu'il assiste à un coucher de soleil. Il décrira ensuite avec plus ou moins de détails la situation. Il peut aussi se servir d'une couleur, de celle qu'il préfère, et y penser durant toute la séance pour conserver calme et détente.

La suggestion et l'autosuggestion font donc référence à des symboles que le patient non seulement connaît, mais auxquels l'inconscient collectif attribue un pouvoir relaxant. Mais il existe aussi, a contrario, des personnes que le bruit des oiseaux énerve et d'autres qui sont angoissées par le silence de la campagne. Il faut distinguer la suggestion et l'autosuggestion de l'imagination. Les deux premières font appel à des référentiels déjà établis, alors que l'imagination est de la création pure.

Dans le Réflexe, nous utilisons un peu la suggestion et l'autosuggestion, mais surtout l'imagination.

Même induite par un élément extérieur, l'imagination dépend avant tout de la capacité du sujet à la réaliser. Propre de l'homme comme nous l'avons vu et bien qu'Aristote pensât que certains animaux en posséderaient une, l'imagination permet la création des idées et la transformation des sensations en acte avec ou sans référentiel préexistant.

Si la suggestion et l'autosuggestion utilisent la répétition ou le comparatif d'un certain modèle pour se manifester, l'imagination, elle, peut s'en passer. Elle crée au fur et à mesure qu'elle se révèle. On pourrait dire qu'elle n'existe uniquement qu'au travers de sa production. Celle-ci apparaît subitement, puis s'auto-entretient.

Elle utilise pour cela l'énergie du mouvement qu'elle a révélé dans la sensation et c'est cette utilisation du mouvement imaginée et donc créée au cœur de la sensation qui est la base même du Réflexe d'Aristote.

Le Réflexe d'Aristote, rappelons-le, s'appuie sur deux principes fondamentaux :
– le premier étant la mise en relation par l'imagination dans le canal de la pensée de l'intellect avec les sensations du corps pour y trouver un mouvement, une information (cf. « La partie de tennis », page 196) ;
– le second étant l'utilisation à travers ce mouvement des rythmes naturels qui y sont enfouis.

La suggestion et l'autosuggestion font appel à des référentiels connus et reproductibles. L'imagination crée son propre référentiel au moment de sa mise en action. Celui-ci est toujours unique et non reproductible.

Visualisation et unité de temps

Nous avons assimilé la visualisation à une force psychique à part entière, utilisant le canal de la pensée pour s'exprimer et se manifester, en particulier par des images apparaissant sans effort et plutôt les yeux fermés.

Au niveau du Réflexe, nous faisons la différence entre l'imagination et la visualisation. Tout d'abord, l'imagination a besoin d'un support pour s'exprimer. En l'occurrence, ce sont les sensations du corps, alors que la visualisation n'en a pas besoin, les images ne se contentant que d'apparaître pourrait-on dire.

Ensuite, l'imagination ne s'exprime que par la création qu'elle provoque elle-même, dans la matière, et qu'elle utilise dans l'espace, alors que la visualisation fait, par ses images, plutôt référence au temps ou à ce qui s'y rapporte.

Les deux manifestations s'expriment donc dans des dimensions différentes : la première dans l'espace, la seconde dans le temps.

Le Réflexe d'Aristote n'est pas de l'autohypnose

On pourrait alors comparer le Réflexe à une méthode d'autohypnose par induction cénesthésique, c'est-à-dire prenant des sensations corporelles comme point d'ancrage à cette induction. Cependant, le Réflexe d'Aristote s'en distingue par le fait qu'il n'utilise pas une sensation banale et mentalisée comme suivre par sa pensée l'air qui circule dans ses poumons ou le sang dans ses artères, mais, bien au contraire, qu'il permet de sentir réellement dans son corps la sensation en acte que nous attribuons à Aristote dans son traité *De l'âme*, c'est-à-dire une sensation que l'on manipule soi-même. C'est totalement différent, et c'est cela qui fait la force et l'originalité du Réflexe.

> *Dans la visualisation pure, les images s'imposent au sujet qui les vit et les voit passivement. Leur référentiel demeure toujours le temps. Dans l'hypnose et l'autohypnose par induction visuelle ou cénesthésique, il s'agit plutôt d'une fixation qui est demandée au participant: fixation sur une image ou une lumière, fixation sur un point d'appui du corps. Dans le Réflexe d'Aristote, le participant est toujours actif et transforme un signal corporel en rythme. C'est un acte créatif et son référentiel est l'espace.*

Les rythmes électriques du cerveau et des organes

À terme, le but de beaucoup de ces méthodes psychocorporelles sera bien sûr de toujours atteindre des états modifiés de conscience, correspondant à des rythmes physiologiques nerveux sur lesquels le cerveau se repose. Ces rythmes sont au nombre de quatre, alpha, bêta, thêta, delta, et vont de 8-10 hertz pour le premier à 4 hertz pour le dernier. La fréquence est enregistrée quand une grande quantité de cellules vibrent au même rythme, déterminant un des états du sommeil ou au contraire traduisant l'état de veille.

Les états d'hyperactivité du corps désynchronisent les rythmes cérébraux. Cela se voit dans les hyperactivités sympathiques et parasympathiques qui sont en fait les états qui correspondent aux rythmes propres des organes.

Les rythmes cérébraux de base sont ceux d'un cerveau fonctionnant dans les limites physiologiques de santé, c'est-à-dire entre 1 et 30 hertz. Ceux des activités sympathiques ou parasympathiques sont ceux des organes et ils correspondent à des rythmes physiologiques bien plus élevés qui sont aussi des rythmes physiologiques de santé, mais qui sont toujours temporaires, juste le temps d'un effort physique ou d'une digestion. Quand ces rythmes parasympathiques ou sympathiques s'installent de façon permanente, il y a dysfonctionnement et le risque encouru à terme est la maladie de l'organe en question. À ce moment-là, cela veut dire que la viscéralité dont nous avons parlé plus haut dans ce livre a pris le pas sur les rythmes cérébraux, que le stress du corps a imposé son rythme au cerveau qui ainsi perd le contrôle tout d'abord du comportement, puis de la juste physiologie corporelle.

Tout désordre de santé vient toujours en premier du corps (*soma*) et non du cerveau (*cerebrum*) qui subit plus qu'il ne commande, sauf quand il y a été exercé par des méthodes connues depuis toujours et dont font partie méditations et prières[4].

> *L'observation des yogis a révélé que la méditation crée un état physiologique qui se situe presque exactement à l'opposé de l'hyperactivité d'origine sympathique. Les fréquences cardiaque et respiratoire s'abaissent, la consommation d'oxygène et le métabolisme diminuent et les tracés électro-encéphalographiques indiquent un état de relaxation profonde. Cette réaction généralisée diffère considérablement des effets locaux habituels de l'activité parasympathique et elle tendrait à prouver que*

4. Nous parlons ici des méditations et prières pour le repos du corps et de l'esprit et non des prières que pratiquent les fanatiques de toutes religions et qui n'ont rien à voir avec le but originel de la prière évidemment.

l'adepte de la méditation maîtrise consciemment son fonctionnement autonome[5].

Méditation et ondes cérébrales

Beaucoup de pratiques de relaxation correspondent à cette même disposition cérébrale d'ondes alpha ou tout au moins d'ondes de basse fréquence du cerveau que l'on retrouve en méditation ou dans les attitudes de prière. Celles-ci imposent alors au reste du corps des rythmes compatibles avec la santé, l'obligeant à retrouver son équilibre. C'est une des raisons qui permettrait d'expliquer le mélange du religieux au curatif d'autrefois et les fonctions de guérisseur, de prêtre ou de chaman réunies dans un seul et même homme ou femme.

Dans le Réflexe d'Aristote, la volonté reste toujours en activité et « pilote », pourrait-on dire, la séance en jouant avec les deux autres forces psychiques qui sont l'imagination et la concentration. Elle utilise pour cela les rythmes des sensations du corps d'abord imaginés, puis bien réels et ressentis. C'est cette confrontation des rythmes du corps avec ceux du cerveau qui caractérise le Réflexe et qui permet de rétablir l'équilibre perdu.

> *La prise de conscience, obligatoire pour retrouver l'équilibre, passe par l'utilisation des rythmes du corps principalement, et cette utilisation des rythmes imaginés au sein des sensations corporelles caractérise la pratique du Réflexe. De cette façon, il fait disparaître les signaux somatiques dus au stress et permet de rétablir l'ordre neurophysiologique du cerveau, celui qui conduit à l'excellence.*

---

5. Elaine N. Marieb, *Anatomie et physiologie humaines*, Montreuil, Pearson Education, p. 472.

La séance du Réflexe d'Aristote

Décoder les émotions

Rappel du contexte et des éléments de base

Nous déchargeons dans notre corps des tensions qui viennent de notre inconscient et dont notre conscience n'a aucune information, sauf au moment ultime où ce corps saturé le fait savoir par des douleurs diverses, des manifestations que nous appelons psychosomatiques, des troubles du comportement ou des changements d'humeur, voire, par la suite, des inhibitions et des pertes de mémoire. Tout cela traduit l'altération des centres nerveux supérieurs, mais c'est en fait tout le corps qui en est le responsable. À cause de ces effets pervers à long terme, on ne doit plus parler de stress positif. Toutes ces tensions sont donc alimentées par le stress, celui qu'on nous impose et celui que l'on se crée, mais là encore tout est très personnalisé. Face à ce stress, certains prendront rapidement des médicaments pour obtenir un soulagement et retrouver la forme ; d'autres l'endureront plus longtemps, voire penseront ne rien sentir. Tout dépend de la personnalité de chacun, de son vécu, de son éducation, de sa façon de concevoir et de comprendre les événements à travers le prisme de sa vie.

Comme nous avons l'occasion de le dire, le corps est animé par des rythmes dont certains sont évidents. Nous connaissons tous en effet le rythme du cœur, le mouvement respiratoire. Nous percevons déjà moins bien le tremblement musculaire postural et encore moins les rythmes qui animent nos intestins, notre estomac, etc. Mais que dire du rythme de l'eau ? Il existe pourtant un rythme de l'eau dans le corps humain, distinct du rythme cardiaque évidemment, du mouvement respiratoire ou du tremblement musculaire. Celui-ci est basé sur la structure vibrationnelle des liaisons chimiques des molécules et de leurs liaisons hydrogènes.

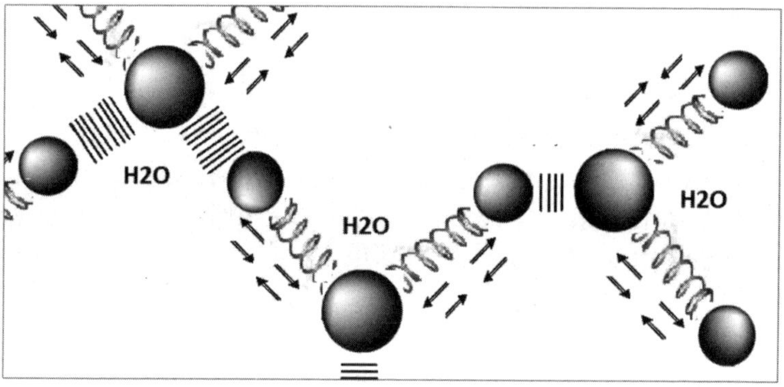

Avec un peu d'entraînement et de la concentration, on arrive en relaxation et en séance de Réflexe à ressentir ce rythme. Le plus facile, c'est de se concentrer sur son visage et, avec un peu de temps, vous le sentirez battre légèrement. D'abord, la sensation est imperceptible, puis, par effort redoublé de concentration, mais aussi d'imagination, vous finissez par la sentir distinctement. En prenant en même temps votre pouls, vous dissocierez facilement le rythme de l'eau de celui du cœur.

Le but du Réflexe

La séance de Réflexe va avoir pour but de corriger dans le corps, par la pensée consciente, les effets du stress que l'inconscient y a insidieusement incrustés. On peut voir dans ce travail, car cela en est bien un, la lutte d'influence des deux systèmes nerveux, l'inconscient et le conscient au niveau du corps, cerveau compris.

- D'un côté, le système neurovégétatif malmené par le stress déstabilise tout le corps, provoquant des tensions et des blocages.
- De l'autre côté, le système nerveux volontaire conscient se laisse au début surprendre par cette déstabilisation, mais, grâce à des enseignements comme le nôtre, peut rétablir l'équilibre là où il l'a perdu.

Rappelons, encore une fois, que la pratique du Réflexe ne constitue pas en soi un traitement médical et qu'il ne se substitue en rien aux médicaments.

Le principe opératif du Réflexe

Sur le premier niveau

Il s'oppose aux effets corporels du stress, comme nous venons de l'expliquer, créant par là les conditions pour protéger ou conserver sa santé par un processus naturel et sans danger, sous surveillance médicale.

Sur le second niveau et dépendant du premier

Le Réflexe permet le développement de la conscience, la maîtrise des pulsions et des comportements et l'amélioration de la mémoire. C'est à ce stade qu'il peut devenir un précieux auxiliaire de management ou de gestion des conflits en entreprise. En effet, pratiqué régulièrement et assidûment, il influence tout le système limbique que nous savons être le centre, dans le cerveau, de la gestion des comportements et de la mémorisation à long terme des faits récents.

Il fait en sorte que la conscience, immergée dans la matière corporelle pendant la séance, puisse d'une part la travailler pour la transformer et, d'autre part, faire remonter jusqu'aux centres supérieurs les informations décryptées. À terme se présentera le choix entre deux états : l'ancien, pathogène et involutif, et le nouveau, favorisant la santé et propice au changement.

La pratique du Réflexe d'Aristote en cabinet de psychothérapeute

À l'écoute de son corps

Bien s'installer…

Pour débuter, allongez-vous confortablement sur le dos, car c'est la position qui permet le mieux de se soustraire de la pesanteur. Il vaut mieux être habillé de la façon la plus détendue possible, sans vêtements provoquant une quelconque gêne. Pensez aussi à bien vous couvrir, car vous pourriez avoir un peu froid en cours ou en fin de séance. Une couverture de laine conciliera aisance et confort thermique.

Cependant, tous ces détails seront secondaires par la suite, car avec l'habitude vous apprendrez à faire la séance dans n'importe quelle condition et dans n'importe quelle position.

Se concentrer…

Une fois que vous êtes bien installé, vous fermez les yeux et vous dirigez votre attention sur votre corps. Il est important de rester ainsi à votre écoute pendant une bonne minute. Il est possible d'ailleurs que vous ne ressentiez rien du tout au début.

Au bout d'un certain temps, une partie de votre corps attirera votre attention.

Cela peut être un point très anodin ou au contraire un point très douloureux, ou tout simplement une gêne habituelle que vous connaissez bien.

Il est préférable de ne pas trop réfléchir, cela doit être rapide.

Et si vraiment vous ne ressentez rien du tout, alors allez chercher dans votre mémoire le point de votre corps qui d'habitude fait parler de lui et qui là, curieusement, est absent. La mémoire va le faire ressurgir.

Trouver le point clignotant…

Ensuite, vous devez vous poser la question : dans quelles circonstances de ma vie ce point douloureux et cette gêne apparaissent-ils ?

Dans la vie, les associations d'idées ne se font pas facilement, mais, en séance de Réflexe, la concentration le permet.

L'apparition de la sensation en séance peut donc être favorisée par une pensée, l'évocation d'un objet, d'une personne ou d'un lieu, associées pour chaque cas de figure à un souvenir de stress.

Ce point douloureux ou cette sensation désagréable et gênante qui apparaît en séance spontanément ou sous l'effet d'une pensée, en l'occurrence de stress ou même d'excitation, est le point clignotant.

Vous devez apprendre à le repérer, d'abord en séance avec l'aide de votre psychothérapeute, puis seul.

Ce point clignotant permet donc de démasquer le stress dans votre corps et qui est ressenti ici comme une gêne.

À l'extrême, ce pont clignotant peut être le seul indicateur de ce stress qui serait peut-être passé inaperçu sans lui.

Nous rappelons que ce n'est pas parce que le stress n'est pas perçu qu'il n'est pas sans danger, bien au contraire.

Il est important de savoir reconnaître le stress pour lutter contre lui à chaque fois qu'il se présente en mettant en route le Réflexe d'Aristote.

L'imagination rentre alors en jeu…

Une fois le point clignotant bien localisé par l'action de votre concentration, c'est votre imagination qui alors entre en jeu. Selon Aristote, c'est elle qui réunit l'intellect au corps.

Vous allez devoir analyser votre sensation, votre clignotant, et imaginer qu'il existe à son niveau un mouvement ou, si vous préférez, un rythme. Le point clignotant va devenir vraiment clignotant !

Par la suite, ce mouvement deviendra mécanique et facile comme un réflexe. C'est à cause de cela que nous avons baptisé notre méthode le Réflexe d'Aristote : d'une part, à cause de ce mécanisme, réflexe, à acquérir sur le corps et, d'autre part, en référence à l'imagination qu'il faut pour y arriver et dont parlait déjà, en son temps, Aristote sous le terme de *phantasia*. Comment imaginer le mouvement, le rythme au niveau du clignotant ?

Utiliser l'autosuggestion et l'imagination

L'autosuggestion vous permet de qualifier le clignotant.

Est-ce une brûlure ? Est-ce une déchirure ? Est-ce une piqûre ? Est-ce un tiraillement ? Est-ce un étirement ? Est-ce une torsion ? Est-ce tout simplement un poids, c'est-à-dire une pression ou toutes sortes de contraintes ?

C'est en effet le plus souvent sous la forme d'une pression, d'un étirement, c'est-à-dire d'une contrainte, que le patient ressent le stress sur son corps en séance ! Et dans la vraie vie aussi ! En plus, « pression » « étirement » ou « contrainte » peuvent être considérés comme trois des traductions françaises les plus courantes du mot *stress*[1] !

Mais quel que soit le terme employé, pression, étirement ou contrainte, peu importe, l'essentiel est de créer un lien *réel et physique* entre ce que l'on supporte dans l'environnement et au travail en particulier – le *stress* – et ce que l'on ressent dans son corps : la *pression*, l'*étirement*, la *contrainte*.

Ce que nous ressentons corporellement, physiquement, dans le Réflexe d'Aristote, c'est bien une contrainte, une pression,

1. En effet, être stressé dans le langage courant français veut souvent dire « être énervé ». Si le dictionnaire donne « tension nerveuse » comme définition du stress en français, en anglais, le mot signifie bien *pression*, *étirement* ou *contrainte*.

un étirement, qui viennent en fait du monde extérieur, de l'environnement, des autres, du voisin de palier ou du collègue de travail. Ceci est très important à comprendre!

L'imagination

Une fois le clignotant ciblé par votre concentration et qualifié par votre autosuggestion, votre imagination va y créer un mouvement, un rythme.

Pour cela, vous devez imaginer que vous percevez, pendant un court instant, une fraction de seconde, une variation au niveau de votre clignotant.

Attention! Vous ne devez pas percevoir, mais imaginer que vous percevez, c'est tout à fait différent.

Ainsi :

– Si votre clignotant est une piqûre, vous devez imaginer que, durant un court instant, il pique plus et il pique moins.
– Si votre clignotant est une brûlure, vous devez imaginer que, durant un court instant, il chauffera plus, puis moins.
– Si votre clignotant est une déchirure, vous devez imaginer que, durant un court instant, il déchirera plus et ensuite moins.
– Si votre clignotant est un tiraillement, vous devez imaginer que, durant un court instant, il tiraillera d'un côté, puis de l'autre.
– Si votre clignotant est un étirement, vous devez imaginer que, durant un court instant, il tirera d'un côté, puis de l'autre.
– Si votre clignotant est une pression, c'est-à-dire une contrainte (véritables traductions du stress en français), vous devez imaginer que, durant un court instant, cette pression, cette contrainte pèsera plus, puis pèsera moins. C'est d'ailleurs cette contrainte, cette pression

que l'on rencontrera le plus souvent pour représenter le stress sur le corps.

Vous suivrez ensuite, par votre pensée toujours très concentrée, la sensation que vous avez imaginée dans ces deux alternatives : plus de brûlure/moins de brûlure, plus de piqûre/moins de piqûre, plus de pression/moins de pression, etc.

En faisant cela, vous allez créer un rythme au niveau de votre clignotant et vous allez vraiment sentir ce que vous avez imaginé et qui pourtant avant n'existait pas : c'est presque magique !

Ce rythme, c'est le fameux mécanisme intime de la sensation dont nous avons déjà parlé plus haut dans cet ouvrage.

Maintenant, donnez de l'amplitude au rythme pour étaler la sensation sur le corps !

Comment donner de l'amplitude au rythme que vous avez créé par l'imagination pour l'étaler sur le corps ?

Ce rythme, votre imagination va le faire grandir en amplitude et en intensité. Comment cela ?

À chaque fois que vous sentirez, par exemple, la pression diminuer au niveau du clignotant, vous n'aurez qu'à imaginer qu'en diminuant, cette pression s'étale en même temps tout autour du point. Puis vous imaginerez ensuite qu'elle se renforce, en se concentrant à nouveau sur le point. Vous imaginerez encore une fois sa diminution et son étalement, mais cette fois plus loin que la fois précédente, et ainsi de suite.

En répétant plusieurs fois cette dispersion à partir de son origine, la sensation perdra totalement en intensité là où elle avait pris naissance et finira par disparaître. Cela se reproduit de façon systématique avec tout le monde.

Il peut arriver qu'une douleur qui était insignifiante en début de séance s'amplifie et devienne plus gênante pendant l'exercice. Vous devez tenir quand même un moment, car cela ne dure pas. En effet, en élargissant, toujours par l'imagination, la zone d'influence de la douleur, vous diminuerez son intensité là où elle est apparue, un peu comme si vous la diluiez dans tout le corps. Certains participants évoquent l'aspect de la pâte à tarte en boule qu'on aplatirait pour imager la baisse de pression ; je parle aussi d'un tas de sable qu'on étalerait, puis qu'on ramènerait à l'origine pour évoquer cette même variation de pression. Quand le sable est rassemblé, la pression est plus forte et, quand il est étalé, la pression diminue puisqu'elle s'étale.

Nous parlons bien sûr et toujours d'une douleur fonctionnelle et non organique, c'est-à-dire une douleur qui ne correspond à aucune maladie ni à aucune lésion.

Attention ! Nous rappelons encore ici de l'importance de tout diagnostic devant une douleur inexpliquée et de l'obligation d'un avis médical favorable avant de commencer une cure de Réflexe sur une douleur ou même un trouble fonctionnel.

La séance peut, dans un premier temps, s'arrêter là, avec l'anesthésie réussie de ce point. Vous pouvez aussi la poursuivre avec un autre point du corps, c'est-à-dire un autre clignotant. Mais le plus souvent, surtout dans des douleurs ou des sensations anciennes et récidivantes, il vous faudra revenir une, deux, trois fois ou plus sur le point de départ de la douleur et recommencer le même processus, à d'autres séances, c'est-à-dire diluer à nouveau cette sensation douloureuse par l'extension de son rythme, autant de fois qu'il le faudra.

En avançant dans l'exercice, la douleur ou la sensation se présentera de façon moins intense, un peu comme si elle s'épuisait et finissait par disparaître dans tout le reste du corps. Elle pourra finir par ne plus apparaître du tout en répétant dans le temps les séances.

Ce qui se passe durant une séance

En étant en bonne santé, il n'y a pas de limite dans une séance, si ce n'est la fatigue que vous pouvez ressentir.

La pratique du Réflexe peut provoquer une certaine fatigue et, après une séance, vous pouvez être las ou avoir envie de dormir.

Il faut savoir que le cerveau consomme 20 % du métabolisme basal au repos. Dans une séance de Réflexe et, comme on peut le voir, dans d'autres types de thérapie, la consommation d'énergie du cerveau augmente considérablement pendant le travail intellectuel. À cela, si l'on ajoute la consommation d'énergie provoquée par les muscles qui se tendent et se détendent, on comprendra pourquoi la fatigue peut s'installer.

Au début de la séance, vous mettez en connexion votre cerveau avec une partie de votre corps. Cela se fait, comme nous l'avons vu, par le moyen de la pensée, que l'on appelait avant la « force nerveuse ». Celle-ci permet d'établir des liens entre les différentes parties du corps avec comme support à ces liens le système nerveux, tout simplement. Entrent alors en jeu les différentes forces neuropsychiques qu'elle véhicule.

Tout d'abord, votre concentration va se focaliser sur la sensation et la définir comme clignotant. Ce faisant, votre concentration va permettre à votre intellect de questionner sa mémoire afin de comparer cette sensation à la « banque de données » que votre mémoire possède.

Dans ce questionnement, l'autosuggestion, qui est une composante de la mémoire, aide au travail de comparaison.

Est-ce que ça pique ? pince ? tord ? tire ? chauffe ? serre ? presse ? Si vous ne ressentez rien, votre mémoire va alors vous proposer une sensation connue, enregistrée dans sa banque de données.

Pendant ce temps, votre concentration maintient l'intellect focalisé sur le clignotant. Cette concentration agit un peu comme une loupe ou un téléobjectif qui ferait un zoom à cet endroit du corps.

Une fois la focalisation bien effectuée, concrétisée, l'imagination rentre en scène en jouant un rôle d'activateur ou de modificateur de la sensation-clignotant, ainsi qu'aurait pu l'expliquer autrefois Aristote.

Pour cela, il faut que la concentration croisse encore. Il ne s'agit plus maintenant d'autosuggestion, car il n'y a pas de référentiel ni d'appel à la mémorisation d'un modèle pour créer l'impression de mouvement au sein de la sensation. On imagine tout simplement que la sensation-clignotant s'accroît et décroît selon un rythme propre. Nous sommes là en pleine création. C'est de l'imagination pure.

Sur quoi et comment agit l'imagination pour amplifier la sensation-clignotant ?

Une fois la concentration de la pensée fixée sur une crispation, une sensation que nous avons appelée clignotant, et une fois que l'imagination y a trouvé un rythme, vient le moment de propager ce rythme dans le reste du corps pour affaiblir la crispation initiale et la faire disparaître.

Pour propager ce rythme, l'imagination va utiliser un autre réseau qui ne sera pas celui de la pensée, mais celui de l'eau du corps.

En effet, cette expansion de la sensation par l'action de l'imagination ne peut se faire, à notre avis, que par l'association de deux phénomènes : l'action de la pensée (celle du patient), véritable réseau qui se fond dans le réseau plus vaste de la pensée collective (cf. notre schéma de la toile d'araignée), et l'eau corporelle, véritable réseau également, mais électromagnétique celui-là, sur lequel, tel un écho, la pensée étale la sensation-clignotant : « plus de pression/moins de pression », « plus de chaleur/moins de chaleur », « plus d'étirement/moins d'étirement », un peu comme les ondes produites à la surface d'un étang par le jet d'un caillou.

Et ce serait par le jeu combiné des liaisons chimiques, vibrationnelles de l'eau, avec la vibration de la sensation-clignotant véhiculée par la pensée, que cette résonance pourrait se faire et favoriser l'expansion du phénomène.

C'est d'ailleurs ce que vous ressentez pendant la séance : des fluctuations, des battements en va-et-vient ou des rotations, créés par votre imagination, mais totalement distincts du battement cardiaque et qui ne semblent obéir qu'aux seuls ordres de votre volonté, centimètre par centimètre, comme si la sensation et son rythme lui étaient directement liés par aimantation.

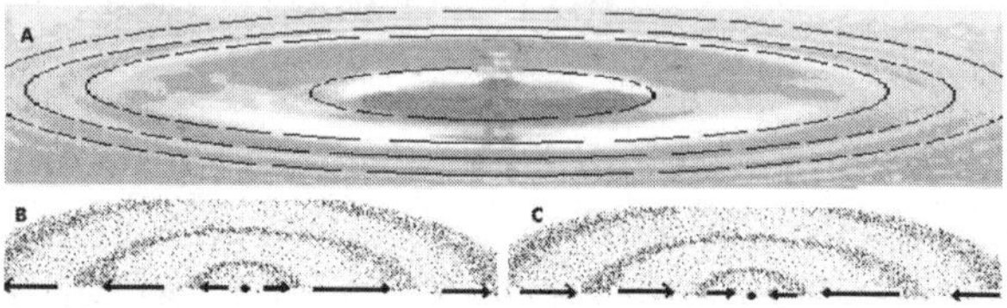

Les rythmes du Réflexe d'Aristote peuvent être comparés aux ondes faites sur l'eau (A), avec comme différence la possibilité dans le Réflexe de sentir les ondes se distendre (B) et se contracter (C).

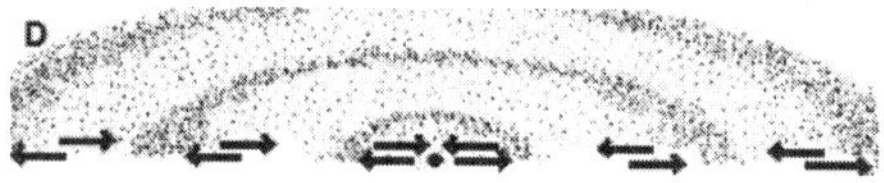

Distension et contraction imaginées alternativement définissent ainsi la sensation-clignotant, le mécanisme intime de la sensation (D).

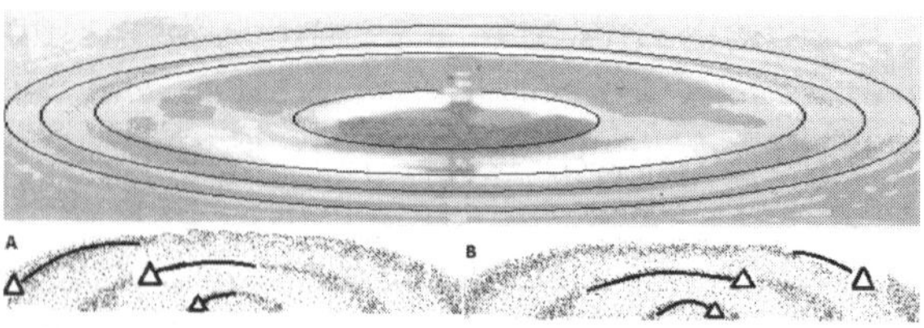

La sensation est identifiée à une rotation sur le corps. Dans ce cas, les mouvements imaginés du Réflexe sont des ondes concentriques tournant dans un sens anti-horaire (A) et horaire (B).

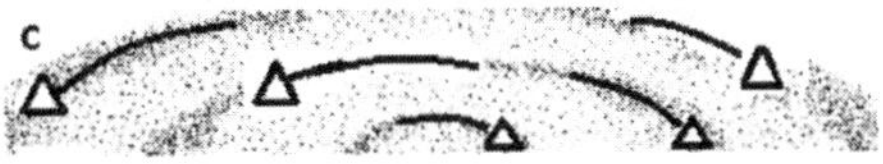

Les deux, imaginés alternativement, donnent là aussi la sensation-clignotant, le mécanisme intime de la sensation (C).

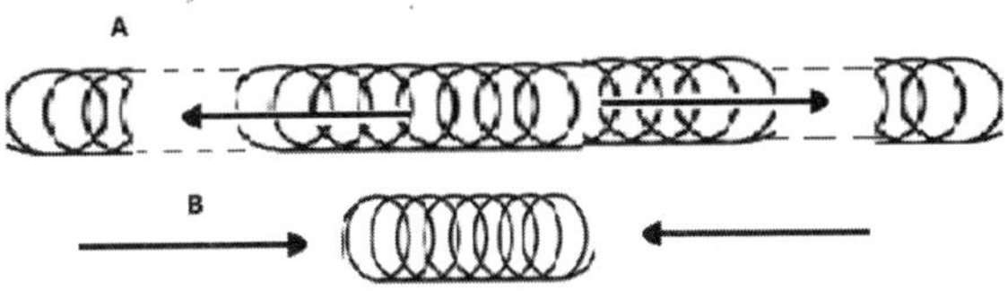

Si la sensation est un étirement, le participant va, par l'imagination, exagérer l'extension (A), puis la contraction de cet étirement (B), un peu comme un ressort qui s'agrandirait puis se rétracterait, puis s'agrandirait à nouveau, avec, à chaque allongement, le travail conjugué de la concentration et de l'imagination pour accroître toujours plus loin l'extension…

Ici, la pression sur le corps peut être comparée à un tas de sable que l'imagination étale.

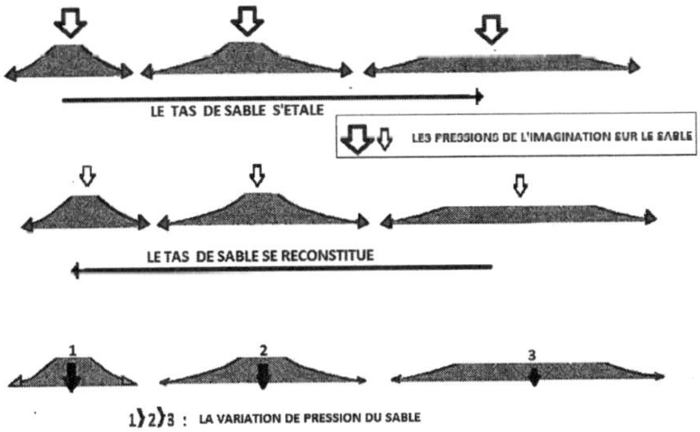

Dans le dessin du haut, le sable s'étale de gauche à droite sous l'effet de la pression de l'imagination.
Dans le dessin du milieu, le tas de sable se reconstitue sous l'effet d'une pression moins forte de l'imagination.

Étalement et reconstitution en alternance réalisent sous l'effet de l'imagination la sensation-clignotant du Réflexe.
Le dessin du bas montre les variations de pression du tas de sable à mesure qu'il s'étale de gauche à droite ou qu'il se reconstitue de droite à gauche, la pression 1 étant plus forte que la 2, elle-même plus importante que la 3. La pression du sable correspond à celle de la sensation ressentie sur le corps et elle est donc plus importante dans le tas de gauche, avant qu'il ne s'étale et se transforme en 2, puis en 3 où la sensation devient alors moins forte. C'est le but du Réflexe d'Aristote : diminuer les tensions, les pressions du corps provoquées par le stress.

Pour résumer

La concentration découvre et isole une tension, une sensation, une gêne sur le corps.

L'autosuggestion permet de raccorder cette sensation corporelle à une perception connue comme une pression, un tiraillement, un étirement, une torsion, une chaleur, etc.

L'imagination, à partir de la perception « suggestionnée », tente de créer le mouvement en question, c'est-à-dire l'alternance décrispation en cas de crispation, l'alternance décontraction en cas de contraction, l'alternance dépression en cas de pression, etc., et ainsi de donner naissance à la sensation-clignotant que nous avons aussi nommée *le mécanisme intime de la sensation*.

La volonté qui domine toute la séance va particulièrement faire travailler la concentration et l'imagination sur cette sensation-clignotant afin qu'elle s'étale sur le reste du corps et devienne ainsi moins pesante ou moins contraignante à l'emplacement où elle a été trouvée.

L'expansion de la sensation-clignotant sur le corps se fera par l'action combinée de son rythme, sous l'emprise de la volonté, de l'imagination et de la concentration réunies avec celui de l'eau corporelle, un peu comme les ondes créées à la surface d'un étang par le jet d'un caillou : la *sensation en acte* d'après Aristote.

Détente des muscles, détente du cerveau

Le problème est pour vous de passer les *barrages* corporels que constitue une *lombalgie* par exemple. Une fois le barrage passé, la sensation fluctuante se répand facilement dans tout votre corps et bientôt vous êtes bercé par le rythme.

À ce moment, douleur ou contracture ont disparu et vous pouvez vous concentrer à nouveau sur le même endroit s'il reste une douleur résiduelle et la faire disparaître par le même mécanisme, ou bien chercher sur le corps une autre sensation.

La détente que ressent le sujet correspond à une mise au repos du cerveau par des ondes basses fréquences proches des rythmes neurophysiologiques, c'est-à-dire entre trois et dix cycles/seconde. Cette détente du cerveau est provoquée par la détente des muscles qui lui sont directement reliés par les fibres nerveuses.

> *Quand le corps se détend, le cerveau en est averti et fait de même, ce qui ne veut pas dire qu'il perd ses capacités !*

Le système limbique dont nous avons déjà parlé se remplit de sérotonine, neurotransmetteur propice à une communication optimale entre ses différents centres – amygdale, hippocampe, trigone, gyrus cingulaire, corps mamillaire –, favorisant l'exploitation, l'amélioration, l'acquisition de facultés mentales comme la mémoire, l'affirmation de soi, les prises rapides de décisions pour gagner, développement de l'acquisition de comportements sociaux précieux en entreprise.

Évolution dynamique de la visualisation

Nous avons déjà dit que la visualisation n'est pas la meilleure façon d'aborder la pratique du Réflexe, car les images semblent le plus souvent échapper au contrôle de la volonté. Ceci dit et autant que faire se peut, on peut quand même utiliser la visualisation et la manipulation des images dans la pratique du Réflexe quand il n'y a pas d'autre choix.

Vous vous concentrez sur ladite image qui prend alors la place de la sensation en se superposant à elle ou en la supplantant. Ensuite, votre imagination cherche à lui trouver une évolution dynamique.

Si l'image est par exemple une plaque de ciment posée sur le ventre, correspondant à la pression ressentie au même endroit, vous devez par votre imagination chercher à déplacer cette plaque ou à la transformer en une autre image plus compatible avec la détente et le repos, comme le serait par exemple un édredon ou une couverture en laine, chaude et enveloppante.

En aucun cas, vous ne devez laisser l'image se promener sur le corps à sa guise comme si elle suivait un réseau parallèle. Votre concentration et votre imagination doivent en effet la maintenir sous l'action de votre volonté et la transformer pour obtenir la même détente que celle que vous auriez obtenue en pratiquant les rythmes sur une sensation-clignotant purement physique.

Durée et fréquence des séances

D'une façon générale, c'est votre psychothérapeute qui vous indiquera ce qui lui semble le mieux au sujet de la durée des séances et de leur fréquence. En fait, il convient déjà de tester avant tout votre réceptivité à la méthode et de trouver votre clignotant. Cela peut se faire au cours des deux premières séances.

La durée d'une séance standard est toujours comprise entre quarante-cinq minutes et une heure. Pour ce qui est de la fréquence des séances, là aussi toutes les possibilités peuvent se présenter en fonction de chacun.

Pour les douleurs, qui devront toujours être classées fonctionnelles ou mécaniques et faire l'objet d'un diagnostic avant de commencer une cure, on conseillera une séance hebdomadaire. Mais il est aussi possible de commencer des cures avec une séance tous les dix ou quinze jours.

Il faut savoir que le mécanisme d'expression d'une douleur est parfois très complexe, faisant intervenir des composantes physiques et psychiques. Celles-ci font que cette douleur est souvent bien incrustée dans le corps, voire auto-entretenue. Des séances mal faites ou mal comprises dès le début pourront donner l'impression d'une accentuation de ces douleurs et entraîner l'abandon de la pratique. Il faut donc toujours prévenir le patient de cette éventualité et tout simplement lui demander de prendre contact avec son médecin ou son psychothérapeute après une séance si la douleur ou la gêne que l'on voudrait voir disparaître curieusement semble au contraire augmenter.

En effet, le corps engramme les contraintes dans l'ordre par lequel elles y entrent. Ensuite, il les y enfouit et enfin il les oublie. Quand on commence un travail sur le corps avec le Réflexe d'Aristote, il peut y avoir un effet centrifuge sur les tensions cachées. En sortant du corps, elles peuvent alors reproduire les mêmes effets fonctionnels ou physiques avec lesquels elles y sont rentrées. Il ne faut pas s'en inquiéter, car ce genre de manifestation ne dure jamais longtemps.

Dans le cas de symptomatologies douloureuses banales, avec le temps et la pratique de séances bien comprises, les douleurs s'atténueront, voire disparaîtront, permettant de passer à deux séances par mois, puis une.

Par la suite, quand vous maîtriserez bien la méthode avec votre psychothérapeute, vous pourrez l'effectuer vous-même, seul, tranquillement chez vous, quelques minutes le soir avant de vous coucher ou même dans la journée, dans la rue ou au bureau si vous êtes très entraîné.

Autre démarche : la pratique du Réflexe en entreprise

Si le Réflexe est utilisé pour lutter contre le stress en entreprise, nous sommes alors dans une tout autre démarche que la pratique en cabinet.

Dans ce cas, c'est le psychothérapeute qui se déplace sur les lieux de travail afin de réaliser les séances dans les meilleures conditions possible pour les cadres ou les dirigeants.

Dans ce type de coaching, la fréquence et le temps des séances prendront en compte l'agenda des cadres et des dirigeants concernés afin de ne pas ajouter du stress à celui qu'ils ont déjà. Nous avons affaire le plus souvent à des personnes bousculées par le temps et se mettre à leur disposition est une priorité pour réussir ensemble le Réflexe d'Aristote.

Les modules

Nous procédons par une série de modules dont les compositions comme l'enchaînement peuvent être adaptés en fonction des situations et des problèmes propres à chacun ou aux équipes auxquelles on s'adresse.

Exemples de modules types

Module 1

Présenter le Réflexe et répondre aux questions

Avant de commencer les modules, il faut présenter la méthode et ses objectifs aux dirigeants, cadres et collaborateurs qui vont suivre la formation et répondre au mieux à leurs questions.

Audit, bilan et expertise des services et des équipes

Bien connaître les situations et les conflits générateurs de stress au sein des équipes dans lesquelles se trouvent les « candidats » à l'apprentissage du Réflexe d'Aristote.

Définition et expression des cibles

Développement de comportements et d'aptitudes spécifiques au travail ou au poste de la part de la personne qui va suivre l'enseignement, développement personnel par le Réflexe d'Aristote et développement spécifique au cadre ou à un dirigeant, expression du potentiel personnel, travail sur la confiance en soi, bilan de capacités et ressources humaines.

Module 2 – Début de l'apprentissage du Réflexe d'Aristote

Cours individuel pour connaître le ou les clignotants de son stress (contrainte) et apprendre à les manipuler.

Comment éteindre un clignotant, comment l'allumer ou encore allumer ceux mis en mémoire ?

Module 3

Cours individuel pour comprendre dans quelles circonstances et par quel mécanisme s'allument les clignotants corporels de contrainte, de pression.

Module 4 – Groupe

Participants ayant suivi les trois modules précédents et désirant partager leurs expériences pour améliorer la cohésion au sein des équipes de travail.

Le module 4 peut évoluer sous la forme de séminaires de un à deux jours afin d'utiliser le Réflexe au maximum pour le groupe. La fréquence des séminaires est à convenir avec l'entreprise sur une année. Là aussi, il convient de faire du sur-mesure.

Évaluation : individuelle et en groupe

Chaque participant évalue chaque module par un questionnaire. Il est aussi prévu une évaluation par le groupe pour le module 4. L'évaluation permet, entre autres, de savoir si la pratique du Réflexe et sa compréhension répondent aux objectifs initiaux recherchés par chaque participant, par le groupe, mais aussi et surtout par l'entreprise.

Dans tous les cas, dirigeants, cadres supérieurs et collaborateurs sont sélectionnés et suivis par leur médecin du travail tout au long de l'année, avec des tests qui sont déjà codifiés en entreprise pour la surveillance du stress.

Le médecin d'entreprise pourra en effet contrôler le bon effet de la pratique du Réflexe avec les signes cliniques connus qui caractérisent déjà les troubles de l'adaptation avec anxiété.

Les signes révélateurs de stress

Nous rappelons que nous avons préféré le terme anglais *stress* dans ce livre à sa traduction française « contrainte » ou « pression » pour des raisons de meilleure compréhension de lecture quant aux effets sociétaux du stress.

Les termes « contrainte » ou « pression » auraient mieux convenu, car ils satisfont à la fois à la traduction du mot *stress*, mais aussi parce qu'ils peuvent définir à la fois la tension qu'on met sur vous dans une entreprise et celle qu'on ressent dans son propre corps.

Enfin, la contrainte et la pression impliquent une idée de chronicité dans la situation, alors que l'on peut être stressé seulement une heure.

Pour ces raisons, le *stress* se rapprocherait plutôt de l'anxiété passagère, alors que la « contrainte » et la « pression » s'apparenteraient au *trouble de l'adaptation avec anxiété*, connu en médecine par l'abréviation TAA.

Selon le Dr Dominique Servant, voici les signes de la consultation stress et anxiété du CHU-hôpital Michel-Fontan à Lille comme ils ont été publiés dans le supplément de *La revue du praticien/Médecine générale* du 11 septembre 2007, n° 778/779 :

- *signes psychiques :* appréhension, inquiétudes, ruminations, troubles de la concentration, difficultés d'organisation ;

– *signes somatiques :*
  • neurovégétatifs cardiovasculaires : tachycardie, tension élevée,
  • neurovégétatifs gastro-intestinaux : douleurs d'estomac comme des brûlures, crampes, ballonnements, troubles du transit, reflux acides,
  • neurovégétatifs cutanés : transpiration, eczémas [ajouté par l'auteur] ;
– *signes comportementaux :* instabilité ou inhibition motrice, logorrhée, irritabilité ou impatience envers les autres, troubles du sommeil, de l'appétit.

Il faut faire la distinction entre syndrome anxieux et syndrome dépressif.

C'est pour cette raison que ces états doivent être pris en charge par les médecins généralistes afin d'explorer, dans un premier temps, les symptômes et s'assurer qu'ils ne correspondent pas à une organicité cachée et, dans un deuxième temps, faire la distinction entre anxiété passagère ou chronique et une dépression masquée ou débutante.

Dans tous les cas, il faudra rechercher une cause ou un contexte d'événements perturbateurs, récents (moins de trois mois avant l'apparition des signes), en cours ou disparus depuis moins de six mois et touchant la famille, la santé ou le travail, les lieux de vie avec nuisances sonores ou autres.

Enfin, il peut exister un fond de personnalité anxieuse qui évolue depuis toujours et qui peut jouer un rôle dans la difficulté d'adaptation du sujet. Ce sont la dépendance, l'évitement, l'hypersensibilité émotionnelle, l'hypercontrôle et la méticulosité, le manque de confiance en soi…

Autres échelles d'évaluation

Le World Health Organization and Work Performance Questionnaire (HPQ)

L'intérêt de cet outil vient du fait qu'il permet d'obtenir des informations sur l'incidence de la santé au travail par une auto-évaluation. Le rapport du Pr Jean-Pierre Brun de l'université Laval au Québec note que :

Ainsi, il est possible d'évaluer l'association entre certaines conditions de santé. Les résultats obtenus du HPQ ont étudié cette association entre diverses conditions chroniques de santé physique et mentale et la performance au travail.

Le Stanford Presenteeism Scale

C'est un outil qui évalue l'impact des problèmes de santé sur la performance et la productivité individuelle. L'échelle employée se compose de trente-deux items qui mesurent les capacités cognitives, émotives et comportementales des employés à se concentrer et à accomplir leur travail malgré leurs problèmes de santé.

(Rapport Jean-Pierre Brun)

Les contre-indications au Réflexe

Nous en avons déjà parlé, mais il est important de les rappeler et d'être clair à ce sujet. Le Réflexe d'Aristote n'est pas une méthode de relaxation, mais une méthode d'interréactivité entre le corps et le cerveau. Il doit être pratiqué par des psychothérapeutes ou des psychologues avec, avant de commencer les cures, un certificat d'absence de contre-indications médicales à sa pratique pour chaque participant.

Le Réflexe d'Aristote est réservé aux troubles fonctionnels ayant fait l'objet d'un diagnostic médical. Les cures doivent être sous la surveillance d'un psychothérapeute (du moins au début) pouvant se mettre en rapport avec le médecin connaissant la personne qui pratique le Réflexe.

Ne pourront pas pratiquer le Réflexe les patients ayant dans leurs antécédents :

- des pathologies cardiaques : troubles du rythme, insuffisance coronaire, infarctus du myocarde, malformation cardiaque, etc. ;
- des pathologies vasculaires comme les anévrismes (antécédents connus familiaux) ;
- des pathologies pulmonaires comme l'asthme, l'emphysème ou la BPCO, ou des antécédents pulmonaires, embolies ;
- des pathologies nerveuses et psychiatriques comme l'épilepsie non traitée, les dépressions graves, les psychoses.

Ne pourront pas pratiquer le Réflexe d'Aristote :

- les malades immunodéprimés comme ceux porteurs du virus du sida, les tuberculeux, toutes les viroses en évolution ;
- les diabétiques sous insuline ;
- les patients porteurs d'un cancer en évolution, même sous traitement ;
- les dépressifs graves, même sous traitement, ou les psychotiques, même traités.

Tous les autres malades équilibrés par un traitement et sous surveillance médicale peuvent pratiquer sans risques le Réflexe d'Aristote. Tous les patients atteints de troubles fonctionnels peuvent bien sûr pratiquer le Réflexe, à condition d'avoir fait le diagnostic de ce pour quoi ils consultent. Les enfants en bonne santé peuvent pratiquer le Réflexe dès le moment où ils comprennent l'enseignement. Ils sont généralement très doués, vont très vite, car ils n'ont pas le blocage mental des adultes. Contrairement à l'adulte, l'imagination chez l'enfant est une réalité qui ne pose aucun problème.

Épilogue – La conscience du monde

Le stress, dont la correspondance physique est la pression, est devenu le fléau des temps nouveaux. Jamais il n'y eut par le passé autant de malades sur la Terre et jamais le monde n'aura été aussi en danger à cause des effets directs et indirects du stress. Non seulement celui-ci abîme l'homme jour après jour dans son corps, mais il provoque en lui des effets pervers touchant son comportement. À partir de là, s'enchaînent conflits, guerres et krachs boursiers, course monstrueuse à l'ego, désir de puissance et volonté de posséder sans raison, comportements aberrants, addiction aux conduites à risques, boulimie de consommation tous azimuts, violences et délinquances de toutes sortes, troubles sociaux, désintégration du tissu social, suicides, divorces. Cette folie destructrice touche chaque individu, quels que soient son pays ou sa race, mais elle touche aussi les groupes, les foules, des communautés entières, les continents.

Le stress a certes toujours existé ; certains prétendent même qu'il est source d'évolution. Nous n'avons pas contesté cette vérité biologique. Ce que nous avons voulu dénoncer dans le stress, aujourd'hui, c'est son institutionnalisation sociétale, son instrumentalisation comme outil de pouvoir et de productivité, sa présentation comme nouveau moyen de communication quasi naturel entre les hommes.

Pour nous adapter au stress, nous avons dû adopter la posture du rat de laboratoire qui, agressé et ne pouvant fuir, finit par tomber malade.

Fidèles disciples des théories de Hans Selye, mais sans en avoir tiré les bonnes conclusions, nous n'avons pas vu réellement le changement se faire. Pour la plupart d'entre nous, la vie que nous menons est normale et naturelle. Les enfants qui naissent aujourd'hui et qui regardent la télévision, les productions cinématographiques ou Internet pensent qu'il est possible de tuer de sang-froid son voisin, qu'un héros est celui qui massacre beaucoup de gens, que la relation entre un homme et une femme passe immédiatement et en première intention par l'acte sexuel et que fumer de la drogue à douze ans fait partie des choses de la vie. Le stress dans tout cela est devenu un nouveau mode de vie, presque une philosophie.

Jusqu'à présent, nous n'avons pas beaucoup entendu de critiques de la part de ceux qui, spectateurs dociles, accompagnent en France et dans le monde, depuis quarante ans, cette dérive. Nous n'avons pas non plus entendu de regrets ni d'excuses de la part de ceux qui furent, de près comme de loin, les complices de cette sombre entreprise. En effet, il ne faut pas laisser croire que tout a été mené de façon inconsciente et hasardeuse. La volonté d'une minorité agressive et violente dans son esprit a pris les commandes, et tout s'est emballé.

Le problème posé est de savoir si la conscience du monde, qui est en train de se mettre en place grâce à Internet, va permettre de renverser la tendance et d'éviter une catastrophe planétaire à côté de laquelle la crise financière que nous traversons aujourd'hui n'est rien.

Certains événements peuvent le laisser espérer. Le jugement international des dictateurs et criminels de guerre, les problèmes d'écologie et d'environnement avec la condamnation des pollueurs de mers, la recherche d'énergies propres, le retour de certaines valeurs telles que le respect et l'acceptation des différences, mais aussi la volonté pour que reviennent au goût du jour les notions d'effort au travail et d'encouragement à bien faire en général sont plutôt bon signe.

Le Réflexe d'Aristote ne sera pas l'arme absolue pour le grand soir de ce revirement. Le Réflexe d'Aristote est parti du terrain de l'expérimentation quotidienne. Comme toutes méthodes parties du bas de l'échelle et non enseignées par un système, elle mettra du temps à s'imposer.

Pour le moment, le Réflexe d'Aristote se veut être modestement un exercice de la pensée, une méthode pour mieux s'en servir, mais aussi une méthode de gestion du stress permettant de développer chez ceux qui s'y essaient deux grandes facultés :

- tout d'abord, une meilleure emprise sur eux-mêmes pour combattre certains des effets de ce stress ;
- puis, dans un deuxième temps, leur permettre d'atteindre une pleine exploitation de leur potentiel cérébral. C'est ce que nous avons appelé l'excellence, c'est-à-dire cet état qui donne à celui ou à celle qui le possède le pouvoir du discernement juste et de la juste décision.

En exercice de cabinet, avec un psychothérapeute, le Réflexe d'Aristote permettra de temporiser les formidables progrès techniques de la médecine en rappelant à l'homme qu'il a aussi un esprit et qu'il doit toujours le mettre en avant.

Dans l'entreprise et la société, il permettra d'établir de nouvelles valeurs et de nouveaux modes relationnels entre les hommes et les femmes qui voudront bien l'apprendre et l'utiliser dans un premier temps et le promouvoir ensuite.

Le monde n'en sera pas changé, mais la pensée et l'imagination humaines mèneront insensiblement leur travail à terme. C'est du moins ce que nous espérons.

Lexique

A

Accélérateur de particules

Les accélérateurs de particules, linéaires ou circulaires, sont des appareils qui permettent de donner des vitesses élevées et de l'énergie à des particules par l'action de champs électriques et/ou magnétiques.

Acide aminé

Molécule de base de la matière vivante. Les acides aminés seraient les perles des colliers que représenteraient les protéines. Et tous ces colliers font nos tissus et nos organes ! Il existe vingt acides aminés : alanine, arginine, asparagine, aspartate, cystéine, glutamate, glutamine, glycine, histidine, isoleucine, leucine, lysine, méthionine, phénylalanine, proline, sérine, thréonine, tryptophane, tyrosine, valine.

ACTH

Sous l'action de l'hypothalamus par son hormone CRH, l'hypophyse sécrète l'ACTH. C'est une hormone polypeptidique (c'est-à-dire une chaîne d'acides aminés) qui agit à son tour sur la glande surrénale et favorise ainsi de la part de cette glande la sécrétion de glucocorticoïdes (cortisol), d'aldostérone et de corticostérone et enfin la sécrétion d'androgène par l'intermédiaire de la DHEA et de la prégnénolone.

Deux remarques à propos de cette hormone : tout d'abord, elle a comme précurseur une préhormone qui donne aussi les endorphines, des hormones naturelles antidouleur. Donc, tout traitement par de la cortisone, surtout s'il est répétitif, aura tendance à diminuer la synthèse d'ACTH (effet rétrocontrôle sur l'hypothalamus et sur l'hypophyse), mais aussi de son précurseur et des hormones que celui-ci produit comme les antidouleurs endorphines. Moralité : les traitements chroniques par la cortisone fragilisent l'individu devant la douleur en plus d'autres inconvénients. Il vaut mieux prendre des oméga-3 en forte dose, quand cela est possible évidemment. La cortisone est cependant nécessaire et elle sauve des vies tous les jours, ne l'oublions pas non plus.

La deuxième remarque à propos de l'ACTH concernera le caractère rythmique de la sécrétion : toutes les quinze minutes en moyenne, avec un taux maximal sanguin à huit heures du matin et minimal vers vingt-trois heures. Si les médecins ne connaissent pas les fréquences et les rythmes dans leur jargon, les glandes semblent, elles, très bien les connaître. L'hypersécrétion de l'ACTH en tant que maladie donne le syndrome de Cushing.

Addiction

Comportements répétitifs et irrépressibles d'un individu malgré les efforts pour y échapper. L'alcoolisme, le tabagisme, l'hypersexualité, la boulimie sont des addictions. La drogue, la colère et la violence en sont d'autres.

ADH

Antidiuretic hormone : l'hormone antidiurétique, c'est-à-dire l'hormone qui retient l'eau dans le corps. Sécrétée par l'hypothalamus, elle se trouve ensuite stockée dans la posthypophyse pour être elle aussi déchargée par cette glande selon des schémas vibratoires ou fréquentiels très complexes.

Son origine hypothalamique, centre intégrateur des sensations conscientes et inconscientes de l'individu, mais surtout de ses émotions, permet de comprendre comment une peur ou une joie peuvent faire gonfler en une heure ou retenir un ou deux litres d'eau au cours d'une soirée.

ADN

Molécule contenue dans le noyau de la cellule et support de l'hérédité.

L'ADN détermine la synthèse des protéines et participe lors de la division cellulaire à la transmission des caractères génétiques présents dans toutes les cellules d'un même individu.

Adrénaline

À la fois hormone et neurotransmetteur, elle est sécrétée par la glande médullosurrénale dans un contexte de contrainte sous la stimulation du système nerveux sympathique. Son action consiste à activer le système cardiovasculaire pour faire face à un danger. L'adrénaline a d'autres effets, en particulier elle favorise l'augmentation du sucre dans le sang.

Quand on est stressé en permanence, c'est comme si l'on était en danger en permanence. La vie devient vite impossible. C'est ce qui se passe pour nos contemporains, et c'est pour cela qu'ils sont tellement malades.

Aldostérone

Hormone également sécrétée par la corticosurrénale, mais au niveau de sa couche glomérulée. Elle provoque une rétention de sodium par l'organisme et une fuite urinaire de potassium. Elle agit pour cela sur le rein. Son élévation pathologique donne le syndrome de Conn. Son absence provoque la mort. Elle joue un rôle crucial pour réguler le volume de sang circulant et la tension artérielle. Elle favoriserait en particulier la synthèse de collagène par les cellules cardiaques et vasculaires, ce qui contribuerait à augmenter la résistance de la tension dans les vaisseaux. Elle serait responsable, au niveau de l'hippocampe, dans le cerveau limbique de l'appétit « sel », c'est-à-dire du goût salé ou non salé pour chacun d'entre nous.

Algie

Douleur localisée, régionale ou viscérale, quelle qu'en soit la cause.

Alzheimer

Maladie dégénérescente de certaines parties du cerveau, en particulier de celles gérant la mémoire des faits récents (cf. *Glutamate*).

Amphétamine

Substance excitante et coupe-faim, dont les effets sont proches de ceux du système nerveux sympathique. Il existe trois classes : les psychostimulants, les hallucinogènes et les anorexigènes. Utilisées comme drogues, les amphétamines sont plus connues sous le nom de speed. Leurs effets sont la levée de la sensation de faim et de fatigue, de l'inhibition, en favorisant le bien-être, l'euphorie et les performances intellectuelles comme la concentration. Dans le cerveau, elles agissent en favorisant la sécrétion de dopamine, mais, à terme, elles produisent des dégâts considérables.

Amygdale

Petit centre nerveux de la taille d'une amande – d'où le nom –, situé en avant de l'hippocampe dans le cerveau limbique et responsable d'émotions comme la peur et l'agression.

Analgésie

Absence de sensation douloureuse quelle que soit son origine. L'auto-analgésie est l'anesthésie produite par le corps lui-même au moyen des endorphines. La pensée est capable de cela et il faut encourager cette fonction, quand cela est possible, au lieu de recourir à une hétéro-analgésie par les médicaments, surtout ceux de conforts.

Analyse cognitive

Étude des fonctions mentales de l'être humain en tenant compte de ses connaissances et mettant en cause sa mémoire, son langage, son intelligence et ses facultés de perception dans le but de résoudre les problèmes. Il faudrait ajouter à cela l'imagination et les fonctions subtiles telles que la visualisation et l'intuition.

Anion superoxyde

« Les anions superoxydes ($O_2^{\bullet-}$) sont formés par la capture d'un électron par la molécule d'oxygène. Ils ont une faible réactivité avec les composés biologiques et ne réagissent ni avec les acides nucléiques et leurs constituants, ni avec les protéines et leurs acides aminés, ni avec les lipides et leurs acides gras. Par contre, ils ont une demi-vie relativement longue (supérieure à quelques dizaines de secondes). Ils peuvent donc diffuser vers leurs cibles, en particulier les superoxydes dismutases, les ions Fe^{2+}, ou encore la vitamine C. Toutefois, la présence de la charge électrique négative sur cette molécule bloque leur diffusion au travers des membranes biologiques. En fait, ils sont indirectement toxiques en réagissant avec le peroxyde d'hydrogène (H_2O_2) et le monoxyde d'azote (NO), produisant respectivement des radicaux hydroxyles ($HO^{\bullet}$) et des peroxynitrites ($ONOO^-$). » (Michel Démarchez, *Le stress oxydant cutané*, Biologiedelapeau.fr, 16 juin 2012.)

$$O_2^{\bullet -} + Fe^{3+} \longrightarrow O_2 + Fe^{2+}$$

$$H_2O_2 + Fe^{2+} \longrightarrow OH^{\bullet} + OH^{-} + Fe^{3+} \quad \textit{(réaction de Fenton)}$$

$$O_2^{\bullet -} + H_2O_2 \longrightarrow OH^{\bullet} + OH^{-} + O_2 \quad \textit{(réaction de Haber-Weiss)}$$

Anorexie

Perte d'appétit.

Antalgiques

Médicaments luttant contre la douleur.

Anticorps

Protéine synthétisée par le corps pour le défendre contre des agents infectieux, virus, parasites ou bactéries.

Anxiolytique

Médicament allant du simple sédatif jusqu'à l'antidépresseur, en passant même par certains anti-allergiques, et permettant de lutter contre l'anxiété rencontrée dans le stress. La France fait partie des pays qui consomment le plus de ce type de médicaments, d'où l'importance d'installer d'autres moyens pour lutter contre ce stress.

Arc réflexe

Circuit nerveux faisant intervenir un nerf sensitif qui enregistre une information ou stimulus venant le plus souvent de l'extérieur pour l'acheminer vers le système nerveux central, en l'occurrence la moelle épinière, et un nerf moteur qui transmet la réponse depuis le système nerveux central à ce stimulus, souvent par un mouvement de défense ou de retrait.

Arthrose

Processus d'usure inflammatoire du système cartilagineux pouvant toucher une ou plusieurs articulations.

Astroparticules

Les neutrinos, les rayonnements gamma et les rayons cosmiques ; la matière noire et les ondes gravitationnelles en font partie.

ATP

L'adénosine triphosphate est la molécule du vivant qui sert à transporter l'énergie pour permettre les différentes réactions chimiques de la cellule. Pas d'ATP, pas d'énergie ; pas d'énergie, pas de mouvement ni de réactions chimiques.

Axe hypothalamo-hypophyso-corticotrope

Trajectoire physiologique de nature neurohormonale traduisant l'influence des glandes endocrines entre elles depuis l'hypothalamus dans le cerveau, l'hypophyse « pendue » sous le cerveau et les surrénales qui recouvrent les reins.

Axone

Prolongement de la cellule nerveuse par lequel se propage l'influx nerveux.

B

Bêta-adrénergie

Ensemble des phénomènes biochimiques en rapport avec l'activation des récepteurs bêta situés à la surface des cellules. On distingue les récepteurs bêta 1 qui activent la contraction des fibres cardiaques, les bêta 2 qui relaxent les fibres pulmonaires et celles de l'utérus et les récepteurs bêta 3 qui relaxent les fibres musculaires lisses de l'utérus, de la vessie et des vaisseaux sanguins.

Boulimie

Rapport pulsionnel et pathologique à la nourriture qui entraîne des conduites anormales faites d'apports excessifs, suivis de vomissements ou de périodes d'anorexie.

BSR

Brain stimulation reward: phénomène par lequel les parties du cerveau impliquées dans la satisfaction, le plaisir ou la récompense sont stimulées électriquement ou chimiquement en associant à cette stimulation une sensation ou un comportement dans le but de renforcer sa mémorisation à long terme.

C

CD4, CD8

Les CD4 sont des glycoprotéines de surface produites par des globules blancs (des lymphocytes plus exactement). Ces lymphocytes marqués par ce CD4 organisent la destruction d'agents agresseurs comme les virus, les bactéries, les parasites ou les champignons. Dans le cas du VIH, ce dernier envahit les CD4 pour s'en servir afin de produire encore plus de VIH. La capacité de résistance à la maladie s'exprime donc par le taux de ces lymphocytes CD4. Des millions de lymphocytes CD4 sont détruits tous les jours par le virus, mais des millions d'autres lymphocytes CD4 les remplacent. Quand le taux de CD4 est débordé, la maladie s'installe. Le taux de CD4 varie en fonction des saisons, du jour de l'année, de l'humeur, du cycle menstruel, de la prise de tel ou tel médicament et, bien sûr, du stress. Les CD8 sont des lymphocytes marqués par la glycoprotéine CD8 et leur rôle est de détruire les cellules infectées par l'agent infectieux (le VIH par exemple). Ce sont des cellules tueuses. Leur autre rôle est de favoriser la défense immunitaire contre l'agent infectieux.

CD4 et CD8 sont des marqueurs antigéniques à la surface des lymphocytes T permettant de connaître la population de ceux-ci. Les CD8 correspondent aux lymphocytes T cytotoxiques, c'est-à-dire qu'ils détruisent les cellules infectées. Les CD4 correspondent aux lymphocytes T qui interviennent comme régulateurs ou intermédiaires des fonctions lymphocytaires et ce sont eux qui sont la cible du VIH dans le sida.

Cellules-souches

C'est l'avenir de la médecine et peut-être même de l'humanité si l'esprit est à leurs côtés. Les cellules-souches sont les cellules mères des tissus qui constituent notre corps. On pensait qu'elles étaient spécialisées pour des tissus déterminés dès l'origine de la vie embryonnaire. En fait, on s'est aperçu qu'elles étaient omnipotentes, c'est-à-dire qu'à partir d'une cellule-souche non encore différenciée, on pouvait obtenir pratiquement tous les tissus adultes. Mais la surprise fut encore plus grande quand on mit en évidence, ces dernières années, que les organes adultes possédaient encore des cellules-souches. Les scientifiques découvrirent même, dans le cerveau, des cellules dormantes, pouvant, si elles étaient stimulées, devenir n'importe quel tissu adulte de l'organisme. L'espoir thérapeutique est donc immense et l'on peut dire sans trop s'avancer que les miracles en médecine sont pour demain. Mais attention, il faudra être vigilant et surtout, à l'exemple de Faust, ne pas abandonner son âme à la science. Enfin, tout n'est pas encore maîtrisé et il ne faudrait pas que les injections de cellules-souches réveillent des cancers dormants.

Cénesthésique

Qui est relatif à la cénesthésie qui, selon le dictionnaire, est le sentiment vague que chaque individu a d'une partie ou de la totalité de son corps.

Centre sérotoninergique

Centre nerveux qui synthétise de la sérotonine.

Centre suprachiasmatique

Structure cérébrale de la taille d'une mine de crayon située juste au-dessus du chiasma optique, d'où son nom, et en avant et en dessous de l'hypothalamus auquel elle est liée. Cette position permet à ces centres de recevoir les informations énergétiques issues de la vision via les nerfs optiques et de les transmettre à l'hypothalamus. Cette fonction transforme ces centres en véritable horloge biologique rythmée par l'énergie photonique venue de l'extérieur et informant ainsi le corps tout entier des rythmes nycthéméraux, c'est-à-dire la notion de jour et de nuit. Des expériences faites dans le passé en spéléologie, en particulier par Michel Siffre, ont démontré les risques encourus sur le plan psychiatrique par l'être humain quand celui-ci n'était plus soumis à ces rythmes.

Cerveau archaïque, reptilien

Le cerveau archaïque ou reptilien serait notre premier cerveau dans l'évolution. Il correspond, chez l'être humain, au tronc cérébral. Il est responsable des comportements primitifs assurant nos besoins fondamentaux. Il assure la survie de l'individu et de l'espèce.

Cerveau limbique

C'est le cerveau des émotions et de l'affectif. Constitué de l'hippocampe, de l'amygdale, de la circonvolution cingulaire, du fornix et de l'hypothalamus, il dessine un anneau suivant les limites inférieures du néocortex qu'il met en relation avec les formations cérébrales plus anciennes. Cerveau de l'affectif et des processus de mémoire, il apparaît il y a 65 millions d'années avec les premiers mammifères et prédomine chez les rongeurs ou les petits félidés. C'est un ensemble complexe de noyaux et de voies nerveuses relié à l'hypothalamus, au tronc cérébral et au néocortex situé au-dessus du cerveau reptilien. Comme le cerveau reptilien, c'est aussi le centre du non-verbal, du comportement, de l'instinct et, chez l'homme, on lui attribue la gestion de l'empathie, des sentiments de conviction, du statut social, des croyances, de la sécurité, des motivations, de la réussite, des échecs, du plaisir et du déplaisir. Un régal pour le jeune cadre dynamique stressé !

Cervelet

Structure du système nerveux central, situé en arrière du tronc cérébral et sous les hémisphères cérébraux, impliqué dans l'apprentissage et la coordination des mouvements ainsi que leurs automatismes.

Choc en retour

Expression qui prétend signifier que tout phénomène ou toute action, surtout issue de l'activité humaine, a son revers tôt ou tard, et ce revers concerne toujours le ou les auteurs du phénomène ou de l'action.

Chromosomes

Support du matériel génétique d'un individu. Se trouve dans le noyau de la cellule. Chez l'être humain, le noyau cellulaire possède quarante chromosomes réunis en vingt-trois paires.

Chronobiologie

C'est la science qui étudie les rythmes biologiques en général. Elle en est encore dans sa préhistoire, car rien n'a été vraiment fait pour développer les connaissances dans ce domaine et encore moins pour les mettre en pratique, que ce soit en médecine, où l'on commence à s'en occuper, que dans la vie publique en général. Les passages en heures d'hiver et d'été chaque année pour soi-disant sacrifier aux réalités économiques sont en fait des traumatismes importants pour nos horloges biologiques, principalement celle des enfants, mais, pour le moment, les arguments de leurs opposants représentent bien peu face aux lobbies de toutes sortes, qui, dans l'ombre, organisent notre « déboussolage ».

Clonage

Reproduction asexuée d'une cellule par division ou d'un individu tout entier à partir de son ADN, implanté dans un ovule, dont on a retiré le noyau. Il est d'ailleurs curieux de constater que, pour que la division commence, il faille stimuler électriquement le noyau porteur de l'ADN, un peu comme si la vie ne pouvait se faire sans cette vibration initiale.

Cocaïne

Drogue issue de la coca et classée comme stupéfiant en Europe. C'est un psychostimulant et un vasoconstricteur cardiovasculaire, c'est-à-dire que la cocaïne resserre les vaisseaux et accélère le cœur en favorisant l'hypertension artérielle. Elle stimule le système nerveux et entraîne dépression, anxiété et dépendance.

Codon

Séquence de trois des bases qui forment l'ARN et qui, transposée sur un ARN messager, « code » (d'où son nom) pour un des vingt-deux acides aminés composant les protéines. La succession de ces codons sur l'ARN messager déterminera la structure de la future protéine.

Coenzyme

Molécule qui est souvent une vitamine et favorise l'action de l'enzyme pour le bon déroulement d'une réaction chimique. On connaît environ vingt coenzymes pour plus de deux mille enzymes répertoriés et ils sont chez l'homme apportés par l'alimentation.

Cognitif

Ensemble des processus psychiques organisés par le cerveau.

Cordon intermediolateralis

Encore appelé noyau intermediolateralis, il fait partie de la moelle végétative et assure les connexions entre les neurones responsables de la motricité consciente et ceux de la sensibilité consciente avec les neurones viscéraux, c'est-à-dire le système neveux inconscient.

Corne antérieure et corne postérieure de la moelle

La corne antérieure est la zone des cellules motrices de la moelle grise et la corne postérieure est la zone où arrivent les neurones de la sensibilité.

Corps mamillaires

Ce sont deux petites formations arrondies de la grosseur d'un petit pois situées en avant de l'hippocampe et de chaque côté de l'hypophyse. Ils forment avec l'hippocampe le circuit de Papez qui serait la base des émotions.

Cortex

« Écorce » du cerveau, le cortex est la couche externe des hémisphères cérébraux. De couleur grise, c'est là que se trouvent les cellules nobles de l'organe, les cellules qui intègrent et analysent les informations que lui transmettent les fibres nerveuses situées en dessous et qui constituent, elles, la substance blanche.

Corticosurrénales

Zone périphérique des glandes surrénales située au-dessus des reins. Les corticosurrénales élaborent le cortisol à partir du cholestérol.

Cortisol

Hormone corticostéroïde sécrétée par le cortex de la glande surrénale à partir du cholestérol sous la stimulation de l'ACTH. Le cortisol est hyperglycémiant, c'est-à-dire qu'il favorise le passage du sucre dans le sang et ainsi lance les processus d'énergie dans tout le corps. Il a encore beaucoup d'autres effets sur les muscles, les os, le cœur, la peau, le sang, etc. Le cortisol suit un cycle de synthèse, avec un maximum le matin vers six heures et un minimum le soir vers vingt-trois heures. Il augmente dans les états de stress, si bien que la personne se retrouve avec un taux sanguin de cortisol constamment élevé et perd le rythme physiologique de cette hormone, ce qui n'est pas sans conséquence sur le reste du corps et, bien sûr, sur la santé.

Couche cellulaire corticale

Les cellules corticales sont les cellules de la couche superficielle d'un organe, mais, pour ce qui nous intéresse, il s'agit essentiellement de la couche corticale du cerveau, c'est-à-dire le cortex.

Covalence

Liaison covalente : liaison forte entre deux atomes par la mise en commun d'électrons.

Cunéo-cérébelleuses (voies)

Voies nerveuses qui véhiculent certaines informations sensitives spécifiques provenant du cou, des membres supérieurs et du haut de la poitrine jusqu'au cervelet.

Cycle de Krebs

C'est la somme des réactions biologiques qui permettent la formation de l'ATP à partir des molécules corporelles de l'énergie, c'est-à-dire principalement le sucre, mais aussi les lipides (graisses) ou même des protides quand le corps n'a plus les deux premiers de disponibles pour continuer à fonctionner. Ainsi, dans les grèves de la faim extrêmes, quand le corps n'a plus ni sucres ni graisses pour produire de l'ATP, on le voit détruire ses propres protéines, c'est-à-dire ses muscles, pour survivre. À la fin, il attaque même son cœur pour fournir le précieux ATP. Il se tue pour continuer à vivre. L'énergie est immortelle.

D

Dermalgie

Littéralement, « douleur du derme », mais, en pratique, intimement lié au métamère et au palper-rouler. Douleur très localisée d'un segment de peau quand on la pince avec deux doigts. Cette douleur correspond généralement à une projection à la surface du corps d'un conflit intérieur pouvant toucher muscles, nerfs ou viscères. La dermalgie n'est pas un diagnostic, mais un signe clinique pour aider à établir le diagnostic.

Dermatomes

Segmentation cutanée en lamelles concentriques disposées sur le corps abdominothoracique et représentant la correspondance dermatologique du métamère.

Deutoneurone

Deuxième neurone de l'arc réflexe de la douleur (nociception) faisant suite au protoneurone sensitif et remontant la sensation jusqu'au thalamus dans le cerveau, alors que le motoneurone est responsable de la réaction motrice via le muscle et permettant ainsi l'esquive ou le retrait.

Deutoneurone sensitif

Les voies sensitives sont formées d'une chaîne de trois neurones sensitifs. Le premier neurone ou protoneurone est situé dans la peau, dans les muscles, dans les tendons, les capsules et les ligaments articulaires. Il emmène les informations à la moelle épinière. Il pénètre dans la moelle et s'articule alors avec le corps du deuxième neurone. Le deuxième neurone ou deutoneurone constitue les faisceaux sensitifs qui montent dans la moelle, soit vers le cervelet (voies spino-cérébelleuses) soit vers les noyaux gris centraux du cerveau (voies lemniscales et extra-lemniscales). Il se termine dans le **thalamus** situé dans la partie profonde du cerveau (noyau latéro-ventral postérieur du thalamus). Le troisième neurone ou neurone terminal s'articule avec le précédent dans le thalamus et se termine dans l'écorce sensitive du cerveau. C'est le neurone de projection corticale.

Diabète gras

C'est la maladie « à la mode », peut-être le prochain fléau de l'humanité, parce que, à partir de lui, se développent les autres maladies, y compris certains cancers. Pour simplifier, on pourrait dire que c'est une prise de poids au profit du seul tissu graisseux principalement abdominal. Mais ce tissu graisseux est plutôt spécial et son rôle est de faire des dégâts dans le reste du corps : diabète bien sûr, mais aussi hypertension artérielle, cholestérol, cancer de l'intestin, cancer de la prostate, cancer des ovaires. Du fait de cette omnipotence par le réseau de la biologie, le diabète gras est aussi appelé syndrome métabolique. La mauvaise alimentation (les sucres associés aux graisses) et le stress sont ses deux parents géniteurs.

Diencéphale

Le cœur du cerveau, l'autre substance grise, la première étant le cortex. Entouré de toute part par la substance blanche, c'est notre mémoire reptilienne, l'alien qui sommeille en nous. Le diencéphale comprend le thalamus, l'épithalamus, avec la glande pinéale ou épiphyse, l'hypothalamus et même la partie postérieure de l'hypophyse. C'est à la fois notre inconscient, notre subconscient, notre mémoire collective, le creuset de toute notre phylogénie, l'organisation centrale de toute notre intériorité.

Dipôle

La molécule d'eau est un dipôle électrique permanent composé de deux charges égales, mais de signes contraires et à distance fixe l'une de l'autre sur la liaison O–H. La molécule est bien polarisée du fait de la plus grande électronégativité de l'oxygène qui possède deux électrons libres prêts à s'appareiller. C'est cette polarité, ou plutôt cette bipolarité, qui favorise, de molécule à molécule, les liaisons hydrogènes.

Dopamine

Neurohormone ou neurotransmetteur. Issue de la tyrosine, un acide aminé, c'est le précurseur de la noradrénaline et de l'adrénaline. Synthétisée par le striatum (cf. *Striatum*), elle est considérée comme la molécule du mouvement, car elle interfère avec un autre centre nerveux, le pallidium, dont la destruction provoque la maladie de Parkinson. La dopamine agirait comme médiateur inhibiteur au niveau des noyaux gris centraux, mais à d'autres endroits du cerveau, elle agirait comme une substance excitatrice. C'est ce qui nous fait dire que c'est une hormone d'équilibre entre les états extrêmes de l'humeur, à commencer par la régulation qu'elle impose à l'adrénaline et à la noradrénaline qui sont toutes deux excitatrices. Des stupéfiants comme la cocaïne augmentent son pouvoir neurostimulant; la nicotine du tabac fait de même. Certains antidépresseurs agissent en le diminuant. Elle a une activité cardiotonique très souvent utilisée en réanimation cardiaque.

Douleur fonctionnelle

Une douleur fonctionnelle est une douleur dont l'expression ne correspond pas de façon démontrée et objective à une lésion organique ou à une maladie.

Douleur organique

Douleur qui est la traduction clinique d'une lésion ou d'une maladie et dont la relation avec cette douleur ou cette maladie a été démontrée médicalement.

E

Enképhaline ou endorphine

Neurotransmetteurs ayant fonction d'antidouleur. Ils créent un sentiment de bonheur et d'euphorie. Ils sont produits en grande quantité en cas d'orgasme pendant un rapport sexuel. Certaines drogues comme l'héroïne et la morphine agissent au même niveau dans le cerveau. Parmi les plus importantes, on trouve la bêta-endorphine, la met-enképhaline, la leu-enképhaline et la dynorphine. La dynorphine a un effet antidouleur deux cents fois plus fort que la morphine quand elle est injectée en intraveineux. La bêta-endorphine est présente à la fois dans l'hypothalamus et dans la glande pituitaire.

Enzyme

C'est une protéine fabriquée par le corps qui permet les réactions chimiques dans les cellules.

Épiphyse

On l'appelle aussi la glande pinéale, siège de l'âme selon Descartes. C'est une neuroglande située au-dessus du diencéphale, dans la partie postérieure du mésencéphale qui possède une structure proche de la rétine chez les vertébrés inférieurs. Pour cette raison, on l'a souvent comparée au troisième œil. De par sa position, certes enfouie entre les hémisphères, mais dans l'axe de leur sillon, on peut supposer qu'elle reçoit encore chez l'homme, durant les deux premiers mois de vie, la lumière passant entre les fontanelles.

Équilibre vital

État de bien-être physiologique d'un animal ou d'un végétal résultant d'une parfaite harmonie dans l'exercice de ses fonctions vitales.

État modifié de conscience

Nous vivons dans une apparente lucidité, car nos sens nous trompent. Les expériences hypnotiques ou autohypnotiques auxquelles appartiennent quantité de méthodes de relaxation ont pour conséquence de modifier la relation que nous avons avec l'environnement ou avec nous-mêmes tout simplement. L'état modifié de conscience est cet état qui apparaît sous hypnose et qui permet de percevoir et de ressentir autrement les phénomènes de la vie.

Excitation nocive

Sensation que le corps ressent comme douloureuse ou dangereuse ou pouvant l'être.

F

Fente synaptique

Espace entre deux terminaisons nerveuses, dans lequel se font les échanges chimiques, les conversions des messages électriques en messages hormonaux et des messages hormonaux en messages électriques. L'espace peut aussi concerner la terminaison d'un nerf avec un organe, ou avec un ganglion nerveux, ou encore un muscle. Dans tous les cas, la fente synaptique réalise à chaque fraction de seconde l'universalité des messages, que ceux-ci soient transportés par une molécule ou par une conversion de polarité électrique le long d'un nerf.

Forces végétatives

Terme impropre, nous en convenons, pour tenter d'expliquer les tensions nerveuses, physiques et chimiques qui s'exercent par l'intermédiaire du système neveux végétatif dans le corps au niveau principalement des plexus viscéraux et sans intervention de la conscience.

Fréquence

Il faudra attendre encore longtemps pour que ce mot devienne médicalement correct. Il définit pourtant la vie et son fonctionnement. À part la fréquence cardiaque matérialisée par l'électrocardiogramme, les médecins connaissent aussi les fréquences de l'électroencéphalogramme qui enregistre les potentiels du cerveau. Pourtant, les fréquences pourraient être définies comme les oscillations ou les rythmes que produit la vie pour ne pas s'arrêter. Tout possède une fréquence, c'est-à-dire un rythme : la cellule, les organes, les synthèses de molécules, la régulation hormonale, la croissance tissulaire et enfin l'eau du corps puisque c'est sur la fréquence de la molécule d'eau que s'est bâti le Réflexe d'Aristote.

G

GABA

L'acide gamma-aminobutyrique est le principal neurotransmetteur inhibiteur du système nerveux. Il est synthétisé à partir d'un autre acide aminé : l'acide glutamique. Son effet inhibiteur est potentialisé par les anxiolytiques comme les benzodiazépines. Après des années et des années d'utilisation de ces médicaments, il ne faut pas s'étonner que le cerveau reste ensuite ralenti, même après un sevrage toujours souhaitable. Cependant, leur utilisation chez certaines personnes est obligatoire pour gérer leurs angoisses et leur anxiété.

Gène

Séquence d'ADN sur le chromosome. Il est responsable de la synthèse d'une protéine et, par là, des caractères héréditaires d'un individu.

Génétique

C'est la science des gènes et de leur transmission lors de la fécondation. Elle permet l'étude de l'hérédité et la compréhension des caractères entre l'inné et l'acquis.

Génie génétique

Biotechnologie qui permet de travailler sur les gènes des chromosomes d'une cellule afin de les manipuler à des fins agro-alimentaires, économiques et médicales. On peut ainsi transférer un gène d'une espèce à une autre, recombiner des portions d'ADN entre eux, sélectionner un gène, le cloner, le faire s'exprimer dans une cellule réceptrice, lui faire produire telle ou telle molécule particulièrement, etc. Cette nouvelle technologie est prometteuse et là aussi pleine d'espoir pour l'humanité. Elle permet déjà d'obtenir de nouvelles céréales ne nécessitant ni engrais ni pesticides, ce qui diminue la pollution des nappes phréatiques. Elle permet de faire synthétiser par des végétaux des molécules médicamenteuses à moindre coût qui permettront de soigner les malades des pays pauvres. Elle permet de faire synthétiser par des organismes unicellulaires de véritables copies de molécules, évitant ainsi les phénomènes de rejet et les allergies. Ainsi en est-il de l'insuline humaine qui peut être maintenant fabriquée par des bactéries ou des levures chez lesquelles on a introduit, dans leur ADN, la séquence d'ADN humain codant pour l'insuline. Cette hormone peut ainsi être produite à moindre coût et en grande quantité. Des recherches sont en cours pour d'autres maladies. Ceux qui s'opposent à cette avancée technologique sont les mêmes qui avaient peur du train lors de premières locomotives ou de l'électricité à l'époque d'Edison. Ils devraient se rappeler qu'il y a des milliers d'enfants qui meurent chaque jour de faim ou de maladies de par le monde parce que leurs pays n'ont ni de quoi les nourrir ni de quoi les soigner. Ces biotechnologies vont y remédier. Ils n'ont peut-être pas non plus, nous l'espérons, un enfant atteint d'une maladie incurable et pour lequel ces mêmes biotechnologies sont le seul espoir, un jour prochain, de guérison.

Gestalt

Psychothérapie qui vise à la résolution des troubles émotionnels et comportementaux par un travail sur les processus psychologiques et corporels de l'individu. Elle fut créée par Fritz Perls, un psychiatre et psychanalyste allemand, son épouse Laura Perls et Paul Goodman.

Glandes surrénales

Glandes situées sur chaque rein et produisant l'adrénaline, la noradrénaline, le cortisol et l'aldostérone qui sont toutes des hormones du stress. Quand le stress augmente, la production de ces hormones augmente aussi et leurs effets délétères sur le corps également.

Glutamate

Cet acide aminé, neurotransmetteur excitateur du système nerveux, est aussi le précurseur du GABA qui, lui, est inhibiteur. Présent en grande quantité dans le cerveau, le glutamate rentre dans les mécanismes d'apprentissage et de mémorisation. Cependant, une trop grande concentration présente pendant des années le rend toxique et c'est pour cette raison qu'on le suspecte de favoriser le développement de la maladie d'Alzheimer. La maladie d'Alzheimer se caractérise par des dépôts amyloïdes, mais aussi par une baisse de la synthèse de l'acéthylcholine, autre neurotransmetteur très important dans les phénomènes de mémoire et d'apprentissage. Le glutamate augmenté sous l'effet du stress pendant des années détruit les neurones ou les rend moins fonctionnels. Ceux-ci synthétisent moins d'acéthylcholine et les récepteurs de ce neurotransmetteur sont aussi détruits, ce qui gêne le passage de l'influx nerveux et favorise l'installation de la maladie d'Alzheimer.

Glutathion

Molécule composée par trois acides aminés et qui a plusieurs fonctions, à commencer par être un antioxydant majeur, c'est-à-dire qu'il s'oppose, en les détruisant, aux radicaux libres produits par le stress oxydatif. Cette action antioxydante est surtout due aux huit sites donneurs d'électrons par molécule et au radical soufré qui permet la constitution de complexes avec de nombreux éléments, à commencer par le cuivre.

Glycogène

C'est la molécule de réserve du sucre de l'organisme. Son stockage se fait dans le foie et les muscles par action de l'insuline. Quand les besoins énergétiques se font sentir, le corps puise le sucre dans ces réserves par l'action d'hormones comme l'adrénaline, hormone du stress, et le glucagon, qui a une action inverse à l'insuline.

Graisses polyinsaturées

Acides gras n'ayant pas toutes leurs liaisons chimiques saturées, c'est-à-dire qu'ils peuvent encore accepter de se lier avec d'autres molécules. Ce n'est pas le cas des acides gras saturés qui, eux, ont toutes leurs liaisons chimiques occupées à 100 % dans la molécule et ne peuvent donc établir de nouvelles liaisons. Les acides gras polyinsaturés sont des graisses issues des végétaux ou issues des poissons des mers froides et leurs porteurs de drapeau sont les oméga-3 et oméga-6, mais il y en a d'autres ! Les graisses saturées sont issues des animaux. Les insaturées entrent dans la composition des membranes et protègent l'organisme des désastres de l'oxydation par les radicaux libres. Les graisses saturées subviennent aux besoins énergétiques du corps.

Gyrus cingulaire

Zone du système limbique située au-dessus du corps calleux et qui semble impliquée dans l'humeur du sujet, en particulier dans les états dépressifs ou maniaques.

Gyrus parahippocampique

Zone cérébrale faisant aussi partie du système limbique, correspondant à la cinquième circonvolution temporale et située comme son nom l'indique dans le prolongement de l'hippocampe. À ce titre, elle rentre dans les processus de mémorisation, en particulier ceux mettant en cause la reconnaissance visuelle.

H

Habénula

Structure double qui relie vers l'arrière les deux thalamus à l'épiphyse, un peu comme le ferait un attelage, d'où son nom qui vient de *habena* signifiant « rênes » en latin. Elle constitue ainsi avec l'épiphyse la partie du système limbique nommée épithalamus. Chez l'animal, elle joue un rôle dans la douleur, le sommeil, les comportements sexuels et maternels ainsi que dans les conduites d'apprentissage. Chez l'homme, elle rentre dans les mécanismes complexes de l'anxiété et de la dépression. Elle semble impliquée dans une régulation concernant les trois grandes voies neurohormonales du cerveau, en inhibant la voie de la dopamine et en activant celle de l'adrénaline, son action par rapport à celle de la sérotonine étant encore discutée.

Haschich

Encore dénommé cannabis, marijuana, chanvre indien, le haschich agit sur le cerveau par les cannabinoïdes qui sont ses composants principaux. Ceux-ci se portent sur certains centres à dopamine, considérés comme des sites de plaisir ou de récompense. Cependant, la toxicité de ce type de produit est redoutable et l'illusion est chère payée. Avec le temps et l'usage prolongé apparaissent des troubles de la mémoire, une mauvaise appréciation du temps, une alternance de périodes d'euphorie et d'angoisse, une altération des fonctions sensitives, vue et toucher, des troubles cardiovasculaires, des troubles de l'équilibre, etc.

Hippocampe

Centre neurologique impliqué dans le souvenir des faits récents plus qu'anciens. Il permet surtout de mémoriser les signaux en fonction de leur importance pour l'individu et rentre ensuite dans les prises de décisions. C'est un centre important pour l'apprentissage en général.

Holistique

Du grec *holos* qui veut dire « le tout ». Définit tout ce qui concerne l'être humain dans sa globalité – physique, mentale, émotionnelle, familiale, sociale, culturelle, spirituelle, religieuse et médicale.

Homéostasie

Ensemble des fonctions physiques et chimiques de l'organisme qui favorisent son équilibre en dépit du stress qui s'exerce sur lui.

Homonculus

Somatotopie (cf. *Somatotopie*) à la surface du cerveau.

Homo sapiens

Bipède de la famille des Hominidés, ordre des Primates, dont il existe actuellement un seul membre du genre : *Homo sapiens*. La référence paléoanthropologique serait Cro-Magnon pour le distinguer de l'homme de Neandertal dont nous parlerons plus loin.

Hormones

Molécules qui assurent au niveau de l'organisme le rôle de messager chimique entre les glandes et les organes pour produire des effets physiques et chimiques.

Hormones hypothalamiques

Hormones synthétisées et sécrétées par l'hypothalamus : l'hormone antidiurétique, ou vasopressine, et l'ocytocine, qui stimule les contractions utérines au cours de l'accouchement. Ces deux hormones sont stockées dans la posthypophyse. L'hypothalamus sécrète aussi des libérines, qui contrôlent les sécrétions de l'antéhypophyse avec la CRF (*corticotropin releasing factor*) agissant sur la sécrétion de corticotrophine (relative à la stimulation des surrénales et du cortisol) ; la thyréolibérine ou TRH (*thyrotropin releasing hormone*) agissant sur la sécrétion de thyréostimuline (hormone stimulant la thyroïde) ; la gonadolibérine ou GnRH (*gonadotropin releasing hormone*) agissant sur les hormones sexuelles et la LH-RH (*luteinizing releasing hormone*) agissant sur la libération de l'hormone lutéinisante ; la somatocrinine GH-RH (*growth hormone releasing hormone*) qui agit sur la croissance du soma, du corps, et la somatostatine, la GH-RIH (*growth hormone releasing inhibiting hormone*) qui inhibe la libération de la somathormone agissant sur la sécrétion de somathormone (hormone de croissance). Enfin, la dopamine, partiellement sécrétée par l'hypothalamus, contrôle la sécrétion de prolactine et celle des catécholamines (adrénaline, noradrénaline).

8-hydroxydeoxyguanosine (8-OHdG)

Indicateur de dommage oxydatif de certaines molécules de l'ADN. En ce sens, c'est un indicateur de vieillissement des tissus soumis à l'agression des radicaux libres. Permet de connaître l'âge biologique de certains tissus, voire le risque de leur cancérisation. Il est non encore reconnu par le monde scientifique et médical.

Hypercholestérolémie

Excès de cholestérol dans le sang. Cependant, le cholestérol est indispensable à la vie. C'est un composant des membranes cellulaires. Pas de cholestérol, pas de cellules ! C'est le précurseur de la vitamine D, des hormones stéroïdes comme le cortisol et l'aldostérone, mais aussi des hormones sexuelles. C'est pour cette raison que passé un certain âge, il est préférable de ne pas trop le faire baisser vu les hormones qu'il contrôle et les services qu'il rend. Tout est une question d'équilibre.

Hypertension

Augmentation de la pression du cœur dans les artères. Actuellement, on parle d'hypertension à partir de 140 mm de mercure pour le premier chiffre et à partir de 90 pour le second. L'hypertension artérielle est un facteur de fatigue et de vieillissement pour le système vasculaire dans son ensemble. Il vaut mieux la faire contrôler par son médecin et suivre les traitements qu'il vous donne.

Hypophyse

Glande appendue au cerveau et reliée à l'hypothalamus, protégée dans le crâne par la selle turcique. Elle sécrète une grande quantité d'hormones qui agissent sur les glandes sous-jacentes, la thyroïde, les seins, les glandes surrénales, les ovaires, les testicules, mais aussi les muscles, les reins, l'utérus.

Hypothalamus

Centre cérébral appartenant au cerveau primitif qui contrôle l'équilibre neurovégétatif du corps et les comportements. Il intègre toutes les sensations conscientes et inconscientes de la physiologie corporelle.

I

Imagination

Nous en avons beaucoup parlé dans l'exposé sur cette force psychique. Nous ajouterons ici un commentaire au sujet de son importance dans l'histoire des sciences et dans les grandes découvertes. Pour cela, nous prendrons en exemple Newton, un des plus grands savants de tous les temps. Certains spécialistes du grand homme pensent que Newton méditait. « Ses expérimentations, selon moi, ne lui ont jamais servi à faire des découvertes, mais toujours à vérifier ce qu'il savait déjà» rapporte Keynes (*La Recherche*, n° 212, juillet-août 1989). La loi universelle de la gravitation fut-elle le fruit avant tout de l'imagination ?

Induction cénesthésique

Utilisation par le mental d'une sensation corporelle pour son contrôle.

Infinitésimale

Tout ce qui touche ou a un rapport avec l'infiniment petit.

Influx corticofuges

Influx nerveux prenant naissance dans les couches corticales du cerveau, c'est-à-dire dans les couches les plus périphériques, celles qui appartiennent aux parties les plus évoluées de l'organe. Ils sont donc liés aux principes de conscience d'être et de volonté.

Influx nerveux

Courant de dépolarisation directionnel qui permet de transmettre une information depuis le corps vers les centres nerveux centraux et supérieurs, puis, en retour, depuis ces centres vers les organes effecteurs. La dépolarisation se fait par inversion des charges électriques de part et d'autre de la membrane du nerf, puis par déplacement de cette inversion.

Information codée

Toute communication ou toute information dans la nature se fait au moyen de codages que l'on peut nommer aussi fréquences ou vibrations. C'est en fait la répétition d'un signal, le plus souvent électrique ou électrostatique, mettant en jeu des inversions de polarité et se répétant à intervalles déterminés. La reconnaissance de l'intervalle entre un émetteur et un récepteur est le principe même du codage et permet leur communication.

Insula

Partie du système limbique qui se trouve au fond du sillon séparant le lobe temporal du lobe pariétal et qui, comme tout le système limbique, rentre dans le contrôle des émotions et du comportement.

Ion

Atome ou groupe d'atomes ayant gagné ou perdu un ou plusieurs électrons.

Ion ferrique

État du fer dans les réactions biochimiques de la physiologie corporelle. Une fois absorbé, le fer ferreux Fe^{2+} est transformé au contact de puissants oxydants comme le peroxyde d'azote (H_2O_2) en Fe^{3+}. L'unité de biologie et génétique de l'Inserm (Fatima Mechta Grigoriou ; Institut Curie) a démontré le rôle du métabolisme du fer et du stress dans le développement des cancers. L'exposition au stress chronique favorise la formation d'oxydant comme l'ion peroxyde H_2O_2. Ce métabolite étant une véritable « bombe » pour les tissus du corps, le fer ferreux le neutralise, mais en faisant cela, il se transforme en fer ferrique Fe^{3+} (c'est la réaction de Fenton). Or, ce Fe^{3+} inhibe l'enzyme PHD (*prolyl hydroxylase containing domain*) qui habituellement réprime les phénomènes favorisant la cancérogenèse, comme la formation de néovaisseaux (angiogenèse). En présence de Fe^{3+} provoqué par le stress oxydatif, l'enzyme ne peut plus réprimer ces phénomènes et la cancérisation peut s'emballer. Voici la démonstration très officielle du stress comme facteur de cancérisation.

IRM

Imagerie par résonance magnétique utilisant la vibration des atomes du corps soumis à un champ magnétique intense.

L

Langage binaire

Langage machine entre 0, ne passe pas, et 1, passe. Créé par l'homme qui évidemment le possède aussi en lui, mais préfère utiliser le langage décimal à base 10.

Leptine

Hormone sécrétée par le tissu cellulo-graisseux qui contrôle à la fois les réserves de graisse du corps et l'appétit du sujet.

Liaison covalente

Cf. *Covalence.*

Liaison hydrogène

Liaison chimique entre un atome d'hydrogène et un autre atome fortement électronégatif. La liaison hydrogène est moins forte que la liaison covalente qui forme les molécules. Elle peut se faire et se défaire plus facilement.

Liaison phosphate

Liaison entre deux molécules mettant en cause un atome de phosphate et très riche en énergie.

Lobe olfactif ou bulbe olfactif

Chez l'homme, le lobe olfactif est situé sous le préfrontal et s'avance au-dessus de la lame criblée de l'ethmoïde en arrière du nez. C'est le poste avancé du cerveau reptilien. En contact avec la muqueuse nasale, il intègre les odeurs.

Locus coeruleus

Noyau sous-cortical du cerveau, situé dans le tronc cérébral et en relation avec l'amygdale. Il constitue une structure noradrénergique (relatif à la noradrénaline) et cholinergique (relatif à l'acétylcholine) d'où partent la majorité des neurones utilisant la noradrénaline comme neurotransmetteur. En latin, *Locus coeruleus* veut dire la tache bleue, car ce noyau est rempli de granules de mélanine.

M

Marijuana

Feuilles et sommités fleuries séchées du chanvre indien utilisées comme drogue.

Matériel génétique

Ensemble des molécules d'ADN et d'ARN qui supportent dans la cellule les caractères génétiques d'un individu pour les premières et transportent les informations codant les protéines pour les secondes.

Médullosurrénale

Glande située au centre des surrénales, entourée par la corticosurrénale. Elle synthétise et sécrète les catécholamines (adrénaline, noradrénaline).

Mélanocortine

La mélanocortine est une hormone qui stimule la synthèse de mélanine dans les cellules de la peau. Produite par l'hypothalamus dans le cerveau sous l'action de la leptine, elle inhibe la prise d'aliments. Elle est satiétogène.

Mélatonine

Hormone responsable de la gestion des rythmes de la veille et du sommeil, elle est synthétisée à partir de la sérotonine au niveau de l'épiphyse.

Méridien

Ligne du corps en médecine chinoise par laquelle passe l'énergie. L'excès ou l'insuffisance de cette énergie déterminent la dysfonction d'un ou de plusieurs organes ou même leur maladie.

Mésencéphale

Partie du cerveau entre le pont encore appelé protubérance en dessous et le diencéphale au-dessus.

Métabolisme basal

C'est l'ensemble des réactions chimiques du corps qui permet à un individu d'assurer ses fonctions vitales. Il doit être le plus bas possible, à condition de permettre une vie normale.

MFB

Medial forebrain bundle ou faisceau médian du télencéphale (cerveau antérieur). Faisceau de la récompense ou du plaisir dont l'activation mène à la répétition de l'action gratifiante pour en consolider les traces nerveuses.

N

NDE (near death experience)

Expériences et témoignages de personnes ayant vécu des morts imminentes ou ayant été confrontées à des états entre la vie et la mort. Récits souvent convergents de personnes ayant connu un arrêt cardiaque ou étant tombées dans le coma et, redevenues conscientes, faisant ensuite état des phénomènes vus et entendus pendant ces moments-là.

Neandertal (*Homo neanderthalensis*)

Hominidé préhistorique ayant vécu de moins 150 000 ans à moins 30 000 ans. Contemporain en partie d'*Homo sapiens sapiens*, sa disparition n'est toujours pas expliquée.

Néolithique

Période de la préhistoire allant de moins 15 000 à moins 3 000 avant notre ère et marquée par le mégalithisme, les premiers villages et l'apparition de l'écriture en Mésopotamie.

Nerf vague ou pneumogastrique

Appelé aussi nerf pneumogastrique, car il s'occupe des poumons et de l'estomac, le nerf vague est la dixième paire des nerfs crâniens. Il fait partie du système parasympathique et régule les informations de ce système au niveau des organes et des glandes de la gorge (larynx, thyroïde), du thorax (poumon, cœur), de l'abdomen (estomac, intestin, glandes surrénales, pancréas) et descend jusqu'au côlon gauche.

Nerfs splanchniques

Ce sont les nerfs du système nerveux végétatif qui innervent les viscères de l'abdomen et du petit bassin.

Nerfs viscéraux

Appellation impropre pour désigner les nerfs splanchniques.

Neurogenèse

Processus embryologiques concernant la formation du système nerveux pendant la formation du fœtus. Autrefois, on pensait que ce processus était terminé à la maturité, c'est-à-dire à l'âge adulte. En fait, on a vu que le système nerveux pouvait dans certaines circonstances se régénérer.

Neurohormone

Molécule chimique synthétisée par un neurone ou un groupe de neurones et qui agit à distance sur d'autres neurones ou sur des organes cibles.

Neuromédiateurs (ou neurotransmetteurs)

Molécules synthétisées par les terminaisons des neurones au niveau des synapses, le plus souvent des hormones de nature protéique et servant à transmettre l'information véhiculée d'un neurone à un autre par l'influx nerveux. Cela nécessite une grande synchronisation entre la vitesse de cet influx et la production, puis l'excrétion dans la fente synaptique du neurotransmetteur.

Neurone enképhalinergique

Cellule nerveuse qui produit des enképhalines, c'est-à-dire des neuromédiateurs qui diminuent la perception de la douleur par le cerveau. Les enképhalines sont aussi appelées endorphines ou morphines naturelles.

Neurone sérotoninergique

Cellule nerveuse responsable de l'excrétion de sérotonine, neurotransmetteur favorisant le bien-être et le calme.

Les nouveaux antidépresseurs de la famille de la fluoxétine inhibent la recapture de la sérotonine et donc favorisent la plus longue présence de ce neuromédiateur entre les neurones. Ainsi, ils augmentent son action.

Neurones

Cellules nerveuses. Il en existerait environ 100 milliards chez l'homme, avec de très grandes variations de formes et de fonctions.

Neurones opioïdes

Se dit des neurones qui sécrètent des molécules antidouleur ressemblant aux opiacés, c'est-à-dire aux morphiniques. En font partie les neurones enképhalinergiques et dynorphiques (la dynorphine est 200 fois plus forte que la morphine si injectée en intraveineux).

Neurotransmetteurs

Molécules chimiques synthétisées par les nerfs ou les centres nerveux du cerveau et permettant la communication et l'information entre les nerfs ou bien entre les nerfs et des organes dits effecteurs, ou encore des glandes terminales.

Névralgie

Douleur qui suit le trajet d'un nerf. La sciatique est une névralgie.

NGF (nerve growth factor)

Protéine active dans la croissance des nerfs et des tissus en général. C'est un polypeptide qui appartient à la famille des neurotrophines découvertes il y a quarante ans. C'est aussi un médiateur de l'inflammation, en particulier dans les processus allergiques. Le NGF est produit par les cellules du système immunitaire, en particulier les lymphocytes et les mastocytes, mais également par les cellules musculaires lisses. Les facteurs pro-inflammatoires comme IL-1, TNF-alpha, cytokines sont susceptibles d'accroître la libération du NGF, et le NGF lui-même libère aussi des molécules pro-inflammatoires. L'utilisation d'anti-inflammatoires, comme les glucocorticoïdes, entraîne une diminution de la sécrétion de NGF. La synthèse de NGF augmente dans des conditions de stress en laboratoire.

Nocebo

À l'inverse d'une substance placebo (cf. *Placebo*), la substance nocebo sans effets sur le corps en théorie entraînera pourtant plainte ou désagrément ressenti. L'effet nocebo sera l'effet négatif produit sur le corps par une substance neutre chimiquement et qui ne devrait au contraire ne produire aucun effet.

Nociceptif

Qui a trait à la nociception.

Nociception

Perception des stimulations produisant la douleur.

Noradrénaline

Neurotransmetteur ou neuromédiateur synthétisé par les glandes surrénales et ayant une action plutôt excitatrice ou tonifiante sur l'organisme tout entier. La noradrénaline est une des hormones qui sont sécrétées dans les états de stress ou de contrainte. Elle permet de faire face au danger en augmentant le métabolisme basal.

Noyau accumbens

Le noyau accumbens ou *Nucleus accumbens septi*, c'est-à-dire « noyau appuyé contre le septum », est un ensemble de neurones situés dans le cortex du prosencéphale (cerveau terminal = télencéphale et diencéphale) qui rentre dans le circuit de la récompense, du plaisir, de l'addiction et peut-être de l'effet placebo. Chaque hémisphère cérébral a un noyau accumbens. Le noyau accumbens et le tubercule ou lobe olfactif forment ensemble le striatum ventral.

Noyau cellulaire

Organite cellulaire dans lequel se trouve le génome, c'est-à-dire les chromosomes qui supportent le code génétique.

Noyaux hypothalamiques périventriculaires du mésencéphale

Les noyaux hypothalamiques sont des ensembles de neurones spécialisés pour une ou plusieurs fonctions. Ils sont situés dans les trois régions de l'hypothalamus, ici la périventriculaire et la médiane au niveau du mésencéphale, partie du tronc cérébral entre la protubérance annulaire et le diencéphale.

Noyaux suprachiasmatique

Cf. *Centres suprachiasmatiques.*

Noyaux thalamiques

Formations nerveuses constituantes du thalamus (cf. *Thalamus*).

O

Oméga-3

Les acides gras oméga-3, notés également ω_3, sont des acides gras polyinsaturés que l'on trouve en grande quantité dans certains poissons gras, dans les huiles de lin, de noix, de cameline, de colza. Les oméga-3 et les oméga-6 sont appelés acides gras essentiels, car l'organisme ne peut les synthétiser, alors qu'il en a besoin. Le rapport bénéfique pour la santé de ces deux oméga dans le corps serait d'un oméga-3 pour cinq ou six oméga-6. Les oméga-3 sont anti-inflammatoires, anti-allergiques, anticoagulants ; les oméga-6 sont l'inverse : pro-inflammatoires, favorisant l'allergie, procoagulants. Les oméga-3 et oméga-6 rentrent dans la composition des membranes cellulaires ou ils peuvent être transformés en d'autres molécules.

Ondes

Phénomènes naturels ou artificiels à type de variations réversibles se traduisant par des rythmes ou des fréquences. Ils peuvent être mécaniques, acoustiques, électriques ou électromagnétiques et ne transportent que de l'énergie et jamais de matière.

Ontogenèse

Histoire d'un individu, voire d'un organisme, de sa conception jusqu'à sa mort.

Opiacés

Le cerveau synthétise des morphiniques. Ce sont des peptides, c'est-à-dire des protéines, morphinomimétiques ou peptides opiacés encore appelés morphines endogènes. Les peptides synthétisés par le cerveau vont se fixer sur des récepteurs dits morphiniques à la surface des cellules et provoquer une action sédative. On appelle ces substances dynorphines, enképhalines, endorphines, endomorphines et nociceptines. Les récepteurs corporels aux opiacés peuvent interférer avec des peptides exogènes venant de la nourriture. Le plus connu de ces peptides exogènes est le gluten. Au contact des récepteurs de la muqueuse intestinale, il peut provoquer une maladie céliaque chez des individus prédisposés génétiquement ou provoquer tout simplement des troubles intestinaux à type de colite, diarrhée et constipation. Des perturbations de même nature peuvent être provoquées par un autre peptide alimentaire : la caséine du lait. Des études ont également montré que les opiacés exogènes pouvaient avoir une incidence sur des récepteurs aux opiacés du cerveau, avec comme conséquence des modifications du comportement. Bien qu'une intoxication aux opioïdes puisse entraîner des manifestations autistiques, il n'y a pas encore de preuves directes entre régime sans gluten et amélioration d'un comportement autistique.

Ostéodensitométrie (ou scanner)

Imagerie médicale qui permet la reconstitution en trois dimensions des coupes tomographiques d'un patient soumis à un balayage aux rayons X.

Ostéoporose

Raréfaction de la trame osseuse en calcium. Les risques de l'ostéoporose sont les fractures, les plus graves étant celles des vertèbres ou du col du fémur.

Oxydoréduction

Réaction chimique qui permet un échange d'électrons entre un corps receveur et un corps donneur. Le donneur s'oxyde en perdant son ou ses électrons ; le receveur se réduit.

La réaction permet les transferts d'énergie tout en permettant les transformations chimiques. En fait, dans la réalité biologique, le transfert d'électrons est plutôt un transfert de protons, avec comme résultat pour chaque étape de la réaction un couple chimique d'oxydoréduction entre le substrat et une molécule intermédiaire au produit. Il s'ensuit une succession de différences de potentiel correspondant à ce transfert de charge dont le but dans la cellule humaine est de créer au final une molécule d'ATP.

P

Particules

Éléments qui constituent la matière et plus particulièrement l'atome.

Pentoside

Molécule composée d'un sucre à cinq carbones nommé pentose avec une autre substance.

Périaqueducal

Zone du cerveau autour du périaqueduc de Sylvius riche en neurotransmetteurs antalgiques.

Photon

La plus petite quantité d'énergie lumineuse transportable, médiatrice d'une interaction électromagnétique.

Phylogenèse

Histoire, selon la théorie de l'évolution, d'une espèce ou d'un groupe d'espèces.

Plasma

Ce qui reste du sang une fois les globules rouges et blancs enlevés : de l'eau et des électrolytes.

Placebo

Du latin *placere*, « plaire ». Pour faire plaisir à un patient, on lui prescrit un produit sans effets scientifiquement prouvés sur ce dont il se plaint, mais pour lequel il éprouve a posteriori une satisfaction.

PNL

La programmation neurolinguistique, élaborée par Richard Bandler et John Grinder dans les années soixante-dix aux États-Unis, vise à améliorer la communication entre individus et à s'améliorer personnellement. C'est un ensemble de pratiques dans le domaine de la psychologie fondées sur une démarche pragmatique de modélisation concernant la communication et le changement.

Polarisation/dépolarisation

Se dit de l'état des charges électriques entre deux milieux, par exemple entre le milieu intracellulaire et le milieu extracellulaire.

Potentiel membranaire

État polarisé de la membrane de toute cellule biologique du fait de la répartition de charges électriques opposées de part et d'autre de la membrane. La dépolarisation de ce potentiel provoque la création d'un train d'ondes au niveau de la membrane. Pour la cellule nerveuse, ce train d'ondes s'appelle l'influx.

Prolactine

Neurohormone sécrétée par la partie antérieure de l'hypophyse et qui favorise la croissance des glandes mammaires et la sécrétion lactée.

Protéine

Molécule de base de la matière vivante, composée d'acides aminés. Les protéines sont synthétisées sous le contrôle du code génétique des cellules de l'animal ou de plantes auxquels les cellules appartiennent. Les protéines sont spécifiques de l'espèce en question. Elles servent à la constitution de la matière vivante ou dans ses multiples fonctions physiologiques (les enzymes, par exemple, sont le plus souvent des protéines).

Protubérance

Partie du tronc cérébral comprise entre le mésencéphale et le bulbe rachidien et comprenant les multiples faisceaux nerveux qui vont du cortex cérébral à la moelle, mais aussi de la protubérance elle-même vers le cervelet situé en arrière et au même niveau.

Pulsion

Comportement impossible à réprimer.

R

Radical hydroxyle

« Les radicaux hydroxyles ($^{\bullet}OH$) sont les radicaux les plus délétères. Ils présentent une extrême réactivité, une demi-vie limitée (10^{-10} seconde dans les systèmes biologiques), diffusent donc peu et sont les plus toxiques lors d'un stress oxydant. Ils agissent selon trois mécanismes : en arrachant soit un électron, soit un atome d'hydrogène, ou encore en s'additionnant sur les doubles liaisons. Leurs cibles biologiques sont la plupart des molécules organiques et inorganiques des cellules, en particulier l'ADN, les protéines, les lipides, les acides aminés, les sucres et les métaux. Le radical $^{\bullet}OH$ est produit au sein des cellules suite soit à la réaction de Haber-Weiss, soit à la réaction de Fenton qui nécessite des catalyseurs métalliques. » (Michel Démarchez, *Le stress oxydant cutané*, biologiedelapeau.fr, samedi 16 juin 2012.)

Radicaux libres

Molécules produites par le stress oxydant et avides d'électrons cherchant à s'équilibrer en prenant les électrons qui leur manquent à la matière environnante, en l'occurrence aux tissus du corps. Comme radicaux libres, on peut citer l'ion peroxyde H_2O_2, l'ion hydroxyle OH^-, le radical superoxyde O_2^-, etc.

Rameau communicant gris ou blanc

Groupement de fibres sympathiques reliant le nerf spinal à la chaîne de ganglions sympathiques latéro-vertébrale. La couleur dépend de la présence ou non de myéline autour des nerfs, le gris n'étant pas myélinisé.

Raphé

Les noyaux du raphé sont un ensemble de structures sous-corticales présentes au niveau du bulbe rachidien, du pont et du mésencéphale et responsables de la synthèse et de la transmission de la sérotonine. Ayant des prolongements jusque dans la moelle, les noyaux du raphé participent à la gestion des influx sensoriels liés à la douleur. Au niveau du pont et du mésencéphale, ils innervent tout le cerveau. Faisant partie du système sérotoninergique, les noyaux du raphé favorisent la vigilance, rentrent dans la régulation du cycle veille/sommeil et dans celui de la gestion de certains comportements, humeurs et agressivité. Enfin, recevant des projections des noyaux périaqueduquaux, les noyaux du raphé émettent à leur tour des projections sur les interneurones de la corne dorsale de la moelle épinière qui libèrent des enképhalines, les fameux interrupteurs de la douleur.

Résistine

La résistine, cytokine de 114 acides aminés, c'est-à-dire une protéine, a été identifiée en 2001. Elle porte ce nom en raison de sa capacité d'induire une insulinorésistance (résistance des cellules à faire rentrer en elle le sucre, malgré la présence d'insuline) sévère chez la souris. Il semble que la résistine existe aussi chez l'homme puisque son expression et sa sécrétion ont été récemment mises en évidence à partir d'adipocytes de la graisse viscérale. Le mécanisme d'action de la résistine n'est cependant pas encore complètement élucidé.

Rhinencéphale

Partie philogénétiquement ancienne du cerveau, dont les structures sont associées à la perception olfactive. Il comprend la région septale, le fornix, l'hippocampe, le complexe amygdalien, le cortex insulaire et fronto-orbitaire postérieur. On peut considérer que le système limbique (cf. *Système limbique*) est le cerveau viscéral du rhinencéphale. De toute façon, nous sommes dans le cerveau primitif ou reptilien, celui des émotions et des pulsions.

Rythme

Tout est rythme dans l'univers : l'organisation du monde, la marche du ciel, les espaces intersidéraux, les étoiles, les cellules du corps humain. Rentrer dans les rythmes, comprendre les rythmes, c'est communiquer avec eux, c'est communiquer avec tout ce qui vit et même plus que cela, avec tout ce qui a une histoire dans l'univers.

S

Schizoïde

Introversion extrême, trouble de la personnalité qui refuse toute relation de quelque nature qu'elle soit.

Sédatif

Moyen ou substance pour calmer une douleur.

Septum lucidum

Paroi translucide (d'où son nom) faisant partie du système limbique, située en avant du thalamus et au-dessus de l'hypothalamus, entre les noyaux gris centraux et dans le plan sagittal du cerveau. Il est responsable de nombreux effets comportementaux, dont celui de la rage.

Sérotonine

Neurohormone, neurotransmetteur dont la sécrétion dans le cerveau est associée au calme et au bien-être. C'est l'anti-déprime.

Somatotopie

Représentation à la surface de la peau ou à la surface du cerveau des parties du corps.

Somesthésique

Ce qui a rapport avec la sensation corporelle, c'est-à-dire du soma.

Spino-cérébelleuses (voies)

De *spino*, qui veut dire « moelle », et cérébelleux, cervelet. Voies nerveuses reliant tous les étages de la moelle au cervelet.

STH (ou GH)

Hormone somatotrope hypophysaire responsable de la croissance des tissus, os, peau, muscles.

Stimulus, stimuli nociceptifs

Stimulation douloureuse.

Stress

Tension, pression, contrainte physique ou psychologique de l'environnement ou d'un tiers sur un être vivant ou provoquée par lui.

Stress oxydant

« Bien que le rôle du stress oxydant dans la survenue des complications cardiovasculaires chez les patients insuffisants rénaux chroniques et hémodialysés ne soit pas clairement établi, deux études interventionnelles ont pu démontrer une efficacité de la vitamine E et de la N-acétylcystéine dans la protection cardiovasculaire chez ces patients. Il reste néanmoins à démontrer que cette efficacité est attribuée aux effets antioxydants de ces deux molécules. » (Thao Nguyen-Khoa, Messeret Kebede, Bernard Lacour, Ziad A. Massy, « Stress oxydant et insuffisance rénale chronique », *Médecine thérapeutique cardiologique*, vol. I, n° 3, p. 156-63, juillet-septembre 2003.)

« Il est maintenant admis que des concentrations élevées de glucose dans les milieux extra- et intracellulaires induisent un stress oxydant défini comme un déséquilibre de la balance entre pro-oxydants et antioxydants. Plusieurs mécanismes semblent impliqués dans la genèse de ce stress oxydant. En faisant appel aux marqueurs classiques, un stress oxydant a été mis en évidence dans le diabète expérimental chez l'animal et chez les patients diabétiques de type 1 et de type 2. Les macromolécules, comme les lipoprotéines et l'acide désoxyribonucléique, subissent également des dommages dus aux radicaux libres dans le diabète sucré. Une supplémentation en antioxydants a été envisagée comme thérapeutique d'appoint. » (J. Delattre, D. Bonnefont-Rousselot, M. Bordas-Fonfrère, M.-C. Jaudron, « Diabète sucré et stress antioxydant », *Annales de biologies cliniques*, vol. LVII, n° 4, p. 437-444, juillet-août 1999.)

Striatum

Centre intégrateur du cerveau qui permet d'élaborer la composante spatiale du programme moteur. Son atteinte provoque la maladie de Parkinson et toutes les maladies nerveuses donnant des mouvements non coordonnés ou saccadés.

Stupéfiant

Drogue ou substance psychotrope dont l'usage répété conduit à une dépendance.

Substance grise périaqueducale

Région du mésencéphale formée de cellules nerveuses autour de l'aqueduc de Sylvius et jouant un rôle dans la gestion de la douleur par la synthèse, à son niveau, de neurotransmetteurs opioïdes, la sérotonine et la noradrénaline. La substance grise périaqueducale fait partie, avec le noyau du raphé magnus, le noyau giganto-cellulaire et le noyau réticulé latéral, du tractus solitaire de cet ensemble de structures nerveuses permettant de combattre la douleur et sur lesquelles nous supposons que s'exerce le Réflexe d'Aristote.

C'est ce que nous avons appelé dans ce livre les interrupteurs de la douleur.

Substance réticulée ou formation réticulée

Dans le tronc cérébral, la substance réticulée reçoit toutes les afférences des trois grandes voies nerveuses : sensitive, autonome et motrice. Ainsi régule-t-elle les grandes fonctions vitales du corps et s'occupe-t-elle également de toutes les activités motrices, réflexes, posturales et cognitives de l'organisme. Cette structure ne supporte aucun incident concernant son intégrité sans risquer le coma. On lui donne ce nom de réticulée du fait de son aspect de filet ou de réseau venant de sa composition faite d'une grande densité de cellules nerveuses connectées entre elles au sein de la substance blanche.

Superoxyde dismutase

La superoxyde dismutase (SOD) est une enzyme présente dans les cellules animales et végétales. Sa fonction est de piéger les radicaux libres produits par le métabolisme cellulaire. La superoxyde dismutase est un antioxydant puissant. Il en existe quatre formes selon le métal contenu dans sa molécule : fer, manganèse, cuivre ou zinc.

Surrénales

Glandes se trouvant sur les reins, d'où leur nom, et responsables de la sécrétion des principales hormones du stress : l'adrénaline, la noradrénaline et le cortisol. La glande est aussi responsable de la sécrétion de l'aldostérone qui s'occupe de l'équilibre hydrosodé de l'organisme.

Synapse

Espace entre deux terminaisons nerveuses. C'est au niveau de la synapse que s'effectue la transmission de l'influx nerveux sous sa forme chimique grâce à la synthèse par le neurone d'amont d'un neurotransmetteur qui est déversé dans la synapse pour informer le neurone d'aval.

Système limbique

Partie du cerveau située dans la continuité du rhinencéphale – et en faisant partie – et composée du septum, du fornix, de l'hippocampe, de l'amygdale, du cortex insulaire et fronto-orbitaire postérieur et de l'hypothalamus. Il gère les émotions, les pulsions et la plupart des comportements liés à la préservation de l'espèce : attaque, défense, agression, alimentation, reproduction.

Système nerveux autonome ou végétatif

Système nerveux ne dépendant pas de la volonté et réglant les fonctions vitales et automatiques du corps. Il comprend le système nerveux sympathique et parasympathique.

Système nerveux parasympathique

Composante relaxante, reposante ou vaso-expansive du système nerveux végétatif. Il s'oppose au système nerveux sympathique. Il assure la récupération du corps après une agression, un stress, une contrainte gérée par le sympathique. Le système nerveux parasympathique permet la récupération après l'effort. C'est le système nerveux du repos, de la sieste après l'effort.

Système nerveux sympathique ou orthosympathique

Composante tonique liée directement au stress ou à la contrainte du système nerveux végétatif ou autonome. Le système nerveux sympathique gère l'agression, la défense ou l'attaque quand la vie est menacée. C'est lui qui est en permanence utilisé en entreprise dans le management par le stress.

Système rédox

Échange de charges électroniques entre deux substances dont l'une est oxydée et l'autre réduite.

T

Télencéphale

Il est constitué par les masses cérébrales des hémisphères cérébraux et le corps calleux qui les réunit. Sur le plan de la phylogénie (science qui compare les différents organismes vivants en vue de comprendre leur évolution), il représente la structure la plus aboutie du système nerveux, principalement chez les mammifères supérieurs, dont les primates.

Télomérase

Enzyme qui permet de conserver la longueur d'un chromosome lors de sa duplication chez les eucaryotes (organismes uni- ou pluricellulaires caractérisés par la présence d'un noyau et de mitochondries dans la ou leurs cellules), en ajoutant une structure spécifique : le télomère. La perte de longueur du chromosome est un signe de vieillissement. Des études ont démontré que ce raccourcissement et donc ce vieillissement étaient influencés par le stress.

Thalamus

Les thalamus sont deux volumineuses masses de substance grise, situées au centre de chaque hémisphère cérébral, de part et d'autre du troisième ventricule. Les thalamus sont d'importantes stations de relais des signaux sensoriels venant de tout le corps vers les zones appropriées du cortex cérébral et des régions profondes du télencéphale. Ce sont aussi des relais de signaux visuels en direction du lobe occipital et des signaux auditifs vers les lobes temporaux. Enfin, les thalamus rentrent dans la régulation du contrôle musculaire.

TMS

Troubles musculo-squelettiques qui touchent au travail des millions de travailleurs dans le monde.

Trigone

Fait partie des trois commissures, avec le corps calleux et la commissure blanche, qui réunissent les deux hémisphères du cerveau en passant en avant et au-dessus du diencéphale.

Tronc cérébral

Partie du système nerveux central, intermédiaire entre le cerveau au-dessus et la moelle épinière en dessous. Du tronc cérébral partent tous les nerfs crâniens. Dans le tronc cérébral se trouvent tous les noyaux vitaux du système nerveux végétatif.

Troubles cognitifs

Détérioration des processus mentaux de la mémoire, du jugement, de la compréhension et du raisonnement.

Turnover

Ce qui se renouvelle. C'est le cas des molécules après leur transformation par une réaction chimique.

V

Vibration

Oscillation ou mouvement de va-et-vient d'origine physique, acoustique ou électromagnétique ne transmettant que de l'énergie. Les vibrations sont des ondes (cf. *Ondes*).

Vie végétative

Fonctionnement d'apparence automatique des organismes vivants, fait de phénomènes physiques et chimiques, auto-entretenus par une énergie venant soit de l'extérieur des organismes comme le soleil ou de l'intérieur comme la nutrition.

VTA (ventral tegmental area)

Très petit centre du cerveau faisant partie du circuit de la récompense. L'aire tegmentale ventrale reçoit des informations provenant de plusieurs autres régions l'informant sur les besoins fondamentaux les plus spécifiques du corps et les transmet ensuite au noyau accumbens en utilisant comme neurotransmetteur la dopamine. L'augmentation du niveau de dopamine dans le noyau accumbens et dans d'autres régions du cerveau renforce les comportements.

Annexes

Annexe I – Le stress en chiffres

La Commission européenne mentionne le fait que le stress au travail coûte annuellement au moins 20 milliards d'euros (2002). En France, le coût social du stress, c'est-à-dire les dépenses de soins, le coût de l'absentéisme, les cessations d'activité et les décès prématurés, fut estimé en 2007 entre 2 et 3 milliards d'euros, dont 200 millions pour les seuls soins pour la santé (étude INRS et Arts et Métiers Paris Tech). Les chiffres sont certainement sous-évalués, car dans l'étude en question, les maladies retenues sont les maladies cardio-vasculaires, les dépressions et certains troubles musculo-squelettiques, ce qui élimine beaucoup d'autres pathologies liées au stress. Ils sont de toute façon en nette augmentation par rapport à la précédente étude faite en l'an 2000.

Dans un article paru le 7 avril 2008 sur le site du journal **Les Échos**, intitulé « **Les partenaires sociaux s'attaquent au stress au travail** », le Bureau international du travail évalue le coût économique du stress en arrêts-maladies, médicaments, perte de productivité jusqu'à 3 % à 4 % du PIB des pays industrialisés, soit pour la France quelque 60 milliards d'euros !

Au **Canada, on estime à 14 milliards par année les coûts reliés au stress en milieu de travail** (article paru sur le site canadien ledevoir.com). En Suisse, en 2000, on estimait à 4,2 milliards de francs suisses les coûts liés à l'absentéisme et aux traitements médicaux en rapport avec le stress (étude réalisée par le secrétariat d'État à l'Économie-SECO).

Le Bureau international du travail (BIT) évalue aux États-Unis le coût de l'absentéisme et les traitements liés au stress à **200 milliards de dollars**. Au Royaume-Uni, les pathologies causées par le stress absorbent près de 10 % du PNB (source : lexpansion.com, publié le 7 juin 2002).

De tous ces chiffres, souvent difficiles à comparer ou même à exploiter, nous retiendrons essentiellement leurs « poids » dans les économies respectives des pays et leur progression constante au fil des ans comme tendent à le démontrer tous les rapports et études comparées.

Annexe II – Le stress chronique accélère le vieillissement cellulaire

De nombreuses expériences prouvent le rapport entre un stress chronique et les indicateurs d'une mauvaise santé incluant les risques de maladies cardiovasculaires et de baisse de l'immunité. Cependant, les mécanismes exacts qui expliqueraient comment le stress pénètre le corps restent difficiles à comprendre. Les chercheurs américains à l'origine de ces expériences avancent l'hypothèse que le stress perturbe la santé en modifiant le niveau du vieillissement cellulaire. Ils apportent la preuve que le stress psychologique – le stress et sa chronicité perçus en même temps – est significativement associé à un stress fortement oxydatif. Celui-ci diminue l'activité de la télomérase, ce qui a pour conséquence de raccourcir la longueur des télomères.

Les télomères sont les extrémités des chromosomes, dont la longueur est déterminante sur la longévité ou la sénescence de la cellule. La mesure a été faite sur les monocytes (variétés de globules du sang) du sang circulant chez cinquante-huit femmes avant la ménopause et en bonne santé. Les femmes soumises à un haut niveau de stress depuis plusieurs années ont en moyenne des télomères plus courts qui leur donnent au moins dix ans de plus, comparées à des femmes de même âge, mais moins stressées. Pour les chercheurs, la question de savoir comment le stress peut provoquer une modification de la physiologie cellulaire en général et de la télomérase en particulier reste posée (source : *Le nouvel observateur*, dossier « Stress et anti-stress », 21 août 2013).

Annexe III – Stress et comportement compulsif

Le proencéphale qui comprend télencéphale et diencéphale est la région la plus atteinte dans les troubles anxieux, de même que le système limbique, lieu de la mémoire et des émotions. D'autres structures cérébrales participant au contrôle de l'émotion, comme l'hypothalamus, seraient également impliquées dans la pathogenèse des troubles anxieux. En ce qui concerne la sérotonine (neurotransmetteur de la détente), son taux dans certains centres du cerveau est le plus souvent perturbé dans les états de stress et les TOC. Et le traitement par les inhibiteurs de recapture de la sérotonine améliore aussi bien les états anxieux provoqués par le stress que les TOC. Cela laisserait donc supposer que ces symptômes et ceux de la dépression nerveuse dans laquelle s'inscrivent les TOC ont les mêmes mécanismes étiopathologiques (Boulenger *et al.*, 1997). Ainsi, le stress responsable des états anxieux pourrait-il, sur des terrains génétiquement prédisposés, favoriser des conduites compulsives comme la boulimie d'achat.

Annexe IV – Les Inuits du Groenland

De 1950 à 1970, des scientifiques danois étudièrent les Inuits du Groenland. Ils découvrirent que ces populations qui mangeaient 400 à 600 g de poisson par jour et avaient plutôt une vie saine ne présentaient ni Alzheimer, ni maladies cardiovasculaires, ni dépressions, ni même arthroses. Plus incroyable encore, entre 1970 et 1980, deux autres scientifiques étudièrent dix années d'archives de l'hôpital d'Upernavik, la ville du Nord du Groenland qui comptait à l'époque 20 000 habitants. Ils apprirent à la communauté scientifique internationale qu'ils n'avaient, sur dix ans d'archives, trouvé aucune maladie cardiovasculaire chez les Inuits hospitalisés. Durant toute cette époque, on fit le même constat de l'autre côté du monde chez les Japonais d'Okinawa qui avaient le même type d'alimentation. La protection contre certaines maladies par les huiles de poisson (oméga-3) n'est donc pas une nouveauté.

Annexe V – L'obligation de prévention contre le stress : signe des temps

Prévenir le stress au travail est devenu une obligation.

La stratégie communautaire de santé et de sécurité 2007-2012 a aussi pour objectif de faire du bien-être au travail une réalité européenne. Deux accords-cadres européens ont été pris dans ce domaine (accord-cadre européen du 8 octobre 2004 sur le stress au travail ; accord-cadre européen sur le harcèlement et la violence au travail en 2007) et un Pacte européen pour la santé mentale et le bien-être[1] a été établi lors de la conférence de l'Union européenne, le 13 juin 2008.

En France, l'Accord national interprofessionnel du 2 juillet 2008 a permis d'adapter l'accord-cadre européen du 8 octobre 2004 sur le stress au travail en droit français. Cet accord, signé par les partenaires sociaux (arrêté ministériel du

1. Article en anglais.

23 avril 2009), s'appuie sur les articles L. 4121-1 à L. 4121-5 du Code du travail contraignant les employeurs à mettre en œuvre toutes les mesures pour assurer la sécurité et la protection de la santé physique et mentale des salariés.

Les orientations du second plan Santé au travail 2010-2014 ont été présentées en octobre 2009. Parmi les principaux objectifs poursuivis, on retrouve le développement de **la prévention des risques liés aux troubles psychosociaux.** Aucun salarié ne doit être victime de harcèlement moral (article L. 122-49 du Code du travail). Celui-ci est sévèrement puni par la loi du 6 août 2012 avec des sanctions maximales (emprisonnement de un à deux ans et des amendes pouvant atteindre 15 000 à 30 000 euros, article 222-33-2 du Code pénal).

Annexe VI – Le feng shui

L'énergie d'un lieu, l'idée n'est pas nouvelle et si elle peut faire encore sourire dans notre société, rappelons quand même que le principe est vieux comme le monde et a fait partie de toutes les mentalités ancestrales.

Le feng shui, bien connu de nos jours et reconnu par beaucoup, est une discipline chinoise millénaire qui se consacre à l'étude de la circulation de l'énergie dans l'environnement. Il est issu du taoïsme, philosophie chinoise datant de trois mille ans et qui décrit l'univers comme un grand tout où le *qi*, l'énergie vivifiante, relie toute chose à ce tout.

Il n'est donc pas invraisemblable de penser, à la lumière d'une telle philosophie reconnue depuis toujours, qu'un bureau ou un lieu de travail peut être chargé d'énergies contraires à la santé, qu'un objet ou un bien de production puisse aussi être dans la même situation énergétique pour son propriétaire ou son acquéreur potentiel.

Le *qi* d'un lieu ou d'un objet pourra donc avoir une influence directe sur notre tonus, nos hormones, notre caractère, nos émotions cachées, notre inconscient, jusqu'à nous perturber, à défaut de nous rendre malades pour de bon. Nous rappellerons que le *qi* est composé de deux forces opposées et complémentaires qu'il ne viendrait à l'idée de personne de remettre en cause aujourd'hui : le yin et le yang.

Annexe VII – Quand le stress facilite la mémoire

Eric Richard Kandel, né le 7 novembre 1929, est psychiatre, neuroscientifique et professeur de biochimie et de biophysique à l'université Columbia. Il a reçu en 2000 le prix Nobel de physiologie et de médecine pour ses recherches sur la physiologie de la mémoire concernant le stockage des informations dans les neurones de l'escargot marin *Aplysia*.

On s'accorde aujourd'hui pour lier les différents types de mémoires, à court, moyen et long terme, à un phénomène de connexion graduée entre les neurones et à une plus grande sensibilité membranaire pour faire passer les influx. Parmi les neurotransmetteurs de la mémoire, la sérotonine semble avoir une place très importante, à commencer par son rôle pour favoriser la transmission synaptique en augmentant la concentration en calcium de la terminaison sensorielle. Ce sera la pénétration de ces importantes quantités de calcium dans la terminaison sensorielle qui favorisera la libération du médiateur et facilitera la transmission synaptique. Eric Richard Kandel a démontré que les stimuli nociceptifs favorisaient les processus mémoriels pendant des jours, voire des semaines (source : Arthur C. Guyton, *Neurosciences*, Padoue, Piccin, 1996, p. 248-249).

Annexe VIII – Prise régulière de benzodiazépines et risque de maladie d'Alzheimer

Une étude faite pendant quatre ans à Taïwan (Wu *et al.*, 2009) sur des personnes âgées de plus de quarante-cinq ans démontra un risque plus élevé de démence chez celles consommatrices de benzodiazépines. Cependant, on pouvait aussi penser que justement prédisposées à la démence, elles eurent tendance à prendre des anxiolytiques plus facilement et plus précocement que d'autres personnes pour corriger les premiers signes de la maladie. Ce serait alors les symptômes d'une sénilité future ou précoce qui auraient conditionné les prises médicamenteuses, et non l'inverse. Pour répondre à cette question, Wu *et al.* démontrèrent dans une autre étude faite en 2010 que si d'anciens consommateurs de benzodiazépines interrompaient leur prise d'anxiolytiques, leur risque de développer une démence diminuait d'autant que le temps d'interruption de la prise médicamenteuse augmentait. Par contre, le risque de démence semblait persister, même trois ans après le sevrage des benzodiazépines, chez les anciens gros consommateurs d'anxiolytiques (source: Wu CS, Wang SC, Chang IS, Lin KM. The association between dementia and long-term use of benzodiazepine in the elderly: nested case-control study using claims data. Am J Geriatr Psychiatry. 2009 Jul; 17 (7): 614-20 et Wu CS, Ting TT, Wang SC, Chang IS, Lin KM. Effect of benzodiazepine discontinuation on dementia risk. Am J Geriatr Psychiatry. 2011 Feb; 19 (2): 151-9).

Annexe IX – Oxydoréduction: caricature et explications, effets bénéfiques et pathologiques des radicaux libres

Caricature: l'oxydation ou plutôt l'oxydoréduction est le processus chimique par lequel deux molécules échangent des électrons, faisant en sorte que l'une gagne les électrons que l'autre perd.

On dit que celle qui gagne des électrons se réduit et que celle qui en perd s'oxyde. La réduction capte de l'énergie, l'oxydation en libère.

La substance réduite gagne donc des électrons, mais cela peut aussi être des atomes d'hydrogène, car un atome d'hydrogène ne possède qu'un électron. L'hydrogène passe son temps à « prêter » son électron, puis à « courir » après pour le récupérer. C'est un peu comme les livres quand on les prête aux amis !

La substance oxydée subit par contre une perte d'électrons ou d'hydrogène.

L'oxygène est électrophile, il aime les électrons. Les électrons sont de l'énergie sans masse. Là où ils sont, l'énergie est. Là d'où ils partent, l'énergie part aussi. Une partie du secret de la vie et de la mort se trouve dans cette relation. Donc, à cause de cette grande affinité pour les électrons, l'oxygène va tout faire pour les capter là où il le pourra, créant par la même occasion une oxydation à la molécule ou au corps chimique auquel il volera ces précieux éléments !

Si l'oxydation s'accompagne d'une libération d'énergie, le corps qui oxyde, lui, se réduit puisqu'il prend un électron et récupère donc son énergie. L'oxygène permet ces échanges et c'est pour cela que nous respirons !

Explication : En fait, les électrons ne sont ni libérés ni capturés au cours de réactions chimiques organiques et c'est pour la compréhension de notre démonstration sur l'oxydo-réduction que nous avons adopté cette présentation. Dans la réalité, une substance chimique sert d'intermédiaire entre les corps oxydés (substrat) et le corps réduit (produit) ou inversement entre le corps réduit et oxydé. Ces molécules sont des coenzymes NAD, FAD, etc., d'oxydoréduction. On ne parle plus de corps plus électronégatifs les uns que les autres, mais de systèmes rédox ou de couples oxydorédox (substrat à oxyder et sa molécule intermédiaire) plus énergétiques les uns que les autres. L'oxydation issue de la ventilation permet à l'organisme de créer des molécules riches en énergie réutilisable pour d'autres réactions, en particulier celles conduisant à la formation d'ATP, le réservoir énergétique de la cellule et du corps tout entier.

Les principaux radicaux libres formés dans les réactions d'oxydation sont l'anion superoxyde O_{2-}, le radical hydroxyle OH–, les radicaux alkoxyle et peroxyle. Ceux-ci vont donc voler des électrons aux autres molécules du corps comme les glucides, les lipides, les protéines et les acides nucléiques qui forment le matériel génétique des cellules, provoquant ainsi le développement des cancers.

Les trois principaux prédateurs d'électrons issus de l'oxygène sont l'anion superoxyde, l'eau oxygénée et le radical hydroxyle. Dans l'exemple ci-dessous, nous avons voulu représenter les trois types de réactions chimiques, l'oxydase et la réaction de Fenton qui produisent des radicaux libres actifs, alors que la réaction du milieu dont l'enzyme est la superoxyde dismutase transforme l'anion superoxyde en molécule d'eau oxygénée.

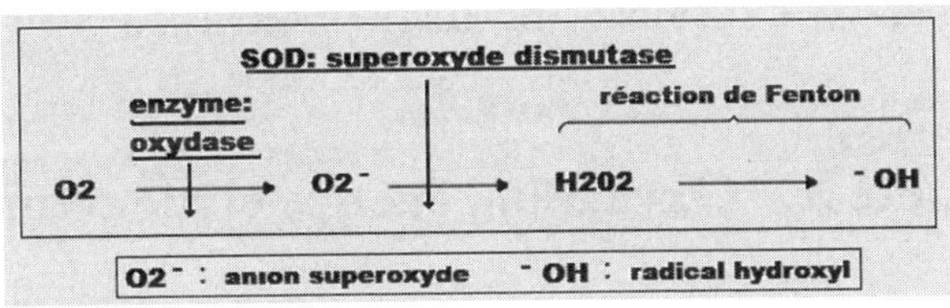

Effets bénéfiques : les radicaux libres peuvent cependant être utiles. C'est par la formation d'anions superoxydes OH– par les cellules phagocytaires que les macrophages détruisent les substances étrangères ou anormales qu'ils rencontrent.

Effets pathologiques : oxydation et mort cellulaire (apoptose).

« Des observations faites sur les souris chez lesquelles le gène Bcl-2 (gène qui s'oppose à d'autres gènes programmant la mort cellulaire) a été inactivé présentent une anomalie de synthèse de la mélanine. Cette anomalie a été mise sur le compte d'un déséquilibre du potentiel rédox dans les mélanocytes, assignant à Bcl-2 une fonction antioxydante. D'autres études ont confirmé cette fonction en démontrant que Bcl-2 pouvait empêcher soit la formation de radicaux libres, soit la peroxydation de lipides dans des lignées lymphocytaires ou nerveuses. Ces données sont intéressantes, parce qu'elles mettent l'accent sur le rôle important que joue l'oxydation dans l'apoptose. Le maintien du potentiel rédox semble essentiel pour la survie cellulaire et il faut souligner qu'une des fonctions vitales des facteurs neurotrophiques est de régler l'activité enzymatique de la glutathion peroxydase, l'enzyme chargée de détoxifier le peroxyde d'hydrogène par l'intermédiaire du glutathion réduit. Nous avons montré que différents antioxydants étaient capables de retarder la mort cellulaire des neurones sympathiques cultivés en absence de NGF. Ces résultats suggèrent que l'un des événements majeurs de la mort cellulaire programmée induite dans les neurones après suppression du NGF est la production de radicaux libres.» (Source : *Médecine/sciences*, 1995, p. 367-373, par Jean-Claude Martinou, Department of Cell Biology Sciences III, Room 1017C, 1 st floor, University of Geneva.)

Annexe X – Oxydation, énergie et mouvement

Le glucose issu de l'alimentation est la principale molécule de combustible d'oxydation pour produire de l'ATP par action de l'oxygène. La réaction donne aussi de l'eau et du dioxyde de carbone.

$$\text{Glucose} + 6O_2 \longrightarrow 6H_2O + 6\,CO_2 + 38\ \text{ATP} + \text{chaleur}$$

L'ATP, réservoir d'énergie pour l'organisme tout entier, redonne à son tour, par son atome de phosphate, l'énergie qu'il a en réserve, permettant ainsi le bon déroulement de toutes les réactions chimiques, mais aussi le mouvement qui permet le déplacement. L'ATP est dégradée rapidement et doit être constamment renouvelée par différentes réactions biochimiques ; l'ATP n'est donc pas un réservoir d'énergie comme on l'entend ; il s'agirait plutôt d'une énergie qui, comme le phénix, se renouvelle sans cesse.

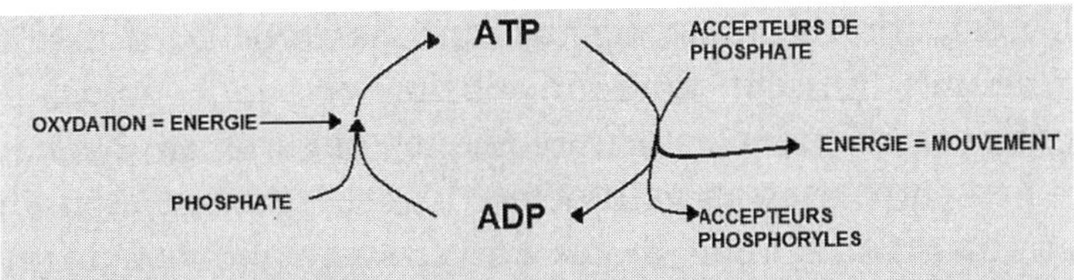

L' énergie issue des réactions d'oxydation permet la formation d'ATP, très riche en énergie. En rendant son phosphate, l'ATP rend aussi son énergie et permet réactions chimiques et mouvements.

Annexe XI – Stress et obésité : hypothèses et certitudes

Pour expliquer l'éventuelle incidence génétique reconnue comme une des causes à l'épidémie multifactorielle d'obésité qui envahit le monde aujourd'hui, le Pr Olivier Ziegler[2] avait émis il y a quelques années l'hypothèse d'une sélection ancestrale de certains individus face aux guerres et aux famines de ces époques. Leurs descendants seraient porteurs de ces gènes favorisant les réserves adipeuses, donc énergétiques, importantes en cas de situations de conflits. Aujourd'hui, bien qu'il n'y ait plus ni guerres ni famines, le stress permanent de notre époque les a remplacés et met ainsi les organismes génétiquement prédisposés dans le même état, ce qui provoquerait chez eux l'obésité.

On remarquera que, même en évoquant la génétique, c'est tout de même le stress qui au final provoque la prise de poids.

Stress et hormones

Par-delà la génétique, le stress reste une notion subjective. Comme le fait remarquer le Dr Jean-Michel Lecerf[3] :

2. Pr Olivier Ziegler, CHU, Nancy.

3. Dr Jean-Michel Lecerf, chef de service de nutrition, institut Pasteur de Lille, VIe symposium nutrition « Intervention nutritionnelle : de la prévention à la thérapeutique », Brest, octobre 2005.

« L'observation clinique suggère cependant que des situations stressantes puissent avoir une influence sur le poids. De nombreuses études épidémiologiques ont mis en évidence un lien entre stress et gain de poids ; cela peut correspondre dans un grand nombre de cas à un stress symbolique de type stress social ou stress mental d'origine professionnelle ou non. Une relation, maintenant classique, existe entre conditions socio-économiques et obésité, cela pouvant en partie être lié au stress social. Les mécanismes invoqués sont représentés par des modifications du comportement et de la prise alimentaire en cas de situation stressante, d'autant plus que les sujets sont restreints. D'autres données très nombreuses sont en rapport avec la mise en jeu de l'axe hypothalamo-hypophyso-corticotrope et du système sympathique sous l'effet du stress. Malgré des concentrations plasmatiques de cortisol normales, une production excessive de cortisol avec une réactivité accrue est confirmée au cours de l'obésité. La production de cortisol in situ via la 11-bêta-hydrox y-stéroïde-déshydrogénase contribue à accroître la prolifération et la différenciation des adipocytes viscéraux. Cela peut rendre compte de l'accroissement du risque métabolique et vasculaire sous l'effet du stress. D'autres perturbations hormonales impliquant la leptine, la résistine et la mélanocortine existent. La stimulation sympathique permanente peut aboutir à une désensibilisation bêta-adrénergique. Les acides gras oméga-3 sont évoqués comme moyen d'atténuer le stress et ses effets métaboliques. »

Stress et causes psychosomatiques à certaines obésités

Comme le dit le Pr Guy-Grand[4], « le raisonnement qui met en relation le dépôt excessif de graisses intra-abdominales, ses conséquences médicales regroupées au sein

4. Pr Bernard Guy-Grand, service de nutrition, hôtel-Dieu, Paris. Journée annuelle de nutrition et de diététique, janvier 2003.

du syndrome métabolique et les stress minime, mais répété, de la vie courante s'appuie sur le regroupement de données épidémiologiques d'observations, cliniques, métaboliques, expérimentales et génétiques et fait jouer à l'activation du système nerveux sympathique et de l'axe hypothalamo-hypophyso-surrénalien et à ses conséquences hormonales un rôle déterminant, appuyant une hypothèse psychosomatique de certaines formes d'obésité.

Tous ces éléments, épidémiologiques, cliniques, métaboliques et endocriniens, expérimentaux, génétiques, ne sont pas une démonstration indiscutable, mais par leur cohérence, ils contribuent à accréditer l'idée que la réaction biologique de stress a quelque chose à voir avec la genèse de certaines formes d'obésité ».

Annexe XII – L'ostéoporose : le prix aussi… de notre verticalité

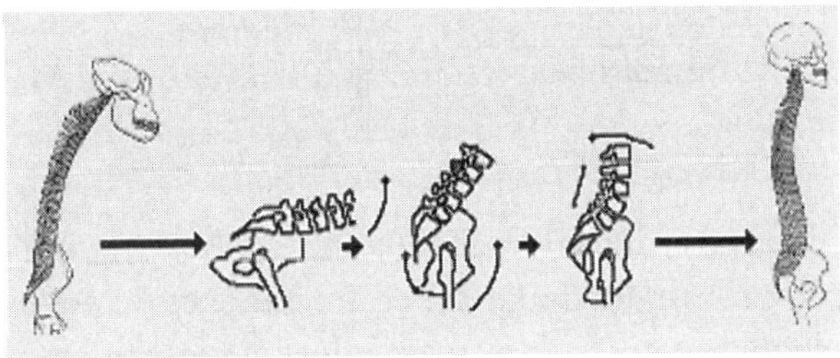

« La station érigée bipède de l'homme est un équilibre précaire dont l'objectif est de placer le centre de gravité de la partie supérieure du corps au-dessus des hanches. Cet épisode essentiel de l'évolution est obtenu au sein de l'espèce (phylogenèse) comme pour chaque individu (ontogenèse) grâce à l'action des fessiers responsable de l'extension coxo-fémorale et de l'*Erector spinae* (érecteurs du dos) qui entraîne la lordose lombaire » (source : P. Mangione, J. Sénégas, *Revue de chirurgie orthopédique*, n° 83, 1997, p. 22-32).

La lordose lombaire, c'est-à-dire le creux des reins, lieu de prédilection pour l'ostéoporose, n'existe que chez l'homme. La fréquente association de la déminéralisation des hanches et des vertèbres lombaires chez l'homme pourrait-elle en partie s'expliquer par la verticalité de l'espèce, cause de tensions musculaires énormes pour conserver un équilibre précaire ? C'est possible, car le phénomène ostéoporotique n'est rencontré chez aucun autre bipède actuel (singe) ni chez aucun autre mammifère, tous horizontaux sur leur colonne vertébrale.

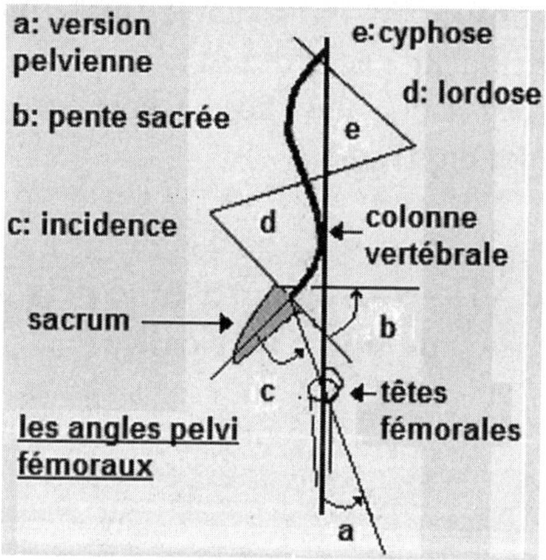

Legave et Duval-Beaupère ont établi la relation entre les angles du bassin et des hanches ou angles pelvifémoraux (a, b, c) avec la lordose lombaire (d).

Les analyses radiologiques démontrent bien en effet que la lordose lombaire est corrélée avec les angles pelvifémoraux (a, b et c) qui intègrent le degré d'extension des hanches dans la bipédie, mais surtout dans la station érigée de la colonne vertébrale. Cette relation confirme aussi l'importance des forces musculaires qui s'exercent dans cette zone pour conserver l'équilibre postural. À partir de là, on peut supposer la concordance souvent rencontrée d'une ostéoporose touchant à la fois les vertèbres lombaires et les hanches comme si les os donnaient à leurs muscles la rançon en calcium pour conserver leur verticalité.

Annexe XIII – Les marqueurs futurs du stress oxydatif

La 8-hydroxydeoxyguanosine (8-OHdG) retrouvée dans les urines est le marqueur le plus représentatif du dommage oxydatif causé à l'ADN. Son niveau de concentration dans les urines pourra permettre un jour de s'en servir pour définir le niveau d'évolution des maladies cardiovasculaires, le degré d'exposition aux risques toxiques, le risque de maladies cancéreuses, la cinétique du vieillissement, l'efficacité des supplémentations nutritionnelles ou tout simplement la qualité de la nutrition consommée régulièrement.

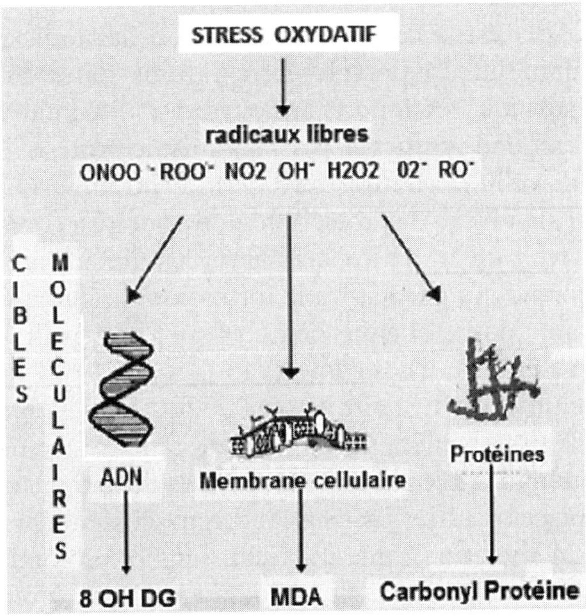

Le MDA (le malonydialdéhyde) est le produit de l'oxydation des phospholipides membranaires et des lipides circulants.

Son augmentation pourrait rendre compte de l'altération des membranes cellulaires par l'infiltration athéromateuse de nos artères. Cela sera utile dans l'avenir pour la prévention et la surveillance des maladies cardiovasculaires et neurodégénératives, des dyslipidémies.

Les carbonyl proteins seront peut-être un jour le témoin de l'oxydation des protéines. Une accumulation de protéines oxydées se rencontre dans la maladie d'Alzheimer, la sclérose latérale amyotrophique, la cataractogenèse, l'arthrite rhumatoïde ou les pathologies caractérisées par un vieillissement accéléré comme la progéria et le syndrome de Werner.

Il existe bien d'autres paramètres sanguins et urinaires.

Le pouvoir réducteur des ions ferriques ou PRIF évalue notre activité antioxydante naturelle, intrinsèque, personnelle, issue de notre propre métabolisme. Il permet de savoir si notre sang est capable de se défendre contre l'agression oxydante générale.

Le CARO est la capacité d'absorption des radicaux oxygénés qui mesure l'action protectrice antioxydante du plasma en incluant tous les apports antioxydants alimentaires.

Le glutathion synthétisé par l'organisme protège, une fois réduit, les cellules contre l'oxydation. D'où son dosage pour connaître le niveau de protection qu'il confère à l'organisme. Il faut savoir qu'un déficit héréditaire en glutathion synthétase, enzyme qui participe à la formation du glutathion, est responsable d'une anémie hémolytique, c'est-à-dire la destruction progressive des globules rouges.

La pentosidine urinaire est un marqueur de l'âge biologique du tissu conjonctif, ce tissu de remplissage du corps dont la remarquable plasticité lui permet de se transformer et de remplacer d'autres tissus quand ceux-ci viennent à manquer. Son altération signe un vieillissement profond du fait de l'oxydation qui n'est pas toujours apparente. Nous avons en mémoire cette femme qui paraissait dix ans de moins que son âge, mais qui fumait parfois jusqu'à trois paquets de cigarettes par jour ; elle avait cinquante ans, en paraissait quarante et son tissu en avait soixante-dix ! Dans ces cas-là, la vieillesse arrive souvent d'un seul coup après des années de jeunesse et d'illusion de beauté !

On pourrait multiplier les exemples à l'extrême de toutes les molécules que l'on peut doser dans le corps et qui rendent bien compte de son état d'oxydation, c'est-à-dire de sa capacité à se laisser ou non envahir par le stress, que celui-ci soit endogène ou exogène. Il est bien entendu qu'une telle biologie ne peut s'adapter que si un changement profond des mentalités va dans le même sens, c'est-à-dire le contrôle de soi, le respect de soi, la préservation du corps par la modification des comportements, à commencer par le principal : une bonne alimentation.

Sources :

- Stocker R, Keaney JF Jr. Role of oxidative modifications in atherosclerosis. Physiol Rev. 2004 Oct ; 84 (4) : 1381-478.
- Kvetnansky R, Sabban EL, Palkovits M. Catecho–laminergic systems in stress : structural and molecular genetic approaches. Physiol Rev. 2009 Apr ; 89 (2) : 535-606.
- McEwen BS. Physiology and neurobiology of stress and adaptation : central role of the brain. Physiol Rev. 2007 Jul ; 87 (3) : 873-904.
- Vincent AM, Russell JW, Low P, Feldman EL. Oxidative stress in the pathogenesis of diabetic neuropathy. Endocr Rev. 2004 Aug ; 25 (4) : 612-28.

Annexe XIV – Alain Vian

Alain Vian, professeur des universités à Angers, a travaillé pendant plusieurs années sur la physiologie du stress sur les plantes quand il était enseignant et chercheur à l'université Blaise-Pascal de Clermont-Ferrand. Il a découvert que les végétaux sont sensibles et réceptifs à une exposition électromagnétique de 900 mégahertz de fréquence comparable à celle d'un téléphone portable (900 mégahertz de fréquence, 33 cm de longueur d'onde, 5 volt/mètre d'amplitude de champ). Les plantes ainsi exposées sont capables avec une très faible consommation d'énergie de synthétiser des protéines spécifiques, comme elles le font face à d'autres agressions comme le contact avec une goutte d'eau froide. Une expérience équivalente faite sur des biopuces avec des gènes de cellules de peau humaine (keratocytes) a montré que contrairement à ce qui avait été observé chez les plantes, les gènes de cellules de peau humaine ne sont pas activés par l'exposition électromagnétique. Alain Vian en conclut qu'il faudrait refaire ces expériences sur des tissus vivants entiers (source : Human keratinocytes in culture exhibit no response when exposed to short duration, low amplitude, high frequency (900 MHz) electromagnetic fields in a reverberation chamber – Bioélectomagnetics. May 2011: 302-311).

Annexe XV – Neurotransmetteurs et tempéraments

Comme les nerfs qui font partie le plus souvent du système végétatif involontaire, dominé par l'inconscient, ont des fonctions bien précises avec des tâches répétitives, il ne faut pas s'étonner de voir toujours le même neurotransmetteur leur être associé.

Si un neurotransmetteur favorise une fonction, ou plutôt un ensemble de fonctions neurophysiologiques précises se traduisant à terme par un comportement, l'analogie peut aller encore plus loin et l'importance du lien qui unit alors ce neurotransmetteur au comportement peut conduire cette synchronisation jusqu'à l'analyse et la définition d'un tempérament.

L'adrénaline et la noradrénaline

L'adrénaline et la noradrénaline, qui est son précurseur, sont les deux neurotransmetteurs bien connus pour être souvent associés au stress. Leur sécrétion excessive par les surrénales traduira une excitation ou un survoltage associés à une forte combativité et une grande énergie. Ils caractérisent donc un individu plutôt soucieux de l'entourage, ouvert à l'extérieur, apprenant facilement et sensible aux signaux de récompense, prêt à se battre pour obtenir ce qu'il veut.

C'est le tempérament des grands stressés qui sont aussi de grands « stresseurs ».

Au niveau du cerveau, les neurones noradrénergiques sont concentrés dans le tronc cérébral, notamment dans le *Locus coeruleus*. Les pics de sécrétion de la noradrénaline évoluent entre 10 et 16 heures.

On évalue chez une personne la prédominance de ce tempérament par le dosage du métabolite de l'adrénaline et de la noradrénaline, l'*acide vanylmandélique* ou *VMA*.

La sérotonine

C'est le neurotransmetteur du calme, de la réflexion et de la sérénité. C'est également un antidouleur. Il rentre aussi dans les mécanismes de mémoire à long terme en libérant de grandes quantités de calcium dans les cellules nerveuses, favorisant ainsi la transmission synaptique d'autres neuromédiateurs. On lui attribue un rôle dans les états méditatifs et de prière. Jacqueline Borg, neurobiologiste de l'université Karolinska de Stockholm, a étudié le cerveau de quinze volontaires avec une caméra TEP et en a conclu que la propension à la religiosité de l'homme dépendrait de son taux de sérotonine. Ce serait même l'unique paramètre le définissant parmi tous les critères qui marquent la personnalité d'un être humain. Pour cette raison, on peut supposer que toutes les méthodes de relaxation, de méditation ou d'hypnose favorisent sa production ; le Réflexe d'Aristote aussi. Cependant, quand son métabolisme est altéré et que ses concentrations dans le corps deviennent excessives, il provoque le repli sur soi, pouvant aller jusqu'au retrait pathologique. On verra alors s'installer le doute, la peur de l'échec, la perte de motivation et la fatigabilité. À l'extrême, on pourra découvrir un tempérament schizoïde. La quasi-totalité des neurones sérotoninergiques se trouvent dans la partie médiane du tronc cérébral (le raphé) et dans l'hypothalamus.

Un taux normal de sérotonine donnera une personne calme et pondérée. Trop de sérotonine l'inhibera et pas assez pourra provoquer, au contraire, une totale désinhibition dans tous les domaines, théâtralisme, sexualité, exhibitionnisme, agressivité, impulsivité, voire violence.

Des drogues comme l'ecstasy favorisent cette désinhibition ainsi que l'augmentation des échanges en provoquant le relâchement de grandes quantités de sérotonine par destructions des terminaisons nerveuses.

Les pics maximums de sécrétion de la sérotonine évoluent la journée vers midi et la nuit à minuit, avec la mélatonine, son métabolite.

On peut évaluer le tempérament sérotoninergique par le dosage du métabolite de la sérotonine : *l'acide 5-hydroxy-indol acétique (5-HIA).*

La dopamine

La dopamine, précurseur de la noradrénaline et de l'adrénaline, est donc aussi une catécholamine, avec des effets biologiques proches, mais avec des rythmes de sécrétion différents puisque situés entre 15 et 20 heures. D'autre part, de récentes études ont démontré que des neurones à dopamine sont également en mesure de synthétiser et de sécréter de la sérotonine, expliquant l'ambivalence dans ses effets de cette hormone ou plutôt de ses neurones[5]. C'est pour cette raison que nous avons toujours considéré le système dopaminergique comme un système tampon entre les deux autres, l'adrénergique et le sérotoninergique.

5. *Médecine/Sciences*, vol. XXI/n° 6, juin-juillet 2005.

Son manque provoque dépression, fatigue, absence de motivation, tristesse, mélancolie et ralentissement jusqu'à l'extrême dans la maladie de Parkinson, alors que son excès entraîne impulsions, inconstances et extravagances dans la recherche du plaisir et de la récompense ou l'évitement actif de la punition par la fuite ou la lutte.

On dira aussi que la dopamine, suivant sa concentration et surtout ses récepteurs, provoquera des effets comportementaux paradoxaux, allant parfois dans un sens comme totalement dans l'autre.

On évalue le tempérament dopaminergique par le dosage du métabolite de la dopamine : *l'acide dihydroxyphénylacétique*, ou *DOPAC*, et *l'acide homovanillique HVA*.

La confrontation de ces différents dosages chez une même personne permet d'établir son profil tempéramental[6].

Ainsi :

- des augmentations de concentration de DOPAC et de VMA associées à une baisse de celle du 5-HIA traduiront un caractère combatif et énergique avec une forte motivation ;
- des concentrations anormalement très basses de la DOPAC, du VMA et du 5-HIA traduiront un tempérament replié sur soi, inhibé, peut-être schizoïde.

Annexe XVI – La sérotonine : mystérieuse et imprévisible

Ce neurotransmetteur n'en finit pas d'intéresser les chercheurs du fait des nombreux paradoxes biologiques qu'il révèle au fur et à mesure des découvertes. Cela s'explique souvent par la nature de ses récepteurs membranaires, dont certains inhibent son action, alors que d'autres sont excitateurs.

6. Laboratoire d'analyses médicales Philippe-Auguste, Paris.

- Ainsi, les récepteurs 5-HT1 entraînent sous l'action de la sérotonine une hyperpolarisation de la membrane postsynaptique, ce qui provoque une diminution de la propagation du message nerveux et une action inhibitrice de la sérotonine.
- Ainsi, les récepteurs 5-HT2 provoquent au contraire une baisse du seuil d'excitabilité du neurone postsynaptique, donnant à la sérotonine un aspect excitateur.
- Ainsi, pour terminer, les 5-HT3, modulateurs, permettent des réactions immédiates.

C'est donc ces multiples effets d'apparence contradictoire qui permettent d'expliquer le fait que dans les expériences de Richard Kandel concernant le stockage des informations chez l'escargot marin *Aplysia*, la sérotonine, neuromédiateur réputé pour être celui du calme, du sommeil, de la relaxation, rentre comme effecteur dans un processus de mémorisation qui fait intervenir la douleur ou l'agression physique externe.

Par cette dépendance à ses récepteurs, comme tout neurotransmetteur, la sérotonine aura un effet inhibiteur sur les relais sensoriels et excitateur sur les relais nerveux.

C'est aussi par cette plasticité chimique que n'ont pas forcément tous les autres neurotransmetteurs, à commencer par le glutamate, que pourra s'expliquer la capacité de la sérotonine d'interférer dans les exercices de neurosédation du corps par la pensée.

C'est aussi parce que la sérotonine est le principal neurotransmetteur à être lié à la fois à l'écorce cérébrale, au système limbique et aux centres cérébraux qui ont une fonction sensorielle motrice et associative qu'elle est au cœur de tous les exercices sur les énergies du corps par la pensée et qu'elle peut utiliser la punition ou la récompense comme mode d'apprentissage des conduites ou des phénomènes mémoriels.

Annexe XVII – À propos du glutamate

Neurotransmetteur de l'excitation et du stress, le glutamate est aussi le neurotransmetteur de la mémoire à long terme ou plutôt de la potentialisation à long terme, ce qui en neurosciences veut dire la même chose. Vite repéré pour cette raison par les tenants du stress positif en entreprise, il a été considéré pendant des décennies et encore aujourd'hui comme le bras armé de cette théorie.

Il existe cependant deux problèmes et ils sont de taille ! Tout d'abord, le glutamate qu'utilisent quand même 30 % des neurones cérébraux a forcément une action majeure sur ceux de l'hippocampe dont nous savons qu'il est considéré comme le temple de la mémoire dans le cerveau. Enfin, deuxième problème, le glutamate, en faisant rentrer le calcium dans le neurone, peut à force y créer une overdose et provoquer l'apoptose, c'est-à-dire la mort cellulaire. La mort cellulaire au niveau de l'hippocampe, cela s'appelle Alzheimer. Enfin, nous rappellerons encore ici les effets toxiques des radicaux libres issus du stress sur les cellules nerveuses, en particulier quand leur neurotransmetteur est le glutamate : « La formation de radicaux libres a été mise en évidence dans de nombreux modèles de mort de neurone, en particulier dans des modèles d'excitotoxicité du glutamate. » (Source : *Médecine/Sciences*, vol. XX, n° 6-7, 1995, p. 722, par J.-C. Martinou.)

Annexe XVIII – La substance P

La substance P est un neurotransmetteur comme le glutamate. Il est libéré par les fibres nerveuses de la douleur quand une stimulation nociceptive, c'est-à-dire douloureuse, se fait sentir. À terme, ce sont les récepteurs de la corne postérieure de la moelle qui sont aussi activés pour faire remonter le message douloureux au cerveau. Dans le système nerveux central, la substance P est également associée à la régulation des troubles de l'humeur, de l'anxiété et des nausées.

Annexe XIX – Expériences de NDE (*near death experience*) chez des aveugles de naissance : l'autre dimension

Lors d'accidents graves, ces aveugles de toujours se sont « vus » dans le coma ou sur une table d'opération et ont pu, en revenant à eux et à nouveau non-voyants, raconter dans le détail tout ce qu'ils avaient « vu » ! Nous sommes bien évidemment dans une autre dimension qui dépasse la simple neuro-anatomie. Les images présentes dans le cadre de visualisation en séance de Réflexe ne sont pas si éloignées par leur formation de celles de ces aveugles dans les NDE. Le système nerveux visuel, en touchant au principe de la lumière, laisse toutes les combinaisons possibles dans la limite ambiguë du photon, à la fois matière et énergie, avec en arrière-plan la banque de données universelles que représente la mémoire.

Annexe XX – Relation entre prise d'antalgiques excessive et fertilité masculine

« Le paracétamol et l'aspirine, consommés à haute dose de manière régulière, pourraient réduire la production de testostérone » selon une étude française.

Après le bisphénol A et les phtalates, c'est au tour des antidouleurs (paracétamol, aspirine et indométacine) d'être pointés du doigt pour leurs effets comme perturbateurs endocriniens. Pour la première fois chez l'homme, des chercheurs français de l'Institut national de la santé et de la recherche médicale (Inserm) ont montré que ces médicaments antalgiques pourraient diminuer la fertilité masculine.

Dans cette étude, publiée dans *Human Reproduction*, les chercheurs ont cultivé in vitro, dans un laboratoire, des échantillons de tissus testiculaires d'hommes avec du paracétamol ou des anti-inflammatoires (aspirine et indométacine), à des concentrations équivalentes aux limites maximales conseillées. Au bout de vingt-quatre heures, ils ont observé une baisse de la production de deux hormones, la testostérone et l'*insulin-like factor 3*, impliqués dans la descente des testicules chez le fœtus. Comme la testostérone joue un rôle important dans la formation des spermatozoïdes, ces antalgiques impactent directement la fertilité des hommes. « À des concentrations équivalentes à celles retrouvées dans le plasma en cas de prise de ces molécules, chacune d'elles perturbe la production d'hormones stéroïdiennes et d'autres facteurs nécessaires à la masculinisation et la fertilité », explique Bernard Jégou, chercheur à l'Inserm, professeur à l'École des hautes études en santé publique à Rennes et responsable de l'étude.

« Il n'y a aucune raison de s'inquiéter si l'on prend occasionnellement des antalgiques et qu'on respecte les doses maximales autorisées », précise toutefois le chercheur. Il est donc déconseillé d'arrêter tout traitement sans l'avis d'un médecin. Pour Bernard Jégou, le risque concerne uniquement les hommes qui consomment régulièrement une forte quantité de ces médicaments pendant une longue période. C'est parfois le cas des athlètes qui prennent des antidouleurs à des fins préventives. « En sécrétant moins de testostérone, ils pourraient également voir baisser leurs performances sportives », prévient-il.

Un enjeu de santé publique. Cette équipe est la première au niveau mondial à travailler sur les effets des antidouleurs sur les testicules humains, « un tissu précieux, difficilement disponible pour la recherche », selon Bernard Jégou. Quatre études indépendantes, réalisées chez l'animal, avaient déjà mis en évidence une association entre la prise d'antalgiques pendant la grossesse et les risques d'anomalie testiculaire pour le fœtus. « Nos travaux ont montré une baisse de la production de testostérone chez des rats nouveau-nés masculins », indique le chercheur. L'expérience in vitro sur les testicules adultes humains confirme donc le caractère de perturbateur endocrinien du paracétamol et de l'aspirine. D'après une enquête de l'Agence nationale de sécurité du médicament et des produits de santé, le paracétamol est la substance la plus vendue en 2011 en nombre d'unités et l'aspirine occupe la 27ᵉ position. Leur impact sur les équilibres hormonaux est donc « un enjeu de santé publique » pour Bernard Jégou, qui mène actuellement une étude sur les effets de ces molécules sur des testicules fœtaux humains dans le but de comparer les résultats obtenus avec ceux des adultes (source : *Le Figaro*, 5 juin 2013, par Alice Flores).

Table des matières

conception
réalisation
mise en page
pca
44405 Rezé cedex

Achevé d'imprimer en septembre 2014
sur les presses de la Nouvelle Imprimerie Laballery
58500 Clamecy
Dépôt légal : septembre 2014
Numéro d'impression : 409153

Imprimé en France

La Nouvelle Imprimerie Laballery est titulaire de la marque Imprim'Vert®